KB247368

사운드 오브 뮤직

Sound *of* Music

박은지

프랑스 파리에서 국립 고등학교(Lycée Jean de La Fontaine)를 졸업한 후 프랑스 국립 바칼로레아(Diplôme du Baccalauréat Technologique de la Musique)를 취득했고, 동시에 프랑스 국립 뤼에유 말메종 음악원(CNR de Rueil-Malmaison)에서 슈페리어(Supéieur) 과정을 수료했다. 미국 뉴욕 주립 대학교(State University of New York)에서 우등(Cum Laude)으로 음악학사 학위를 받은 후, 이화여자대학교 음악대학원에서 음악 석사학위를 받았으며 카이스트 문화기술대학원에서 음악 기술의 융합 전공으로 두 번째 공학 석사학위를 받았다. 이후 서울대학교 음악대학원에서 음악사와 이론을 전공해 수석으로 음악학 박사학위를 받았으며, 음악사와 기술사 관련 저서와 논문들을 출판했다. 카이스트 문화기술대학원과 서울대 음악대학원의 연구원을 역임했으며, 현재 음악사와 기술사를 통한 음악 역사의 가치를 높이는 연구를 바탕으로 대학과 기업에서 강의와 자문을 맡고 있다. 최근에는 서울대학교에서 '음향학 개론'을, 연세대학교에서 '대중음악의 이해와 감상'을 가르치고 있으며, 'AI 음악 산업과 역사' 수업을 진행한 바 있다.

논문으로는 「최근 인공지능 음악 생성기에 대한 심층 분석」, 「방탄소년단 음악의 특성분석: Dynamite와 Butter의 음악적 요소를 중심으로」, 「음악 콘텐츠를 활용한 메타버스 공연 사례의 현황」, 「현악사중주 공연의 역사와 미래: 미디어와 인공지능을 활용한 융합공연의 가능성에 대하여」, 「인공지능 기반 작곡 프로그램의 비교분석과 앞으로 나아가야 할 방향에 관하여」, 「17세기 자동 음악 작곡 방법론에 대한 연구: 키르허의 'Arca Musarithmica'를 중심으로」, 「『제네바 시편』 중 루이 부르주아 선율에 대한 연구」, 「17C 종교개혁 이후 『제네바 시편가』의 〈시편 134편〉에 대한 적용과 발전」, 「19세기 바이올린 연주 자세에 대한 연구: 바이요의 L'art du violon을 중심으로」 등이 있으며, 역서로는 『수학이 사랑한 음악: 고대부터 AI 음악까지 음악사와 기술사의 교양서』, 저서로는 『찬양할 이유: 만복의 근원 하나님의 선율 작곡가 루이 부르주아의 생애와 고백』이 있다.

사운드 오브 뮤직
·≫⊱⊰⊱ Sound of Music ⊱⊰⊰≪·

박은지 지음

différance

일러두기
—

* 외국 인명, 도서명, 지명 등은 국립국어원의 외래어 표기법을 따랐으나, 예외성을 두어 대중적으로 사용되는 용어로 표기한 경우도 있다.
* 인명, 작품, 내용 등에 이해를 돕기 위해 한자, 영문 등을 병기하였으나, 경우에 따라서는 인물과 관련 작품의 해당 언어로 병기한 경우도 있다.
* 이 책은 저작권법에 의하여 보호를 받는 저작물이므로 무단 전재와 복제를 금한다.

Overview of this Book

우연히 듣게 된 섬세한 음악이 우리의 귀에 무척 아름답게 들릴 때가 있다.
때론 단순한 선율 한 줄이 마침내 우리 삶의 허기를 달래 주기도 한다.
예민한 진동의 수 몇으로 이루어진 선율이,
불현듯 과거 추억 속으로 우리를 소환시켜 낼 때가 있다.

이처럼 마법과 같은, 음악이란 과연 무엇이기에
우리에게 이토록 강력한 효과를 주는 것일까?

음악의 본질(本質)은 들을 수 없는 정신적 영역이다. 음악을 형성하는
소리는 진동으로 생성되지만, 음악은 분명 현상(現象)을 넘어 그 이상의
무언가를 말해 주는 더 고차원적인 상태의 표현이다. 진동이 인간의 귀
에 전달되어 감정의 동요를 일으키며, 결국 영혼을 움직이게 된다는 이
복잡한 작용은, 우리가 어떠한 수단을 동원하여 정확히 분석해 낸다고

할지라도 결국 이해할 수 없는 무엇으로 남는다. 그럼에도 인류는 음악에 대한 비밀을 풀고 싶었던 모양인지, 아주 오래전부터 음악과 소리를 객관적으로 해석하려는 끊임없는 시도를 해왔다. 그것은 현상을 바라보는 일일 수 있었고, 동시에 세계를 이해하고자 하는 관념일 수 있었다. 그렇다면 오랜 역사의 시간 동안 우리는 음악과 소리를 어떻게 해석해 온 것인가? 이를테면 인류는 음악과 소리를 어디에서부터 오는 것이라 믿었으며, 오늘날까지 소리의 현상은 어떤 기술로 어떻게 분석되어 온 것인가? 이 책은 그러한 질문으로부터 출발하였다.

나는 소리에 대한 근본을 배우는 과정이 음악을 전공하는 이뿐만 아니라 음악에 관심이 있는 다양한 분야의 사람들에게 도움이 되길 희망하는 마음에서 이 책을 썼다. 오랜 세월 동안 수많은 학자는 음악과 소리를 다양한 관점으로 바라보고 분석했다. 이들은 가장 먼저 수를 통해 소리를 이해하길 원했고, 과학과 실험을 통해 소리와 그것이 우리에게 오는 과정이 정확히 분석되길 바랐다. 이 과정에서 발견된 수없는 관찰과 이론들은 축적된 지식으로 우리에게 고스란히 전달된다. 이 덕분에 우리는 소리의 현상을 수학과 과학으로 정확히 이해할 수 있게 되었다.

이로써 음악이라는 예술적 영역과 수학과 과학적으로 분석한 소리라는 영역은 본질적으로 결코 떼려야 뗄 수 없는 공생관계에 있다고 할 수 있다. 그러므로 진정 음악을 이해하고자 하는 사람들이라면 소리에 대한 지식을 알아야 할 필요가 있다. 음악을 이해하는 면에 있어 소리를 공부해야 하는 근본적인 이유는 음악이 중요하듯, 음악을 형성하고 있는 소리의 질(Quality of Sound, La qualité du Son)이 매우 중요하기 때문이다.[1] 소리의 질은 좋은 음악을 좌우하며 그 질에 따라 청자가 느낄 감동은 극명히 달라진다. 어쩌면 소리 자체는 음악을 형성하는 그 무엇보다도 더 중요한 역할을 할지 모른다.

이러한 면에서 이 책의 꽤 많은 부분은 음향 현상을 음악과 과학적으로 연구하는 기존의 학문인 음악음향학(音樂音響學, Music Acoustics)[2]적 지식의 일부를 바탕으로 설명된다. 현재의 음향학 관련 전문 서적은 대부분의 서술이 과학적인 공식이나 기술적인 관점에 치우쳐서 구성된 경향이 있어 보였다. 이 때문에 타 분야와 관련된 독자들이 그 내용을 이해하기 어렵거나 마치 음악과는 동떨어진 이야기를 하는 듯한 느낌을 주는 면이 있었다. 음향학에 치우친 전문 서적에서는 우리가 정작 음악과 소리를 대할 때 유용할 지식이나 역사는 간과되거나 배제되기 쉬웠던 경우도 많았다. 나는 다양한 배경지식이 있는 독자들의 입장에서 궁극적으로 이러한 지식을 좀 더 역사적인 문맥의 흐름 속에서 흥미롭게 이해하는 것이 효과적이리라 보았다. 그래서 이 책에서는 음악과 소리에 대한 다양한 관점으로 기본 지식을 전달하면서도 동시에 음악사와 과학사적인 배경과의 연관성을 설명하기 위해 여러 방면으로 노력했다.

또한 나는 소리를 연구하는 과정이 어떠한 종류의 활동이었는지를 근본적으로 이해하고자 한다면 과거의 사물을 관찰하는 일과 이론의 결과를 연관 지어 들여다보는 것이 좋다고 생각했다. 소리가 들리는 과정은 단순하게 우리의 머릿속에서 일어나는 일이 아니므로 추상적인 과정을 시각적으로 구체화하여 이해하는 것이 중요하다고 판단했기 때문이다. 이에 책은 고대부터 현대까지 음악과 소리에 관한 사료(史料)를 곁들여 설명된다. 무엇보다 나는 자료 수집의 과정에서, 소리를 이해하고자 했던 사람들이 원리를 발견하는 일이 숨겨진 관계를 시각화하는 일과 관련되어 있다고 보았으며, 관련 삽화들이 독자들의 이해에 도움을 주리라 생각했다. 이 때문에 나는 오래전 학자들의 생각을 독자들에게 그대로 전달하고자 하여, 당시 그들이 가졌던 생각과 필적에 좀 더 가까이 다가갈 수 있도록 했다.

이 책의 기본적인 내용을 한마디로 함축해 보자면, '과거 음악은 어떻게 해석되었고, 소리는 어떻게 생성되고 전파되는 것이며, 우리에게 어떻게 전달되고 들려지게 되는가?' 정도로 말할 수 있을 것이다. 책을 구성하는 각 열 개의 장에서는 말하고자 하는 바에 따라 성격과 구성을 다르게 하였다. 먼저 'Ⅰ. 수학적 음악과 과학', 'Ⅱ. 천체의 음악'에서는 소리에 대한 전반적인 수학, 과학, 천문학적 역사에 맞추어 서술하였으며, 'Ⅲ. 소리란 무엇인가?', 'Ⅳ. 소리는 무엇으로 구성되는가?'에서는 소리에 대한 정의와 구성에 대해 다루었다. 'Ⅴ. 소리는 어떻게 전파되는가?', 'Ⅵ. 소리는 면, 판, 공간에서 어떻게 전파되는가?', 'Ⅶ. 소리는 어떻게 분석되는가?'에서는 소리의 전파와 분석에 관하여 설명하였다. 'Ⅷ. 우리는 소리를 어떻게 귀로 듣게 되는가?', 'Ⅸ. 우리는 소리를 어느 범위에서 어떻게 듣게 되는가?'에서는 우리가 소리를 듣게 되는 과정과 결과에 대해 다루었다. 그리고 끝으로 'Ⅹ. 소리가 음악이 되는 음계는 어떻게 만들어졌는가?'에서는 오늘날 음악에서 사용하는 음계의 생성과 발전에 대하여 자세히 논했다. 이 모든 장에서 공통으로 집필하면서 노력한 것은, 이 책의 지식이 어려운 이론에 머무르지 않고 쉽게 이해할 수 있도록 하는 것이었다. 더불어 수학과 과학과 연관된 음악이라는 주제의 연장선상에서, 악기 음향학, 전자음악, 더 나아가서는 AI 음악에 대하여도 다루고 싶었으나, 분량상 이 책에서는 그 내용을 모두 담지 못했다. 이에 관하여서는 다른 기회를 통해 논의될 수 있길 기대해 본다.

마지막으로 이 책의 초점은 음악가와 일반인, 음악 융합 분야의 학도, 또는 소리와 음악에 관심이 있는 다양한 분야의 독자들을 위한 설명으로, 음악과 소리에 관련된 기초적인 범위만을 다루고 있다. 이에 책에서는 보통 물리학(物理學, Physics)을 기반으로 한 설명에 사용되는 수학과 물리학적인 수식은 거의 다루지 않는다. 대신, 음악이나 소리를 듣게 되는 원리, 그리고 역사적 의미와 같은 포괄적인 범위가 이 책을 통해 설명될 것이다. 이외의 더욱 깊이 있는 논의에 관해서는 참고문헌에 기재된 책과 논문들을 참조하길 바란다.

바라건대 독자들이 이 책을 통해 음악을 형성하는 소리에 대한 이해와 더불어 관련 지식의 세계를 더욱 넓히는 계기가 되길 기대한다. 또한 이 책에서 제시하는 과거 다양한 분야의 학자들이 남긴 수많은 시도와 도전들이 현시대의 소리에 대한 이해를 얼마나 넓고 깊게 만들어 주었는지, 그들의 노고를 확인하는 시간이 되어 주길 바라본다. 부디 이 책을 읽는 동안의 시간이 독자들에게 유익함이 되어 주길 바라며.

이 책이 나오기까지 늘 응원해 주시는 존경하는 교수님들, 마음으로

격려해 주신 모든 분께, 도움을 주시는 분들에게, 마음을 다해 감사드
리며.

2024년 여름, 박은지

| 차례 |

서문 ··· 005

Ⅰ 수학적 음악과 과학 ·· 013

Ⅱ 천체의 음악 ··· 034

Ⅲ 소리란 무엇인가? ·· 056

Ⅳ 소리는 무엇으로 구성되는가? ······································· 080

Ⅴ 소리는 어떻게 전파되는가? ··· 121

Ⅵ 소리는 면, 판, 공간에서 어떻게 전파되는가? ····················· 148

Ⅶ 소리는 어떻게 분석되는가? ··· 196

Ⅷ 우리는 소리를 어떻게 귀로 듣게 되는가? ··························· 224

Ⅸ 우리는 소리를 어느 범위에서 어떻게 듣게 되는가? ················· 245

Ⅹ 소리가 음악이 되는 음계는 어떻게 만들어졌는가? ················· 276

주석 ··· 320

문헌 ··· 335

색인 ··· 343

I

수학적 음악과 과학

iluilililuilililuilililuilil
✕ ◀◀ ▶ ▶▶ ◻

    오늘날 우리는 음악과 과학을 마치 완전히 동떨어진 영역으로 구분하는 경향이 있다. 과학은 객관적이고 완고하게 정의된 개념과 확고한 원칙, 논리의 영역으로 보지만, 음악은 주관적이며 상상력과 판타지를 동원한 창조의 영역으로 분리하곤 한다. 이러한 이분법적인 구분이 잘못되었다고 말할 수는 없다. 과학은 수학적인 합리성에 근거하여 탐구하고 이해하며, 증명한다. 반면, 음악은 예술성을 바탕으로 주장하고, 표현하며, 공감한다. 이 때문에 두 분야가 결과에 도달하는 과정과 성격은 확연히 다른 것이 사실이다. 그러나 만약 우리가 과거 수많은 수학자, 과학자, 음악 이론가가 남긴 음악과 소리에 관한 기록을 마주하게 된다면, 우리는 더 이상 이 분야들을 거리가 먼 영역으로 바라볼 수 없게 될지도 모른다.

    근본적으로 음악과 과학은 창조적 원천에서 솟아나 같은 길의 문화로 흘러간 공통의 역사를 공유한다. 그 근거는 이 분야들이 함께해 온 기록들이 증명한다. 역사적으로 음악과 과학의 관계는 두 갈래로 나뉠 수 있었다. 그 첫 번째는 과학적 개념으로 이해되거나 설명될 수 있는 음악적 현상으로 바라보는 음악이었으며, 두 번째는 음악으로부터 영감을 받은 과학이었다.[1] 사실상 16~17세기 유럽, 과학의 급격한 변화가 일어난 시기인 과학혁명(科學革命, Scientific Revolution)의 이전까지, 음악과 과학은 학과로써 구분된 적은 있었지만, 연구 방법론과 사상적인 면에서는 엄격하게 구분되지 않은 채로 유지되고 있었다. 예를 들어 과학혁명의 이전까지 학자들은 음악을 천문학, 수학, 과학을 기반으로 만들어진 것으로 보고 있었고 과학은 추측, 상상력, 판타지적 요소를 포함하고 있는 영역으로 간주했다.

음악에 대한 과학적 사고의 토대가 되어 준 음악과 수학과의 관계에 관하여서는, 특별히 고대시대에 음악과 수에 관해 고심한 많은 기록과 흔적이 남아 있다. 고대의 사람들은 소리를 수적 영역으로 다루었고, 우주의 원리를 지닌 천문학과 연관시켰으며, 음악이 우주의 신비와 조화를 계시하는 것임을 입증하는 과정을 거치는 데 집중했다. 따라서 음악과 수학, 과학 분야 간의 경계가 없는 융합적(融合的) 사고의 시작은 고대(古代, Ancient Period)까지 그 역사를 거슬러 올라간다고 볼 수 있다. 이 장에서 우리는 음악을 과학적으로 사고하는 기반이 되어 줄, 고대시대의 '수학적 음악'의 배경에 대해 알아보려고 한다.

고대 시대: 피타고라스와 음악

Ancient Period: Pythagoras and Music

우리는 현재 음악을 음계(音階, Scale)로 소통한다. 오늘날의 우리에겐 머릿속에 맴도는 선율을 음계로 악보에 옮겨 적으며, 이를 연주하고 관객과 소통하는 일련의 과정이 매우 익숙하게 여겨진다. 이는 마치 우리에게 음계를 사용한 음악 소통의 행위가 인류의 시작부터 늘 곧 존재하고 있었다는 듯 자연스러운 음악적 행위인 것만 같다. 그러나 음계 시스템은 태초부터 존재하고 있었던 것이 아니다. 엄밀히 말해서 음계란, 우리가 소리를 의도적으로 체계화(體系化)하여 선별한 음 관계로 만들어진 소리라고 할 수 있다. 이러한 음을 체계화하는 방법은 아주 오래 전에 발견되었고, 그것이 수정과 발전을 거듭하여 오늘날과 같은 음악 소통의 도구로 정착된 것일 뿐이다. 우리는 이러한 선별되고 체계화된 음계라는 도구로, 다른 음과의 관계 속에서 맺어지는 복합적 구조물과 같은 다양한 음악을 만들어 낼 수 있게 된 것이다.

그렇다면 음악을 형성하는 음계는 어떻게 탄생하게 되었는가? 우리에겐 음계라는 음악 소통 방식이 있기 전에, 음악에 대한 수학적 발견이 먼저 있었다. 음악에 대한 최초의 수학적 발견은 고대 시대로부터 정의된다. 문명이 시작되는 곳에서 음악과 과학이 시작되었던 셈이다. 고대의 사람들은 일찍이 음악을 수학적으로 이해하며 과학과 철학, 그리고 종교적으로 해석하고 있었다. 그 사고의 중심에는 기원전 6세기 그리스의 철학자, 수학자이자 종교가였던 피타고라스(Pythagoras, BC

582~BC 497)라는 준 신화적인 인물이 있었다.[2] 그는 '음악학의 시조(始祖)'라고 불릴 만큼 음악이론(音樂理論, Music Theory)의 시작점을 연 중요한 인물이라고 할 수 있다. 그로부터 음에 대한 '높고' '낮음'은 측정되고 수치화되었으며, 음 간격은 공간적 거리의 의미에서 비교될 수 있는 것이라는 인류 최초의 해석이 등장하게 된다.[3]

피타고라스의 생애에 대한 기록은 거의 남아 있지 않다. 대부분의 짧은 기록에 따르면, 그는 소아시아 해안 부근에 있는 에게해(Aegean Sea: 그리스·소아시아 사이 지중해 동부의 다도해)에 위치한 사모스섬(Island of Samos)에서 보석 조각사, 므네사르쿠스(Mnesarchus)의 아들로 태어났다. 그의 출신에 관하여서는 학자들의 의견이 분분하지만, 교육에 관해서는 거의 모든 고대의 전기 작가들이 동의하고 있다. 그는 이집트(Egypt) 종교의 신비를 접한 최초의 외국인으로서, 이집트에서 기하학을 공부했고 페키니아(Phoenicia)[4]에서 수와 비율(Numbers and Proportions)에 관한 교육을 받았다. 그는 고대로부터 천문학의 대가로 인정받았던 칼데안(Chaldeans)[5]에게 천문학 교육을 받기도 했는데, 이때 인간의 정화와 덕, 자유, 자연에 관한 수업을 접했다고 전해진다. 사실상 피타고라스가 습득한 지혜의 대부분은 이 외국인들 사이에 머문 시기에서 비롯되었다고 해석된다.[6]

이같이 다양한 교육을 받은 경험은 피타고라스가 음악을 이해하고 음계를 만들어 낼 수 있었던 배경이 된 듯하다. 그는 음악을 수와 비율로 해석했고, 최초로 음계를 고안했으며, 이를 천문학적 관념으로 해석해 내기도 했다. 그의 사고는 만물의 원리(아르케, Arche)가 수라는 개념

:: **피타고라스**
Inventaire du fonds français by Roger-Armand Weigert, 1954년
프랑스 파리 출판, 프랑스 국립 도서관(Bibliothèque Nationale de France)

으로부터 출발한다.[7] 그는 수가 음악을 분석하는 단순한 도구를 넘어 음악에 미적 감각을 선사하고 우주의 질서를 예견한다는 논리 체계를 지니고 있었다. 그는 비단 음악뿐만 아니라 다른 학문도 철학적 체계를 수학적인 사고 위에 놓음으로 수에서 절대 진리를 찾을 수 있음을 믿었다.[8]

피타고라스는 교육을 산술학(算術學, Arithmetic), 기하학(幾何學, Geometry), 음악(音樂, Music), 천문학(天文學, Astronomy)이라는 네 개의 학과로 구분하여, 최초로 음악을 다른 학문과 동등한 위치로 가져온 인물이기도 하다. 이 덕분에 음악은 고대부터 17세기에 이르기까지 오랫동안 과학의 한 분과인 4과(Quadrivium)[9]의 하나로서 존재하게 된다. 현대적 관점에서 이를 바라보자면, 이 모든 4개의 학과는 다루어지는 대

:: **4과를 그림으로 표현한 중세의 저서들**
중세에는 3과목 학과(Trivium)를 이수한 후, 4과를 이수하도록 했다.
중세에는 이 두 과목을 합하여 교양 7과목 학과(Seven liberal arts)라고 칭했다.
에를랑겐-뉘른베르크 및 하이델베르크 대학교 도서관
(Erlangen-Nürnberg, Universitätsbibliothek & Heidelberg, Universitätsbibliothek)

상과 성격이 매우 다른 분야이지만 궁극적으로는 수를 다룬다는 공통점이 있는 학문으로 분류되었음을 가늠해 볼 수 있다. 이는 고대에 음악이 4과의 다른 학과들처럼 수를 다루는 것으로 인식되었으며, 물리적인 공간과 시간 간의 관계 속에서 수치(數値)로 분석하는 학문으로 여겨졌음을 의미한다. 예를 들어, 산술학은 순수한 수(數)를 다루었으며, 기하학은 공간에서의 수를, 음악은 시간에서의 수, 천문학은 시간과 공간에서의 수를 다루는 학문으로 분리되었다. 결국 고대의 사람들에게 음악이란 시간에서 수를 다루는 학문을 의미했다.[10]

피타고라스는 음악을 청각적인 예술인 소리의 영역으로부터 수학으로 표현할 수 있는 수적 영역으로 옮겨 놓았다. 그는 음악의 논리를 수로 체계화하고자 한 것이다. 이 과정에서 그는 소리를 발생시키는 물체의 진동 원리를 발견하여 연구했고, 그 원리를 수학적 비율로 세세히 설명해 냈다. 그는 음의 높낮이(음고, 音高, Pitch)가 수적 비율로 해석될 수 있으며, 특정 음 관계는 조화로운 소리를 만들어 낸다는 것을 수와 음의 비율 관계로 증명했다.

피타고라스의 비율이론의 발단이 되는 일화는 매우 잘 알려져 있다. 이는 기원전 2세기, 고대 그리스의 수학자, 니코마코스(Νικόμαχος, Nicomachus of Gerasa, c.60~c.120 AD)가 저술한 『음악 이론 개요서』(Enchiridion Harmonices)에서 자세히 묘사된다. 그의 기록에 따르면, 피타고라스는 어느 날 길을 걷다가 우연히 '듣기 좋은 소리'(협화음, 協和音, Consonance)의 원인을 발견하게 되는 중대한 계기를 맞게 된다. 그는 늘 걸어 다니는 길목에서 항상 듣던 소리와는 전혀 다른 소리에 주목할 수밖에 없었는데, 그 이유는 대장간에서 대장장이가 금속판을 때리는 두 망치의 소리가 평소와는 달리 '듣기 좋은 소리'를 내고 있음을 감지하게 되었기 때문이었다.[11] 평소에 늘 듣던 망치의 소리는 '듣기 좋지 못한 소리'(불협화음, 不協和音, Dissonance)가 났지만, 그날따라 완벽한 협화음을 이루며 마치 노래를 부르는 듯한 소리가 나고 있었다. 그는 곧 이 '듣기 좋은 소리'의 원인을 찾아내고자 대장장이의 작업장으로 뛰어들

:: **피타고라스와 대장장이들**
그림의 왼쪽에는 삼각자를 든 피타고라스가 있으며, 오른쪽에는 오선보가 그려진 모루에서 세 명의 대장장이가 망치질을 하고 있다.
Thesaurus philopoliticus: Duynkirchen. Kunst kompt von klugen Leuten
by Daniel Meisner & Eberhard Kieser, 1626년
독일 프랑크푸르트 출판, 독일 뒤셀도르프 하인리히-하이네 대학교 도서관
(Heinrich-heine-universitat dusseldorf)

었고, 연구와 실험을 통해 그 원인을 밝히게 된다.

피타고라스는 망치의 무게가 '듣기 좋은 소리'의 원인이 된다고 주장했다. 그는 망치가 무거울수록, 두 망치가 부딪치며 발생하는 소리의 음높이는 낮아지며, 두 망치의 무게 비율에 따라 다양한 음정의 소리가 날 수 있다고 보았다. 그러나 결론부터 말하자면 이 주장에는 오류가 있었다. 사실상 음고는 망치의 무게가 아닌 모루(Anvil)[12]의 크기에 따라 달라지는 것이었다. 망치의 무게는 소리의 크기만을 달라지게 할 뿐이었다. 비록 피타고라스가 망치 실험에서 발견한 이 비율이론의 물리적 대상에는 오류가 있었지만, 협화음을 산출하는 음의 비율에 대한 발견은 다른 대상에서 유효했으며, 의미가 있다고 볼 수 있었다. 따라서 이 비율에 관하여서는 자세히 살펴볼 필요가 있다.

피타고라스의 실험은 네 개의 망치로 진행되었다. 실험에서 사용된 망치는 각 12, 9, 8, 6파운드(Pound)의 무게를 지니고 있었다. 만약 네 개의 망치를 각각 1, 2, 3, 4번으로 정의한다고 한다면, 무게가 각각 12, 9, 8, 6파운드이므로, 망치 간의 무게 비율은 망치 1번과 4번은 2:1, 망치 1번과 3번은 12:8=3:2, 그리고 망치 1번과 2번은 12:9=4:3의 비율로 구성된다고 할 수 있었다.

피타고라스는 이 실험으로 인해 인류 최초로 협화음과 불협화음의 음 간격의 개념을 비율이론과 연관하여 찾아내고자 했다고 볼 수 있다. 그는 망치 무게의 비율에 따라 다양한 음정의 소리가 난다고 보았으며, 두 망치의 특정 비율이 조화로운 소리인지 아닌지를 결정짓는다고 주장했다. 예를 들어, 그는 망치 1번과 4번에 해당하는 2:1의 비율을 가

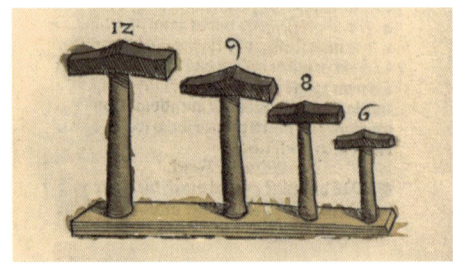

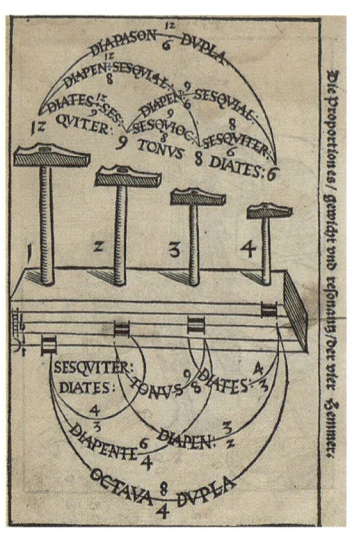

:: 피타고라스의 해머▲

Ein kurtz Deudsche Musica▶

그림의 왼쪽부터 각 12, 9, 8, 6파운드의 무게의 망치가 나열되고, 그 위에는 비율을 나타낸 숫자들이 기재되어 있다.

1) *Ayn new kunstlich Buech welches gar gewiss vnd behend lernet nach der gemainen Regel detre Grammateum oder Schreyber* by mathematician Heinrich Schreiber, 1521년
독일 출판, 독일 뮌헨 바이에른 주립 도서관(Bayerische Staatsbibliothek)

2) by Martin Agricola 1528년 Musikkoffer Sachsen-Anhalt

진 망치를 동시에 두드리면, 음 간격이 완전 8도인 옥타브(Octave)로, 조화로운 소리가 난다고 주장했다. 마찬가지로 망치 1번과 3번에 해당하는 3:2의 비율을 가진 망치를 두드리면 완전 5도의 소리가, 망치 1번과 2번에 해당하는 4:3의 비율을 가진 망치를 두드리면 완전 4도의 소리가 난다고 주장했다. 또한 망치 2번과 3번 사이의 간격은 9:8의 비율로, 이 둘을 두드리면 온음(一音, Whole Tone) 간격의 소리가 난다고 설명했다. 따라서 그의 이론은 비록 물리적 대상에서는 오류가 있었지만, 인류의 역사에서 '협화음의 원리'를 수적 비율로 탐구한 최초의 사례였던 것이다.

피타고라스의 비율

Pythagoras' Ratio

피타고라스는 1, 2, 3, 4라는 단순한 정수가 조화로운 소리를 만들어 낸다는 이론을 바탕으로 이루어졌다. 그의 이론은 르네상스의 거장, 1511년 라파엘로 산치오(S. Raffaello, 1483~1520)가 그린 〈아테네 학당〉(School of Athens, 1511)에서도 등장한다.[13] 라파엘로는 〈아테네 학당〉에서 과학, 철학, 예술, 종교와 같은 인류 지성의 역사를 상징하는 수많은 사상가의 개성을 드러내는 모습을 그려 내고 있는데, 여기서 피타고라스와 그의 앞에 놓인 흥미로운 서판을 발견할 수 있다. 18세기의 조반니 피에트로 벨로리(Giovanni Pietro Bellori, 1613~1696)는 이 서판에 담긴 그림(1751)을 다시 그려 내고 있는데, 이를 자세히 살펴보면 음악과 관련된 숫자

:: **아테네 학당과 피타고라스의 모습**
그림의 왼쪽에는 피타고라스가 책에 무언가를 기록하고 있고 그 앞에는 서판이 놓여 있다.
서판에는 피타고라스의 수적 비율을 나타낸 그림이 그려져 있다.
Scuola di Atene by S. Raffaello, 1511년, 이탈리아, 바티칸 미술관(Musei Vaticani)

와 음 간격의 용어가 기재되어 있어 피타고라스의 비율이론을 묘사하고 있음을 확인할 수 있다.

서판을 보면 그 상단에는 헬라어로 장 2도를 의미하는 에포그도운(ΕΠΟΓΔΟΩΝ)이 기록되어 있다. 그 바로 아래에는 6, 8, 9, 12를 의미하는 VI, VIII, IX, XII가 기재되어 있으며, 더 아래에는 헬라어로 완전 4도를 의미하는 ΔΙΑΤΕΣΣΑΡΩΝ(Diatesseron), 완전 5도를 의미하는 ΔΙΑΠΕΝΤΕ(Diapente), 완전 8도를 의미하는 ΔΙΑΠΑΣΩΝ(Diapason)와 같은 단어들이 나열된다. 그리고 더 아랫부분에는 1, 2, 3, 4를 의미하는 Ι가 피라미드 모양으로 나열되어 있다. 마지막으로 이 숫자의 합은 10으로, 최하단에 기록되어 있다.

이 서판에 담긴 숫자들은 앞서 살펴본 피타고라스 망치의 무게 비율

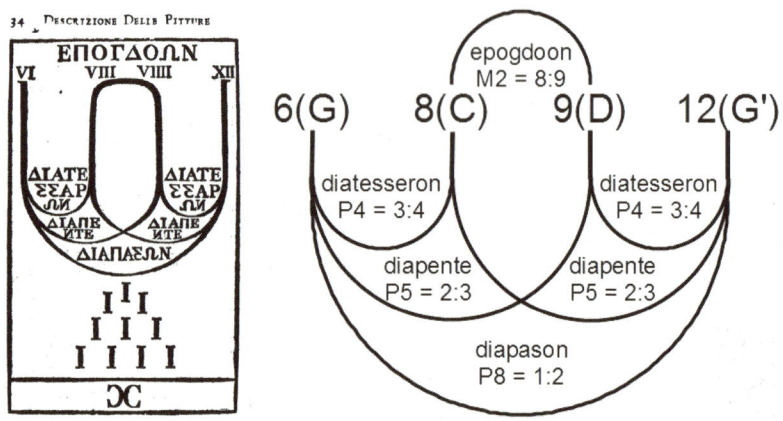

:: 에포그도운
Descrizione delle immagini dipinte da Raffaelle d'Urbino nel Palazzo Vaticano
by Giovanni Pietro Bellori, 1751년
이탈리아 로마 출판, 로마 독일 아르케올로지 연구소(Bibliotheca Hertziana)

과 음 간격의 비율과도 일치한다. 즉 이 숫자들은 음 간격을 묘사하고 있으며, 그 비율은 1:2(옥타브), 2:3(완전 5도), 3:4(완전 4도)로 1, 2, 3, 4 의 비율을 정리하여 기록해 놓은 셈이다. 서판에서 사용된 로마숫자는 6, 8, 9, 12로, 이 또한 6:12＝1:2(옥타브), 6:9＝8:12＝2:3(완전 5도), 6:8＝9:12＝3:4(완전 4도)의 비율을 의미한다. 결국 이 그림을 그린 라파엘로는 숫자 1, 2, 3, 4와 음 간격을 의미하는 용어들(완전 4도, 완전 5도, 장 2도, 완전 8도)로 피타고라스학파의 수와 음악과의 비율 관계에 대한 개념을 상징적으로 그려 낸 것이다.

피타고라스는 망치 소리에 대한 관찰만으론 만족하지 않았다. 그는 곧 진동하는 모든 종류의 물체로 소리 실험을 진행하게 된다. 그는 팽팽한 줄, 물이 찬 유리잔, 종, 관 등으로 현의 길이와 장력에 따른 음 관계의 비율, 종과 물잔의 크기, 관의 길이에 따른 음고의 변화를 실험하며 수와 음악의 비율적 관계성을 증명했다.

피타고라스의 현의 길이에 대한 비율 실험과 음계에 대한 설명은 플라톤(Plato, BC 427~BC 347)의 『티마이오스』(*Timaeus*, BC 4)[14]에서 최초로 제시되었다. 피타고라스는 현의 길이를 달리하며 비율 실험을 지속했는데, 이러한 일련의 과정은 음악의 역사에서 매우 중요한 부분을 차지한다. 그는 현의 길이에 대한 비율과 진동의 수를 조절하는 과정을 통해 음 관계를 명확한 수적 비율로 정의할 수 있었고, 이는 곧 비율이론으로부터 비롯된 조화로운 음악을 창조할 수 있는 음계 체계의 구축으로 이어져 음악이론과 작곡의 역사가 시작되었다고 볼 수 있기 때문이다.

:: **피타고라스의 하모니와 비율**
Theorica musice by Franchinus Gaffurius, 1492년
이탈리아 밀라노 공국 출판,
독일 뮌헨 바이에른 주립 도서관
(Bayerische Staatsbibliothek)

피타고라스는 이 비율 실험에서 원시 음악 악기인 모노코드(Monochord)를 만들어 설명에 사용했다. 모노코드는 하나의 현을 음판(音板)에 연결한 것으로, 전체 현의 길이 중에서 어느 부분이 건드려지는가에 따라 서로 다른 비율의 음정 소리가 나는 악기이다. 따라서 이는 진동에 따른 음고의 변화를 실험하기에 적절했다. 모노코드의 현은 양쪽 끝에 고정되어 있으며, 현과 판 사이에 브릿지(Bridge)를 놓음으로써 진동되는 현의 길이는 달라져, 이 현의 길이가 만들어 내는 진동에 따른 다른 음의 소리가 나게 되는 원리이다.

피타고라스는 모노코드의 브릿지를 이동시키면서 건들여지는 현의 길이에 따라 만들어지는 소리의 음고를 측정했다. 그리고 이 과정에서 그는 현의 전체 길이의 절반에 해당하는 부분에 브릿지를 놓았을 때, 조화로운 소리가 난다는 것을 발견하게 된다. 이 시점에서 그는 한 옥타브가 1:2의 비율로 이루어졌다는 사실을 알게 되고, 그 간격을 더 작

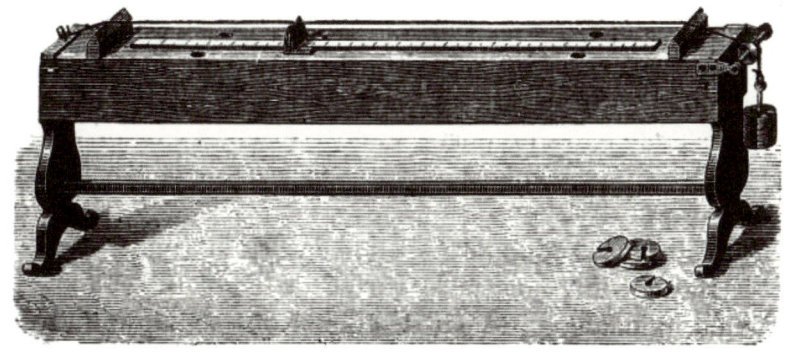

Fig. 40. — Sonomètre.

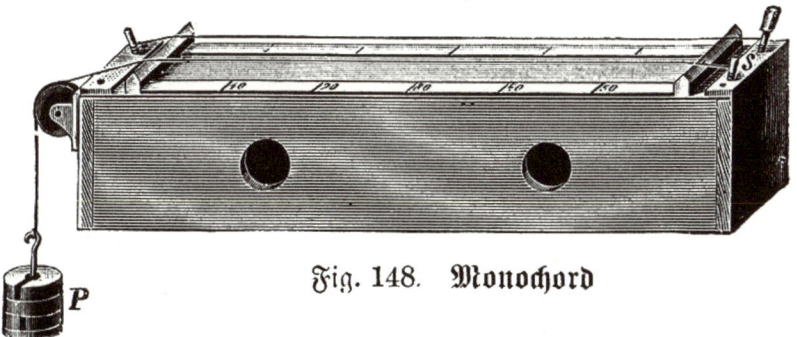

Fig. 148. Monochord

:: 소노미터와 모노코드
Bibliothek allgemeinen und praktischen Wissens für Militäranwärter Band III, 1905년
독일 베를린, 독일 국립도서관(Deutsche National Bibliothek)

은 부분으로 세분화하는 과정을 거치며 음을 만들어 나갔다. 현의 길이
에 대한 실험에서 조화로운 소리를 만드는 데 기본이 되는 음정은 현의
길이가 1:2, 2:3, 3:4의 비율을 지닌 옥타브(1:2), 5도(2:3), 4도(3:4)였
다. 결국 현을 비율로 나누는 과정의 반복을 통해 전체 음계가 형성되
었다. (이 비율은 역으로 주파수 비율(Frequency Ratios)로도 표현될 수 있으나, 이

책의 본문에서는 주로 현 길이의 비율을 사용하도록 한다.)

그 과정을 모노코드의 현으로 확인해 보면 이렇다. 아래의 그림과 같이 본래 C 음의 소리를 내는 현의 모노코드가 있다고 가정해 보자. 이 모노코드에서 브릿지를 현의 중앙에 놓아 전체 길이를 반으로 줄여 현을 튕겨 연주하게 되면, 현은 본래 주파수의 두 배로 진동하게 된다. 이를 비율로 나타내면 1:2이며, 본래의 음 대비 한 옥타브 높은음인 C' 소리가 난다. 마찬가지로 현의 2:3, 3:4 비율의 위치에 브릿지를 놓게 되면, 각각 G와 F 음이 나게 된다. 피타고라스는 이러한 비율원리로 계산을 거듭하여 음계를 만들어 낸 것이다.(피타고라스의 비율과 음계에 관한 내용은 'X. 소리가 음악이 되는 음계는 어떻게 만들어졌는가?'에서 더 자세히 살펴보도록 하자)

여기서 우리는 현의 길이에 따른 음 관계의 비율이론이 앞서 살펴본 망치 무게의 실험을 통한 음 간격의 비율이나 1, 2, 3, 4라는 단순한 수로 조화로운 소리를 만들어 내는 비율이론과도 같은 원리임을 알 수 있다. 결국 망치의 무게에 대한 실험과 같이, 피타고라스는 현의 길이에 대한 실험에서도 '듣기 좋은 소리'가 기본적인 단순한 정수, 1, 2, 3, 4의 비율을 통해 생겨난다는 사실로 결론짓게 된다.

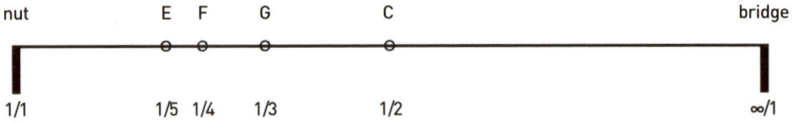

:: 모노코드에서 음 간격의 비율

흥미로운 지점은 피타고라스가 이러한 '듣기 좋은 소리'를 구성하는 음악적 협화음의 조화가 '우주의 조화'(The Harmony of the Cosmos)와 '천체의 음악'(The Music of the Spheres)을 예시하고 있으며 이와 일치한 다고 주장하고 있는 점이다. 사실상 그에게 있어 음악에서 발견한 비율이란, 음을 수적 비율로 증명할 수 있는 무엇이었음과 동시에 음악, 수학, 천문학을 불가분하게 연결하는 수–신비주의(Number-Mysticism)적인 총체적(總體的) 관념이었다.

피타고라스는 이 수적 비율의 발견이 결코 우연이 아니며, 이는 곧 음악에서 '우주 만물의 창조적 질서'가 발현된 것이라고 주장했다. 이른바 피타고라스에게 '수'란, 사물을 세고 측정하는 도구이었음과 동시에, 세계의 본질과 구성을 알려 주는 자연과 우주의 고유한 원리를 지닌 실체였다고 해석될 수 있다. 그는 신비한 원리를 지니는 신성한 수로 이루어진 자연적인 조화야말로 '듣기 좋은 소리'의 근원을 설명한다고 주장하기에 이른 것이다. 이와 같은 음악과 수학과의 관계에 대한 본질적인 해석은 피타고라스의 추종자들이 음악 조화의 법칙으로부터 천체의 운동에 이르기까지, 우주의 모든 만물이 수적 단순한 비율에 지배되어 있다고 믿게 했다.

피타고라스의 테트락티스

Pythagoras' Tetraktys

피타고라스학파에게 있어 숫자 10을 의미하는 테트락티스(Tetractys)는 피타고라스만큼이나 무척 중요한 상징으로 작용하고 있었다. 우리는 피타고라스 형제단의 맹세 중 하나의 문구를 통해 테트락티스에 대한 신념이 이들에게 어떠한 의미였는지를 엿볼 수 있다. 문구는 다음과 같았다.

"나는 모든 지혜의 원천이자, 영원한 원천, 자연의 뿌리인 테트락티스의 발견자를 두고 맹세합니다."

이들은 수학의 기초가 되는 완전수로써 이 숫자를 해석했다. 피타고라스학파에게 테트락티스는 온 우주를 상징했으며, 신성한 것으로 인식되었다. 또한 이들은 1부터 10까지의 자연수에 고유한 의미를 부여했다. 가장 먼저, 수는 유한(Peras)과 무한(Apeiron)의 대립적 갈등으로부터 시작되어 홀수와 짝수는 우주의 대립을 상징했다. 숫자 1, 2, 3, 4는 이들에게 중요한 의미가 있었다.

수	이름	의미
1	Monad	Unity
2	Dyad	Power
3	Triad	Harmony
4	Tetrad	Stability
10	Dekad	Cosmos

:: 1부터 10까지의 '수'와 피타고라스의 세계관

예를 들어, 숫자 1은 만물이 1로부터 생성된다는 의미를 담고 있어 우주 만물을 구성하는 단일체인 모나드(Monad)를 상징했다. 1은 영원성을 상징했으며 홀수, 짝수, 남녀, 동등성, 우정을 상징함과 동시에 홀수의 근원으로서 '선함'과도 연관되었는데, 이 때문에 홀수는 짝수보다 더 가치 있는 수로 여겨졌다. 반면 숫자 2는 디아드(Dyad)로, 1에서 2로 넘어가는 형상을 의미하여 분열, 대립, 차이를 상징했다. 이는 부족하거나 지나침을 의미했으며, 더 나아가 '악의 요소'로 여겨지기도 했다. 숫자 3은 트리아드(Triad)로, 하모니를 이루는 삼위일체(三位一體, Trinity)를 상징했고 시작, 중간, 끝을 의미했다. 이는 우주의 원소(불, 공기, 물), 삼각형, 혹은 과거, 현재, 미래와 역사, 지식, 예언, 섭리 등과 연관되어 거론되기도 했다. 숫자 4는 테트라드(Tetrad)로, 완성을 의미하면서 신성함, 완전함을 상징했다. 이는 자연의 법칙을 설명하는 수로 여겨져 4계절(봄, 여

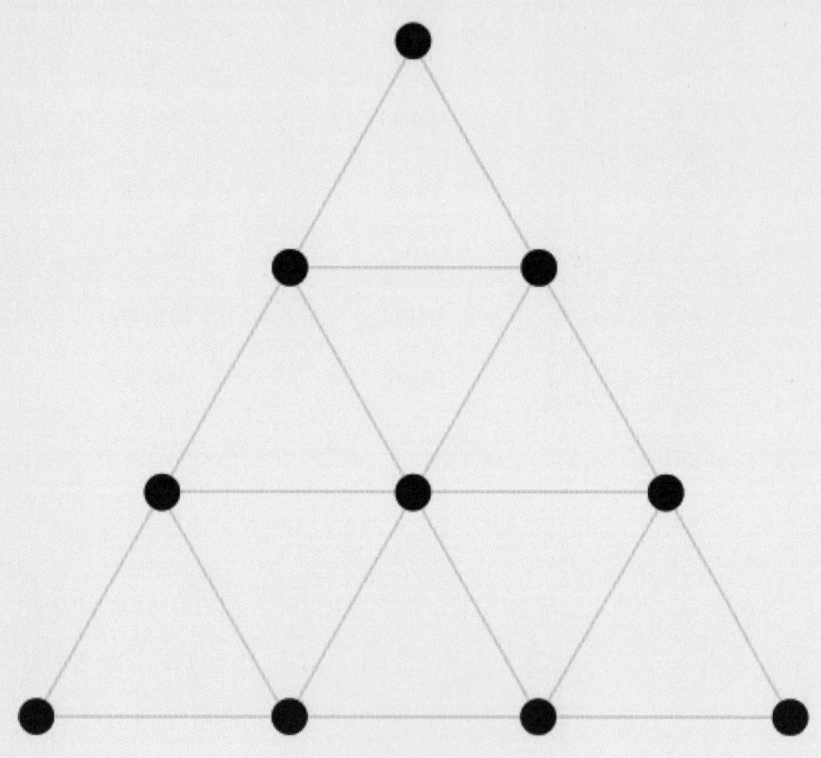

:: 테트락티스

름, 가을, 겨울), 4원소(물, 불, 흙, 공기), 또는 4개의 인간의 지적 능력(지성, 이성, 지각, 상상), 점, 선, 면, 입체라는 물질을 완성하는 수이기도 했다. 숫자 4는 우주의 창조를 의미하기도 했는데 1이 창조의 근원이라고 한다면 그 뒤를 따라오는 2, 3, 4는 이 창조의 작업을 마무리 짓는 것으로 보았다.

결국 이러한 과정을 통해 피타고라스학파는 1부터 4까지의 숫자들의 합인, 10(1+2+3+4=10), 테트락티스를 완성했다.[15] 피타고라스는 1,

2, 3, 4로 만들어지는 협화음이 단순한 수로서 의미 있는 것이 아니라 음악적으로 조화를 이루는 기본 원리임을 간파하고 있었다. 그는 무질서에 존재하는 소리에 자연수의 법칙을 적용하여 질서를 부여함으로써 음계와 협화음의 법칙들을 만들어 간 것이다. 이는 수 자체로도 의미가 있었을 뿐 아니라 소리 창조의 비밀과 소리의 본질과도 연관되어 있었으므로, 피타고라스의 수학적 음악의 완성에서 테트락티스는 매우 중요한 위치를 차지한다고 볼 수 있다. 그리고 곧 이는 그의 또 다른 논의인 '천체의 음악'이라는 전개의 바탕이 된다.

II

천체의 음악

  과거 역사에서는 현대의 관점에서 비과학적(非科學的)이라고 여겨질 수 있을 만한 주제가 과학적 일부로 논의되었던 사례를 흔하게 접할 수 있다. 과거에는 종교적 신념이나 마술과 같은 종류의 논의가 과학적 논의의 일부로 여겨지는 일이 부지기수였고, 과학혁명이 일어나던 시기에도 아이작 뉴턴(Isaac Newton, 1642~1727)을 포함한 신과학 주창자의 상당수는 연금술(鍊金術, Alchemie)이나 점성술(占星術, Astrology)과 같은 것에 깊은 관심을 보이기도 한 것이 사실이다. 그뿐만 아니라, 과거 자연 속에서 법칙을 발견하는 일은 신과 소통하는 일로 여겨지기도 했다. 이로써 일부 과학자들에게 발견의 과정은 창조주의 존재와 흔적을 입증하는 행위로 인정될 수 있었다. 물론 과학의 영역에서 이루어진 이러한 비과학적인 논의는 충분히 이해할 수 있는 무엇이 될 수도 있다. 그렇지만 오늘날의 관점에서 이 같은 활동이 과학으로 인정하는 활동과 전혀 분간되지 않았다는 사실은 여전히 놀라울 법한 일이다.[1]

:: **연금술사 하인리히 쿤라드의 실험실, 1595년경**
문틀에 적힌 라틴어 문장의 의미는 "신이 없다면 어떤 인간도 '위대'해질 수 없다"이다.
Amphitheatrum sapientiae aeternae by Heinrich Khunrath

한편 피타고라스는 비과학적인 면을 과학과 연관시킨 지점에서도 그 시초를 이루고 있다. 그는 음악에서 찾아낸 수적 비율을 신화적 사고(神 話的思考, Mythisches Denken)와 연관된 천문학적인 관점과 결합하여 해석하고 있기 때문이다. 그는 음악을 형성하는 음계를 천문학적인 관점으로 설명했다. 그는 지구로부터 각 행성 사이의 거리를 비율로 계산하였고, 이에 따라 천체에 따른 음정을 산정했다. 이것이 바로 피타고라스의 '천체의 음악(Music of the Spheres)'이다. 그의 음악과 비율에 관한 천문학적 해석은 과거의 음악이 고대의 사람들에게 어떠한 의미를 지니고 있었는지를 가늠케 한다. 이 장에서 우리는 피타고라스가 음악을 천문학적인 관점과 연관하여 어떻게 바라보고 있었고, 그 이후의 학자들이 그의 사고를 어떻게 계승했는지를 살펴보려고 한다.

피타고라스의 관점은 플라톤(Plato, BC 427~BC 347)의 『국가』(πολιτεία, The Republic, BC 380)에서 설명된다.[2] 플라톤은 피타고라스의 음악적 개념을 언급하면서 천문학과 음악에 대한 제 생각을 다음과 같이 기록하고 있다.

"눈은 천문학을 공부하기 위해 형성된 것이며, 귀는 하모니적 움직임을 위해 만들어진 듯하다."

— Plato, *The Republic*, BC 380

플라톤의 기록에 따르면 피타고라스는 만물의 체계가 형이상학적(形而上學, Metaphysics) 이론을 통하여 설명될 수 있다고 보았다. 그는 자연 속의 조화에 깊은 관심이 있었고 자연, 신, 영혼, 우주의 관계가 수에 의해 해석될 수 있다고 보았다. 그는 곧 수학과 음악 또한 자연적 조화를 표현하고 대변하는 것으로 바라보도록 설득한다. 그는 우주 전체를 '하

:: 플라톤의 국가론이 기록된 파피루스의 파편
P. Oxy. 3679

모니(조화, Harmony)이면서도 수'라고 표현할 만큼 자연의 모든 규칙이 음악적이라 믿고 있었고, 이러한 하모니는 인간의 조화이자 우주의 조화, 우주의 음악을 의미한다고 주장했다.[3]

또한 고대 그리스의 철학자 아리스토텔레스(Aristotle, BC 384~BC 322)는 그의 저서 『형이상학』(Metaphysics, B.C 300)에서 피타고라스 사상에 대한 명확한 그림을 보여 주고 있다. 그는 피타고라스가 어떻게 순수한 수의 원리로부터 물리적 세계에 대한 시각을 도출하게 되었는지, 그리고 가장 중요하게는 그의 원리가 음악으로 어떻게 표현되고 있는지를 보여 준다.[4] 피타고라스 학파에 대한 아리스토텔레스의 설명은 심오한데, 잘 알려진 대로 이 대목이 '천체의 음악'의 핵심 중 하나이다.

"피타고라스학파는 수학에 전념했다. 이들은 최초로 이 연구를 발전시켰고, 그 속에서 성장했기에 이 원리가 모든 면을 설명한다고 생각했다. 원리 중에서 수는 본질적으로 우선이 되었고, 그다음으로 수가 있어 존재하고 생성되는 것으로부터 많은 유사점이 있다는 것에 주목했다. 이들은 음계의 속성과 비율을 숫자로 표현할 수 있다고 보았다. 다른 모든 면은 본성적으로 수를 모델로 한 것이므로, 수는 전체 자연을 통틀어 우선인 것으로 여겨졌기 때문에, 이들은 수의 요소가 모든 것의 요소가 되며, 전체 우주는 음악적인 음계와 숫자로 이루어져 있다고 주장했다."

— *Metaphysics*, BC 300

이 글을 읽으면 피타고라스학파가 단순히 수, 음악, 우주 사이의 일치성을 식별한 것이 아니라는 점이 분명해진다. 그보다 이들은 수로 음악과 우주를 식별했다고 보는 것이 더 정확할 듯하다.[5] 피타고라스에게 음악은 곧 숫자였고, 우주는 음악이었다.

피타고라스는 자신의 철학에서 음악을 세 가지 종류로 구분했다. 이를 후대의 명명법을 빌려 설명하자면, 음악은 악기의 소리와 같은 일반 음악을 의미하는 '무지카 인스트러멘탈리스(Musica Instrumentis)', 인간 유기체가 만들어 내는 영혼과 육체 사이의 공명을 이루는 음악인 '무지카 후마나(Musica Humana)', 그리고 대우주가 만들어 내는 음악으로, 대우주의 조화를 의미하는 음악인 '무지카 문다나(Musica Mundana)'로 전해졌다. 오늘날 우리가 볼 때 이 세 종류의 음악은 그 규모 면에서 엄청난 차이가 있다고 할 수 있지만, 피타고라스학파에게 이 음악들은 본질적으로 동일한 것을 의미했다. 예를 들어 이들은 피리 소리와 우주의 소리는 같은 음을 연주할 수 있다고 보았다. 피타고라스에게는 이것이 순전한 수학의 문제였기 때문에 이 세 종류의 음악 사이에는 차이가 전혀 없었던 것이다. 이러한 관점은 영원의 관념이었으며, 그 모든 표현은 본질적으로 같았다.

피타고라스학파에게 음악의 법칙이란 지각할 수 있는 우주와 심지어는 지각할 수 없는 우주 전체의 범위를 지배하기에 무척이나 중요한 존재였다. 피타고라스는 자신을 음악적 치료자로 여기기도 했으며 음악을 모든 종류의 질병에 대한 치료법으로 사용하기도 했다. 이는 피타고라스가 리듬, 노래, 마술을 위한 주문으로 영혼과 육체의 열정을 달랬고 이러한 음악을 친구에게 적용하기도 했다는 기록으로 그 증거가 남아 있다.[6]

피타고라스의 '천체의 음악'은 행성의 움직임과 관련이 있었다. 그는 우주의 행성들이 움직이면서 거대한 소리를 낸다고 보았다. 그리고 이때, 인간은 행성이 내는 소리를 전혀 듣지 못한다고 언급했다. 이유인즉슨, 인간은 행성이 내는 소리가 없었던 적을 경험해 보지 못했기에, 소리의 존재 자체를 인지하지 못한다는 것이 그의 주장이었다. 인간은 이 엄청난 크기의 음악적 소리를 들을 수 없다는 문제를 다루기 위해 아리스토텔레스는 다음과 같이 설명하고 있다.

"이 소리는 태어나는 순간부터 우리 귀에 있었으므로, 그와 반대되는 침묵과 구별할 수 없다."

:: **피타고라스학파**
피타고라스학파는 엄격하고 독특한 계율을 가진 학파로 유명하다. 이들은 피타고라스를 신격화하고 있었으며 신비주의를 향하고 있었다.
Pythagoreans Celebrate the Sunrise by Fyodor Bronnikov, 1869

　이는 마치 소음에 둘러싸여 시간을 보내다 마침내 그 소리를 잊어버리게 되는 구리 세공인(Coppersmith)에 대한 비유로 그려졌다.[7] 그렇지만 피타고라스학파는 피타고라스와 같이 예외적인 인물만은 이 소리를 들을 수 있다고 전한다. 이러한 피타고라스만이 천상의 조화를 듣고 이해할 수 있다는 사고는 피타고라스를 비례의 신(神)으로 신격화하고 추

앙했던 피타고라스학파만의 종교적 성향을 극적으로 보여 주는 대목이라고 할 수 있다.

우주를 최초로 '코스모스(Kosmos)'로 칭한 인물도 피타고라스였다. 그는 협화음을 이루는 비율의 원리에 따라 행성의 움직임을 관조했고, 온 우주가 음악에서의 협화음과 같이 정수비의 화음으로 조율되어 있다고 보았다. 그는 "우주가 수적 비율의 질서로 인해 아름답다"라고 표현할 정도로 수론을 우주론과 동일시했다. 결국 그는 우주 전체가 수적 비율에 지배되는 것으로 해석하며, 태양, 달 그리고 행성들이 궤도 공전에 기초하는 고유의 소리를 낸다고 주장했다.

사실상 피타고라스에게 수란 추상적이 아닌 실재적 구조를 의미했으며, 그는 천체들이 서로 연결되어 궤도 공전에 기초한 소리의 수치(Numbers), 각도(Visual Angles), 형상(Shape)이 음조(Tones)를 표현한다고 확언했다. 그의 이러한 '천체의 음악'과 관련된 주장은 다양한 학자들의 기록을 통해 전해진다. 예를 들어 약 1세기경, 고대 로마의 박물학자, 정치인, 군인이었던 가이우스 플리니우스 세쿤두스(Gaius Plinius Secundus Major, AD 23/24~AD 79)는 『자연의 역사』(*Naturalis Historia*, AD 77)에서 다음과 같이 기록한다.

"지혜로운 영혼을 가진 피타고라스가 지구에서 달까지의 거리를 측정했고, 천구의 거리의 음고를 산출했다."

이후 작가, 켄소리누스(Censorinus, fl. AD 230)도 피타고라스가 산정한

지구로부터 행성까지의 거리와 음고의 구성을 자세히 설명하며 천체들의 배열을 나열했다.[8]

　기록에 따르면, 피타고라스에 의해서 지구로부터 각 행성 사이의 일정한 거리가 계산되었으며 이에 따라 음정이 부여되었다. 무엇보다 그의 계산과정에서 행성들이 움직이는 속력(速力, Speed)은 중요한 역할을 했다. 행성의 속력은 협화음의 비율과 음정을 결정짓는 요인으로 작용하였기 때문이다. 속력은 거리에 의해서 판단되는 것이므로, 그는 지구로부터 행성까지의 거리에 따라 서로 다른 음정의 소리가 난다고 해석한 것이었다. 예를 들어, 그는 지구로부터 가장 가까이에서 회전하고 있는 달은 가장 높은음을 낸다고 보았으며, 지구로부터 가장 멀리 떨어진 행성은 가장 낮은음을 낸다고 여겼다. 그는 지구에서 달, 금성, 수성, 태양, 화성, 목성, 토성과 고정된 별들이 박혀 있는 천구들까지의 행성들의 거리 비율이 현악기의 연구에서 발견한 음계의 비율과 같음을 기록하고도 있다. 따라서 피타고라스에게 있어 우주란, 완벽하게 조율된 하나의 거대한 악기에 견줄 수 있었다. 그는 신들과 같이 이 광활한 우주가 연주하는 곡을 감상한다고 믿고 있었던 것이다.[9]

　한편 피타고라스 사상의 중심이 되는 '비율'에 해당하는 헬라어 단어는 로고스(λóγoς, Logos)인데, 이는 말, 생각, 이성을 의미하기도 한다는 면에서 흥미로운 역사적 사례를 발견할 수 있다. 초기 기독교 철학자들(Early Christian Philosophers)에게 이 단어는 성경의 첫 구절에 비추어 볼 때 특별한 의미를 지녔다고 해석될 수 있었다. 이들이 활동하던 시기에 "태초에 말씀(λóγoς)이 계시니라. 이 말씀이 하나님과 함께 계셨

으니 이 말씀은 곧 하나님이시니라"라는 성경 구절은 피타고라스의 이상주의에 매우 가깝게 해석될 수 있었다. 이는 헤도닉(Hedonic) 철학의 가르침을 기독교적으로 수용하는 데 있어서 중요한 의미를 지니고 있었다. 음악에 관한 기록을 한 그리스의 신학자, 저술가였던 알렉산드리아의 클레멘스(Clement of Alexandria, c. 150~c. 215)와 또 다른 초기 교회의 저술가들은 비율과 로고스의 동일성을 신의 은혜로써 전파된 모든 순서의 원리와 조화롭게 이해할 수 있다고 주장했다.[10]

피타고라스의 음악에 대한 산술적 기초에 대한 발견은 단지 음악 이론의 시작만을 의미하는 것은 아니었다. 그것은 과학의 시작이기도 했다. 인류는 최초로 보편적인 진리가 체계적인 수학과 같은 기호의 사용을 통해 설명될 수 있다는 것을 발견했고, 이 문이 열리자, 인간의 호기심은 우주론 분야에까지 퍼진 것으로 해석할 수 있다. 이러한 피타고라스의 천재성은 그 내면에서 인간과 우주에 결합하는 포괄적인 방식에 있었다고 볼 수 있다.

피타고라스에게 '천체의 음악'이란, 사실 물리적인 세계에서의 음악적 인지라기보다는 정신적 영역(Geisterlande)에서의 인지를 의미했다. 그는 '정신적 귀'를 가진 자라면 이것이 상징적이며 우의적인 것이 아닌 친숙한 해석으로 여길 수 있다고 보았다.[11] 다음은 피타고라스의 우주관을 표현한 그림과 천구에 따른 음을 표로 나타낸 것이다.

천구	음(Note)	지구-행성의 천구 비율(Ratio)
달(Moon)	A(라)	2:1
금성(Venus)	G(솔)	243:128
수성(Mercury)	F(파)	27:16
태양(Sun)	E(미)	3:2
화성(Mars)	D(레)	4:3
목성(Jupiter)	C(도)	81:64
토성(Saturn)	B(시)	9:8
고정된 별들	A(라)	1

　곧 '숫자가 우주를 지배한다'라는 사고는 피타고라스학파의 중심 사상이 되었고 이 사상은 이후 2000년 동안의 과학적 사고를 지배하게 된다.[12] 이른바 우주의 신비와 음악의 비율을 기반으로 전개된 피타고라스의 '천체의 음악'은 당대로부터 다음 세대로 계속해서 전수되었으며, 수 세기 동안 천문학자, 과학자, 수학자, 철학자들의 사고에 널리 받아들여지게 된다. 예를 들어, 그의 우주적 하모니의 개념은 플라톤을 비롯한 마르쿠스 툴리우스 키케로(Marcus Tullius Cicero, BC 106~BC 43), 클라우디오스 프톨레마이오스(Κλαύδιος Πτολεμαῖος, Ptolemy AD 83~168)에 의해 끊임없이 재연구되면서 당시의 익숙한 관념으로 자리 잡게 된다.

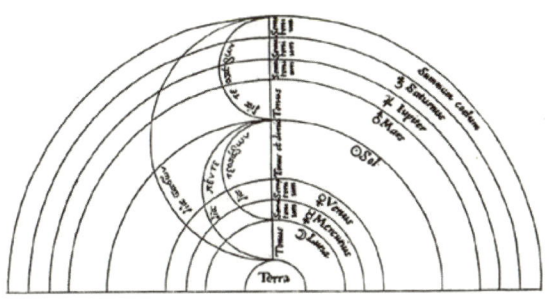

:: **피타고라스의 우주**
The History of Philosophy by Thomas Stanley, 1701년, 영국 런던 출판

Schema huius præmiffæ diuifionis Sphærarum.

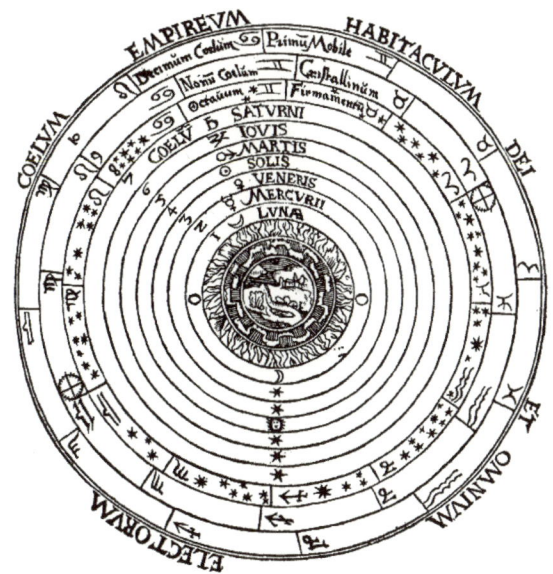

:: **프톨레마이오스의 우주관**
프톨레마이오스는 피타고라스, 플라톤, 아리스토텔레스로부터 이어진 천동설을 바탕으로 자신만의
수학적 방법을 사용하여 지구 중심의 모델을 제안했다.
Petri Apiani cosmographia, per Gemmam Phrysium, apud Louanienses medicum ac
mathematicum insignem, restituta: additis de adem re ipsius Gemmae Phry by Petrus
Apianus & Gemma Frisius, 1539년, 독일

이후 피타고라스의 개념은 후대 학자들의 기록에서 단순하고 우아한 기하학적 형태로 나타난다. 서유럽에서는 그의 사상이 음악 이론가와 미학가의 저서들에서도 등장했다. 예를 들어, 로마 최후의 음악 이론가이자 미학가였던 아니키우스 보이티우스(Anicius Manlius Torquatus Sererinus Boethius, 480~524)는 『음악의 원리』(De Institutione Musica, 500~507)에서 피타고라스의 음악론과 우주적 하모니에 대한 개념을 글과 그림으로 담아냈다. 그의 저서는 중세 시대의 가장 중요한 음악서로 평가되며 유럽의 음악 교재로 널리 사용되었다. 그로 인해 피타고라스

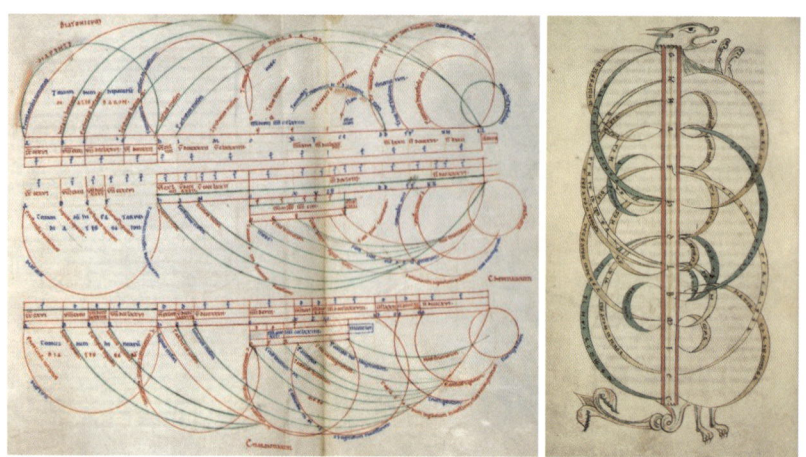

:: 보이티우스의 음악의 원리
De Institutione Musica by Boethius, 1491 and 1492년, 이탈리아, 막스 플랑크 과학사 연구소
(Max Planck Institute for the History of Science)

:: 보이티우스의 모노코드 다이어그램
보이티우스는 음악을 첫째, 우주의 음악(Musica mundana), 둘째, 인간의 음악(Musica humana), 셋째, 악기의 음악(Musica instrumentis)이라는 세 가지로 나누었다.[13]
De Institutione Musica by Boethius, 1491 and 1492년, 이탈리아, 스위스 장트 갈렌 주립도서관
(St. Gallen, Kantonsbibliothek)

의 개념은 중세 유럽에 더욱 널리 퍼져 나갔다. 곧 이러한 음악적 개념에 관한 관심은 화성학과 음향학의 발전과 교회 성가와 예배음악의 발달로 이어지게 된다.

시간이 지나 '천체의 음악'은 근대 유럽 과학자들에게 관심의 대상이 되었고, 이로써 이 개념은 중세 시대까지 자연과 음악을 보는 관점에 지대한 영향을 미쳤다. 이 개념은 곧 르네상스의 신피타고라스주의(Neopythagoreanism)와 신플라톤주의(Neoplatonism)의 연구로 이어졌다. 17세기의 과학혁명의 핵심 인물이자 인류 역사에 지대한 영향력을 행사한 천문학자, 수학자, 물리학자였던 갈릴레오 갈릴레이(Galileo Galilei, 1564~1642)는 "수학은 신이 우주를 재료로 하여 쓴 언어이다"라

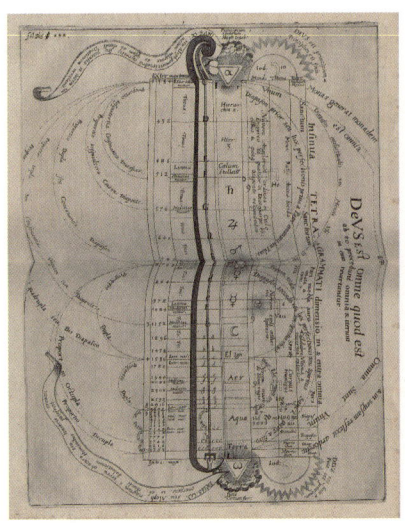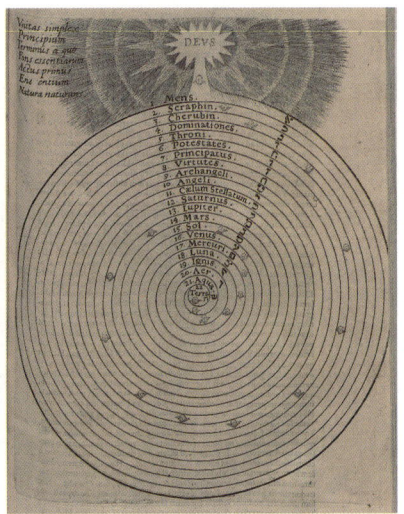

:: **플러드의 우주관**
Utriusque Cosmi by Robert Fludd, 1623년, 영국 출판, 과학사 연구소
(Science History Institute)

는 말을 남기기도 했다.[14] 같은 시기 영국의 수학자, 우주론자, 의사, 점성술사였던 로버트 플러드(Robert Fludd, 1574~1637)는 『두 세계의 역사』(*Utriusque Cosmi Historia*, 1617 and 1621)[15]에서 지상계와 천상계라는 두 세계의 수학적 조화를 거대한 모노코드로 설명해 내기도 했다. 그는 "신의 손이 우주의 모노코드를 조율하면 천구까지의 거리 비율에 따라 조화로운 음이 만들어진다"라는 표현을 하며 이 개념을 그림으로 묘사하기도 했다.

사실상 피타고라스의 '천체의 음악'의 개념을 전수하여 자신의 저서에 가장 자세하게 녹여 낸 인물은 독일의 천문학자 요하네스 케플러(Johannes Kepler, 1571~1630)라고 할 수 있다. 그는 『우주 구조의 신비』(*Mysterium Cosmographicum*, 1596)[16]에서 행성 간의 궤도를 기하학적 모형으로 구현해 냈다.

케플러는 이후 출판된 『세계의 조화』(*Harmonices Mundi*, 1619)[17]에서 기하학적인 형태와 물리적 현상에서의 음악적 화음과 조화에 대해서도 논했다.[18] 그는 행성이 태양으로부터의 거리와 회전속도의 변화에 따라 운동하며, 다양한 소리를 낸다고 주장했다. 또한 그는 기하학적 음계를 산출하기 위해 정수비를 계산했으며, 천문학적 조화를 음악적 관점으로 설명했다. 그의 설명에 따르면 궤도가 크고 공전 주기가 길수록 음고는 낮아짐으로, 목성과 토성은 아주 낮은음을 연주했다. 반대로 궤도가 작고 공전 주기가 짧아질수록 음은 높아짐으로, 태양에서 가장 가까운 수성은 가장 높은음을 연주했다. 궤도가 거의 완벽한 원에 가까운 금성은 음고의 변화가 없어 하나의 음만을 연주했다. 그는 궤도가

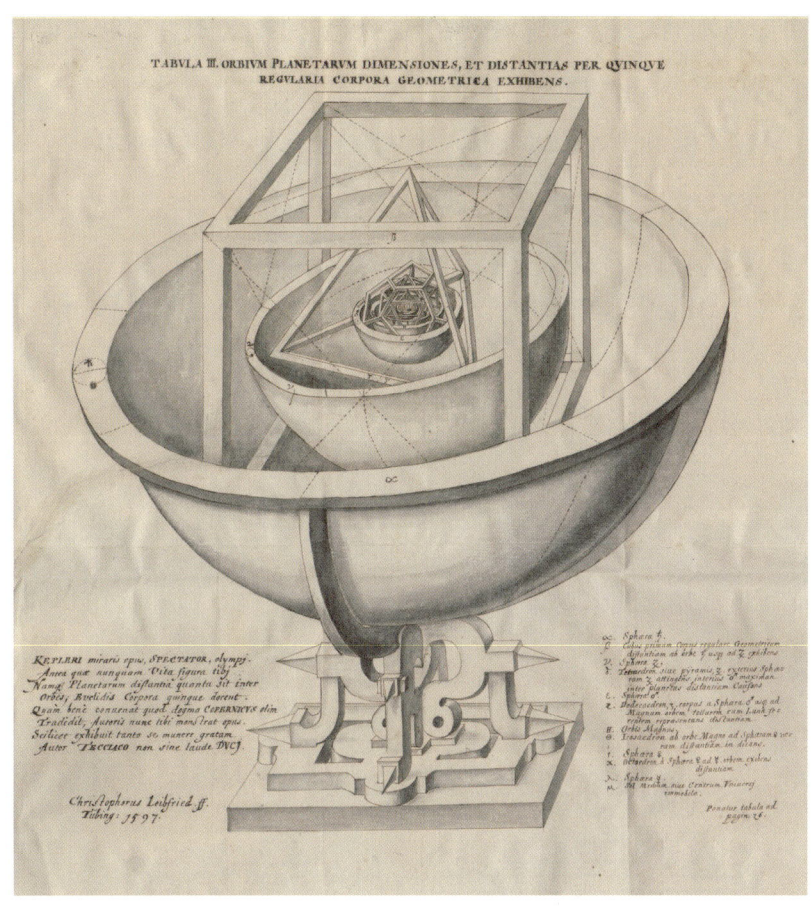

:: 케플러의 '플라톤의 입체' 태양계 모형

Mysterium Cosmographicum by Johannes Kepler, 1597년, 독일 튀빙겐 출판
미국 브리검영대학교(Brigham Young University)

아주 크게 찌그러진 타원을 이루는 수성은 음고의 변화가 가장 크다고 보았다.

케플러는 행성 궤도의 특성이 실제 음으로 연주된다고 한다면, 우주의 연주를 들을 수 있다고 기록한다. 그렇지만 궁극적으로 그는 행성들이 실제 소리를 산출한다고 보지는 않았다. 그에게 '천체의 음악'이란 청각적 관점이 아닌 개념적 영역이었다. 그는 곧 우주의 궤도를 악보에 옮겨 내기에 이른다. 다음 악보는 그가 여섯 행성의 위치를 음악적 비율과 연관시켜 제시한 '천구 음악(Musica Mundane)'의 음계이다. 결국

:: 케플러의 천구 음악
케플러는 모든 행성이 천상의 합창을 한다는 묘사를 했다. 그는 수성은 음고의 변화가 다채로운 콜로라투라(Coloratura)를 연상하는 소프라노를, 금성은 하나의 음만 부를 수 있는 알토를, 지구는 구슬픔과 슬픔을 표현하는 알토를, 화성은 반음 6개를 포함하는 테너를, 목성과 토성은 3개의 음의 통주저음(Basso Continuo), 베이스(Bass) 부분을 노래한다고 기록했다. 케플러의 악보에서 토성은 C-A-B 음을, 목성은 G-A-Bb 음을, 화성은 F-G-A-B-C 음을, 지구는 G-Ab 음을, 금성은 E 음을, 수성은 C-D-E-F-G-A-B-C-D-E를 연주하고 있다.
Harmonices Mundi by Johannes Kepler, 1596년, 오스트리아 린츠 출판,
미국 오클라호마대학교(University of Oklahoma)

케플러가 이루고자 했던 것은 피타고라스와 같이 행성의 운동 이면에 숨겨져 있는, 창조자가 만들어 놓은 음악적 원리를 행성의 비율로써 설명해 내는 것이었다.

이뿐만이 아니라 아이작 뉴턴(Isaac Newton, 1642~1727)과 독일의 천문학자였던 윌리엄 허셜(William Herschel, 1738~1822), 프랑스의 수학자, 지도 제작자, 천문학자였던 오란세 피네(Orance Finé, 1494~1555)를 비롯한 당대를 대표했던 전 세계의 학자, 화가, 지도 제작자들은 행성과 음악과의 관계, 그리고 우주의 비율과 하모니에 관해 연구한 흔적과 작품들을 남겼다. 역사적으로 과거의 과학자와 천문학자들에게 음악에 관한 연구란 우주에 관한 연구의 일환이었다고 볼 수 있었다. 그러나 결과적으로 이들에게 영향을 준 피타고라스는 아름다움, 조화, 대칭에 관한 생각을 자연의 법칙에 적용함으로써, 현대 과학의 진보를 저해했을 수도 있다는 평가를 받기도 한다.

다음은 음악과 수, 그리고 천체와의 관계를 묘사한 과거 학자들의 삽화들이다.

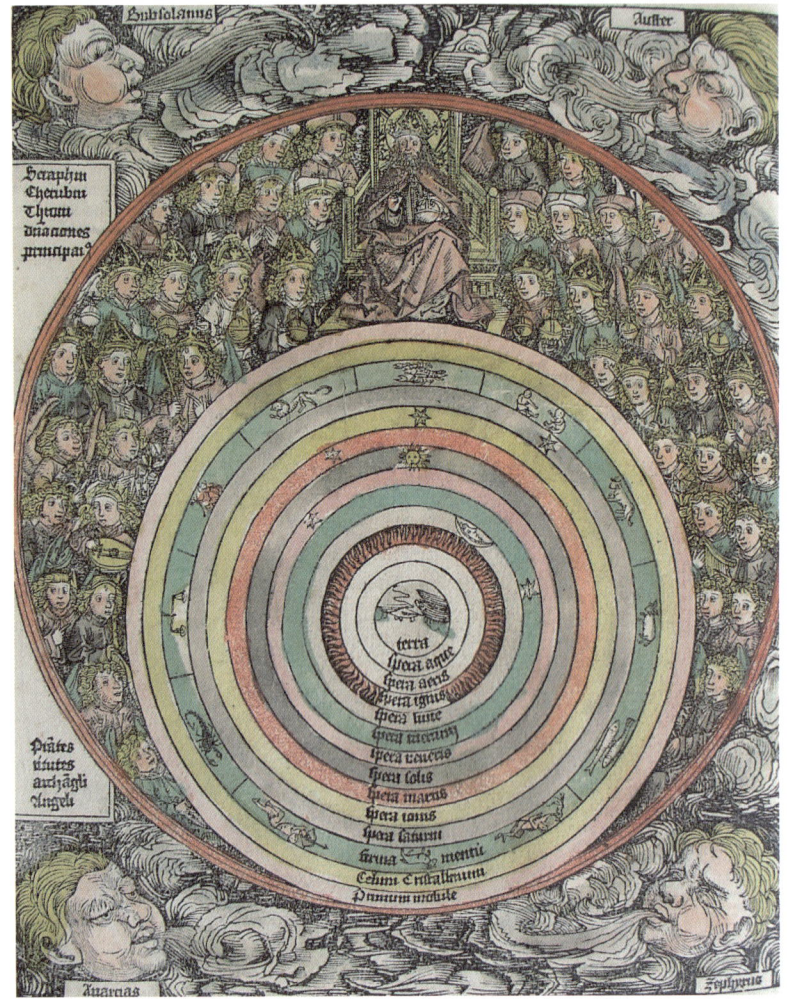

:: **뉘른베르크 역대기, 1493년**

독일의 사학자, 하르트만 셰델(Hartman Schedel, 1440~1514)이 저술하고 화가, 미하일 볼게무트(Michael Wolgemut, 1434~1519)가 목판을 찍어 출판한 『뉘른베르크 역대기』 (*Schedelsche Weltchronik*, 1493)는 성경의 주석과 성경 속 역사의 내용을 담고 있다. 그림 속에는 천지창조의 내용과 함께 천체의 음악의 비율을 담은 모습이 등장한다.

Schedelsche Weltchronik by Hartman Schedel, 1493년, 독일 라이프치히 출판, 독일 뮌헨 디지털화 센터(Münchener Digitalisierungszentrum)

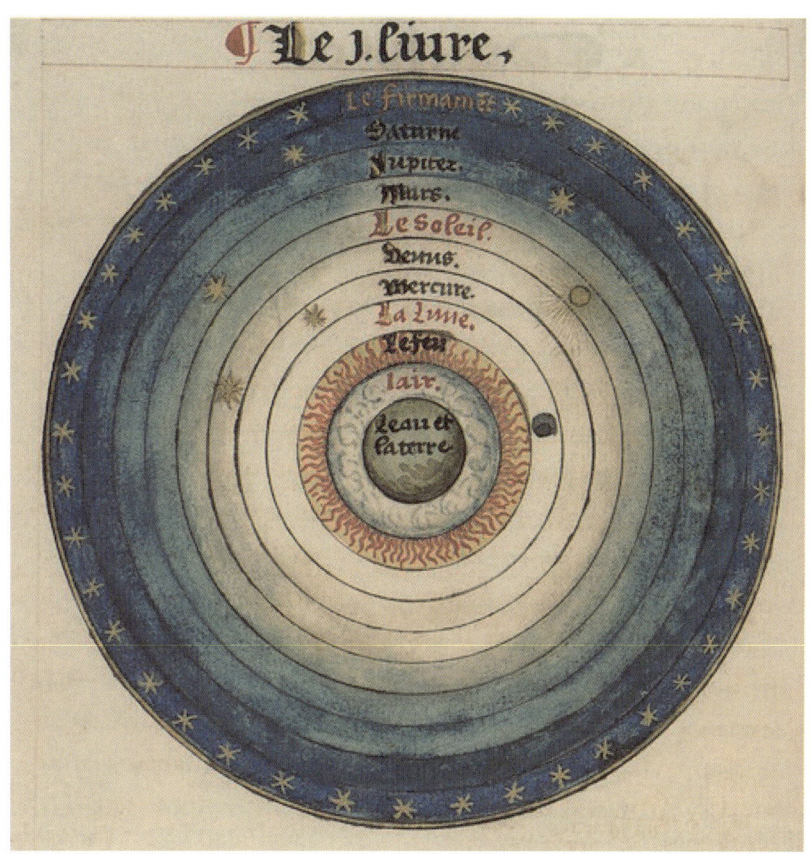

:: **세상의 천구, 1549년**

오란세 피네(Orance Finé, 1494~1555)는 1530년 설립된 콜레주 루아얄(Collége Royal)의 초대 수학 의장으로 활동했다. 그는 거장들의 고전 작품을 개정했으며 수학에 관한 백과사전적 텍스트를 편찬하고 천문학 측정 기기를 개발했다. 그의 저서에서는 세상의 천구를 묘사한 그림을 볼 수 있다.

La Sphère du monde by Orance Finé, 프랑스 파리 출판,
프랑스 국립 도서관(Bibliothèque nationale de France)

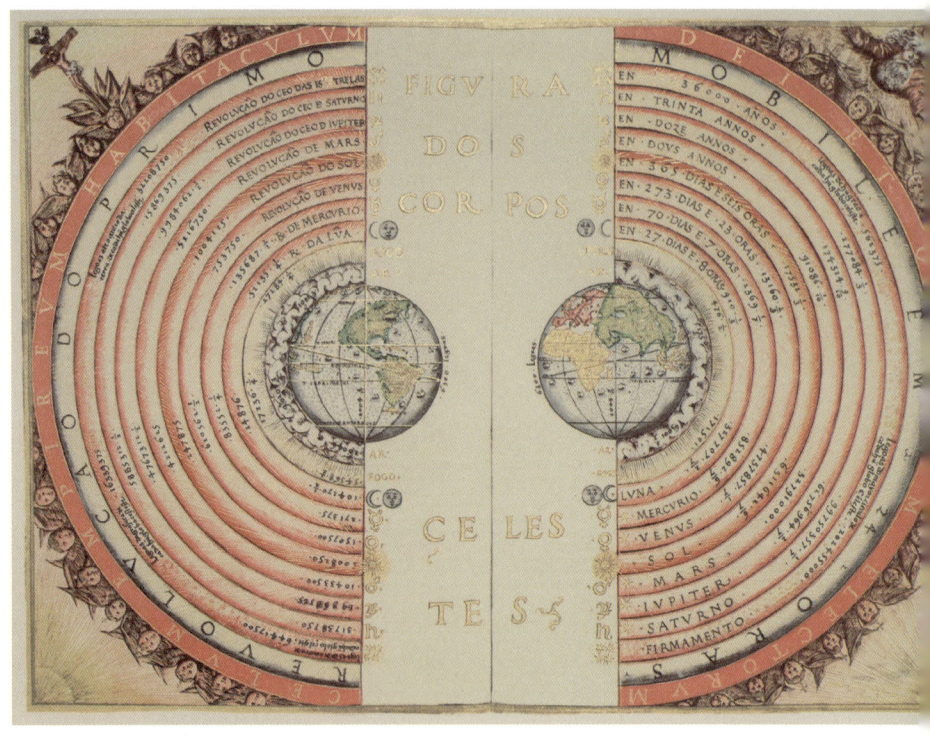

:: **천동설에 의한 천구의 운동을 설명하는 그림, 1568년**

포르투갈의 지도 제작자이자 천문학자였던 바르톨로메우 벨류(Bartolomeu Velho, ?~1568)의
저서, 『코스모그라피아』(*Cosmographia*, 1568)에 등장한 그림은 천동설에 의한 천체의 운동을 묘
사하고 있다. 그림에서는 지구를 중심으로 태양, 달, 별, 행성들이 회전하고, 각 행성 사이에는 천체
의 음악 비율을 의미하는 숫자가 기재되어 있다.

Cosmographia by Bartolomeu Velho, 1568년, 프랑스 파리 출판,
프랑스 국립 도서관(Bibliothèque nationale de France)

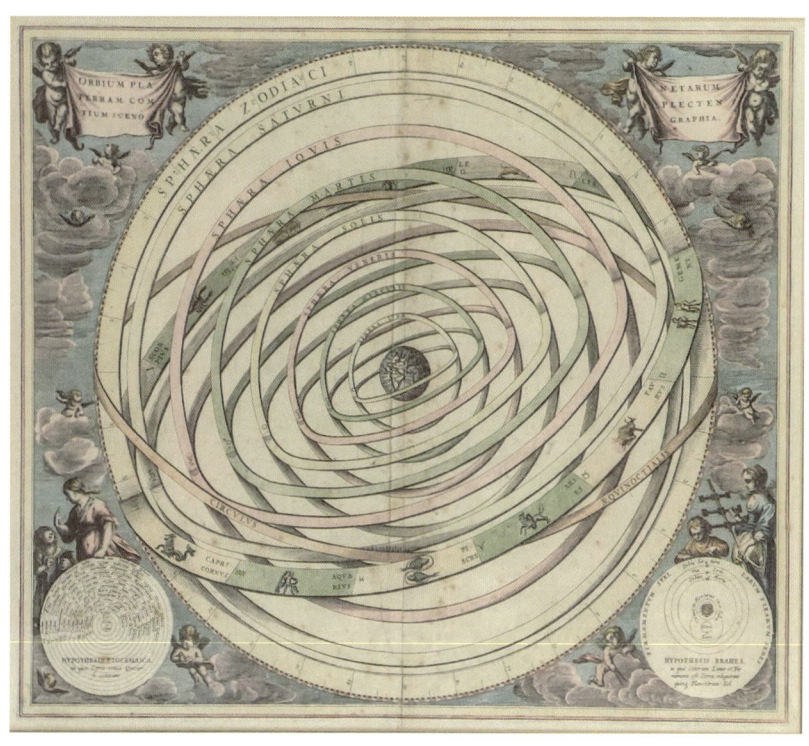

:: **프톨레마이오스의 지리모델, 1661년**

독일의 지도 제작자였던 안드레아스 켈라리우스(Andreas Cellarius, ca. 1596~1665)는 『대
우주의 조화』(*Harmonia Macrocosmica seu Atlas Universalis et novus, totius Universi Creati
Cosmographiam generalem et noviam exhibens*, 1661)에서 지구를 중심으로 형성된 우주의 구
조를 그림으로 표현했다.

Harmonia Macrocosmica by Andreas Cellarius, 1661년, 네덜란드 암스테르담 출판,
아일랜드 더블린 체스터 비티 도서관(Chester Beatty Library)

Ⅲ

소리란 무엇인가?

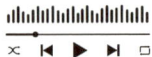

앞선 장에서 살펴본 바와 같이 음악이 '우주 만물의 창조적 질서'를 담은 것이라면, 우리는 이 음악을 이루고 있는 소리의 본질에 대해 생각할 필요가 있을 것이다. 지금부터는 보다 현대적인 관점에서 소리에 관해 알아가 보려고 한다. 소리란 무엇인가? 우리는 소리를 끊임없이 들으며 살아간다. 우리가 듣는 소리는 음악일 수 있고 소리 자체이거나 소음일 수도 있다. 예를 들어, 우리는 선호하는 음악가의 콘서트에 가거나 음반이나 음원을 구매해서 의도적으로 음악을 선택하여 들을 때가 있다. 때로 우리는 우리의 의도와는 상관없이 자연스레 귀에 들어오는 소리를 듣게 된다. 이를테면 비가 내리는 소리라든가 시냇물이 흐르는 소리, 혹은 바람에 나뭇잎이 부대끼는 소리와 같이 자연의 소리를 우연히 듣게 되기도 한다. 어떨 땐 시끄러운 자동차의 경적이나 세탁기가 돌아가는 소리와 같이 원치 않는 소리를 계속해서 들어야만 하는 경우도 있다. 그렇다면 과연 이러한 소리는 어떻게 만들어지는 것이며, 무엇

이라고 할 수 있는가? 이 장에서는 소리에 대하여 함께 자세히 살펴보
도록 하자.

물리적 과정으로서의 소리
Sound as Physical Process

음향학적인 관점에서 소리는 전적으로 물리적 과정(Physical Process)
으로 해석될 수 있다. 이 관점에서 소리란 공기압의 변동에 따라 음파
가 진동의 근원지로부터 귀까지 전달되는 현상이다.[1] 소리는 공기를 통
해 움직이는 압력의 파동으로 해석될 수 있기 때문이다. 소리가 형성
되는 물리적 과정은 이렇다. 먼저 소리가 날 수 있게 설계된 물체가 있
다고 가정해 보자. 이 물체는 사람의 성대(聲帶, Vocal Cord)일 수 있고
악기가 될 수도 있을 것이다. 사람의 성대나 물체가 소리가 나게 하려
면 가장 먼저 우리는 인체의 성문(聲門, Glottis)이나 물체에 진동(振動,
Oscillation)을 일으켜야 한다. 인체의 성문이나 물체가 진동하면 공기
중의 기체 압력은 증가하고 감소하는 현상이 일어난다. 그리고 진동하
는 물체는 그 물체 주위의 공기를 압축하고 팽창하는 과정을 통해 공기
의 소밀(疏密)을 형성한다. 이 시점에서 공기는 물리적 작용을 한 곳에
서 다른 곳으로 옮겨 주는 매개물인 매질(媒質, Transmission Medium)로
써 움직이는 압력의 파동을 전파하게 되고, 이를 통해 소리 파동이 우
리의 귀에 전달된다. 결국 진동에 대한 압력의 파동을 우리가 귀로 인

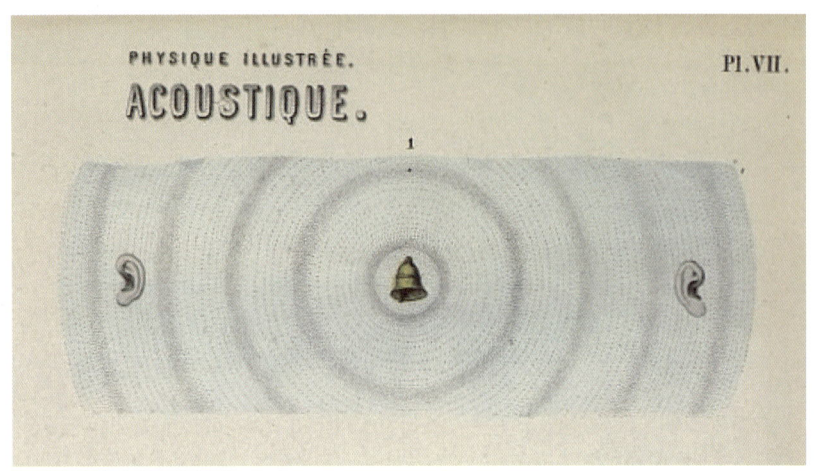

:: **19세기 소리의 형성과 전달을 묘사한 그림**
Verschiedene Musikinstrumente und Klänge, 1850년
독일 뷔르템베르크 출판

지하게 되는 현상이 바로 소리(Sound)이다.

위의 그림은 이러한 소리의 형성과 전달 과정을 함축적으로 보여 주는 19세기의 삽화이다. 그림의 중앙에는 작은 종이 울리고 있고, 그 주위로 공기가 압축하고 팽창하는 현상을 수많은 점을 통해 형상화하고 있다. 그림을 자세히 들여다보면 공기가 압축될 때는 점의 밀도가 높아지고, 팽창될 때는 밀도가 낮아지는 현상을 묘사했음을 볼 수 있다. 이러한 밀도에 의해 형성된 파동은 공기의 흐름을 통해 인간의 귀에 전달된다.

주기적 진동과 비주기적 진동

Periodic Vibration and Aperiodic Vibration

소리의 진동은 크게 두 가지로 나뉠 수 있다. 바로 주기적(週期的, Periodic) 진동과 비주기적(非週期的, Aperiodic) 진동이다. 주기적 진동은 규칙이 있고 일정한 간격을 두고 되풀이하는 진동이다. 반면, 비주기적 진동은 일정한 규칙이 없으며 주기적으로 되풀이되지 않는 진동이다. 보통 우리가 듣는 음악에서 사용되는 대부분의 음악적 소리는 주파수를 지니고 있으며, 음고가 있는 소리이므로 주기적 진동에 속한다. 그런데 굳이 음악적인 소리가 아니라고 하더라도 주기적 진동으로 볼 수 있는 소리도 존재한다. 가령 공장의 기계가 돌아가는 소리와 같이 규칙적으로 일정한 간격으로 되풀이되는 소리라면 주기적 진동이라고 할 수 있다.[2]

일정한 규칙이 없으며 주기적으로 되풀이되지 않는 비주기적 진동 소리의 대표적 예로는 소음(騷音, Noise)을 들 수 있다. 소음은 불규칙하게 뒤섞여 음고를 형성하지 않으며 불쾌하고 시끄러운 소리를 생성한다. 그런데 음악에서도 예외적으로 비주기적 진동 소리의 예를 찾아볼 수 있는데, 바로 타악기(打樂器, Percussion Instrument)의 소리이다. 타악기는 음악에서 사용되지만, 비주기적 진동을 일으키는 악기에 속한다.[3] 이처럼 진동이 주기적인지 혹은 주기적이지 않은지에 따라 소리가 주파수와 음높이를 지니고 있는지 아닌지가 분류되며, 우리에게 어떻게 들리게 되는지가 결정된다.

음향학의 시초

The Origin of Acoustics

영국의 물리학자인 존 레일리(John William Strutt Rayleigh, 1842~1919)
는 1870년 「공명(共鳴)의 이론에 대하여」라는 논문을 발표하고 『소리
의 이론』(*The Theory of Sound*)[4]을 출판하여 고전 음향학을 집대성했다.
그리고 이것은 음향학에 관한 연구의 시초가 된다. 그의 초기 연구는
광학과 진동계에 관한 수리적인 것이었으나, 이후 그는 물리학 전반에
걸친 이론과 실험적 연구를 계속했다.

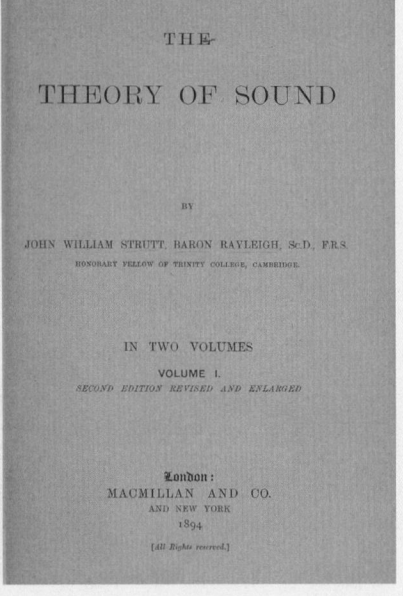

THE

THEORY OF SOUND

BY

JOHN WILLIAM STRUTT, BARON RAYLEIGH, Sc.D., F.R.S.
HONORARY FELLOW OF TRINITY COLLEGE, CAMBRIDGE.

IN TWO VOLUMES

VOLUME I.
SECOND EDITION REVISED AND ENLARGED

London:
MACMILLAN AND CO.
AND NEW YORK
1894

[All Rights reserved.]

:: 존 레일리와 그의 저서

고대의 타악기 클래퍼

Clappers

고고학자들이 이집트에서 발견한 초기의 악기 중 하나인 클래퍼(Clappers)는 비주기적 진동을 일으키는 고대의 타악기를 대표하는 예시가 될 수 있다. 클래퍼는 섬세하게 조각된 팔의 형상을 한 하마의 이빨로 만들어진 악기로, 3,000년 전 고대의 이집트 무덤에서 최초로 발견되었다.

고대 이집트 사람들에게 있어 음악은 매우 중요한 의식이었다. 고대의 사람들은 박수나 두드림 같은 소리가 적대적인 힘을 물리친다고 믿고 있었기 때문이다. 당시의 사람들이 클래퍼를 어떻게 연주했는지를 묘사하는 상형 문자와 벽화가 현존하고 있다. 벽화를 보면 당시 사람들은 손뼉을 치는 것과 같이 두 팔과 같은 클래퍼를 서로 부딪치면서 소리를 내고 있음을 확인할 수 있다.

:: 고대 이집트의 클래퍼

:: 클래퍼를 연주하는 고대 그리스인

과거에는 비주기적 진동 소리만으로 음악을 만든 사례도 있었다. 예를 들어, 멕시코의 국민주의 작곡가였던 카를로스 차베스(Carlos Chavez, 1899~1978)와 같은 음악가는 타악기만으로 토카타(Toccata)를 작곡하기도 했다. 그렇지만 엄밀히 말하자면, 음고 없이 만들어진 이러한 종류의 작품은 리듬과 음색 면에서 그 효과를 충분히 얻어 음악을 표현해야만 했다. 과거의 음악 중에는 주기적 진동과 비주기적 진동을 함께 사용하여 독특한 음색을 만들어 낸 사례도 있는데, 애드가 바레즈(Edgard Varèse, 1883~1965)의 〈이온화〉(Ionization, 1931)라는 작품이 그 예가 될 수 있다. 작품에서 바레즈는 비주기적 진동을 일으키는 타악기와 주기적 진동을 일으키는 사이렌(Siren)으로 연주하도록 했다. 바레즈는 사이렌을 사용함으로 리듬과 색채감을 통해 독창적인 소리를 만들어 음악을 인지하는 방법에 대한 변화를 제시한 것이다.

주기적 진동: 사이렌의 원리

Periodic Vibraion: The Principle of a Siren

소리에는 파형이 있고, 파형을 분석하면 우리의 귀가 소리에 따라 다르게 반응하는 이유를 설명해 줄 방법이 될 수 있다. 주기적으로 진동하는 소리는 우리가 왜 이 소리를 음으로 들을 수 있게 되는지를 설명해 준다. 사이렌은 소리의 주기적 진동을 명확하게 보여 주는 장치 중 하나라고 할 수 있다. 오늘날 위급한 상황의 발생을 알리는 데 사용되는 사이렌은 손

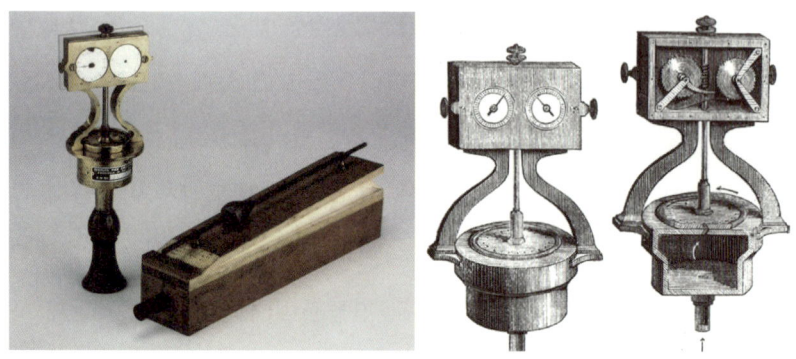

:: 드 라 뚜르의 사이렌
Harper's New Monthly Magazine, 1872년, 미국 뉴욕

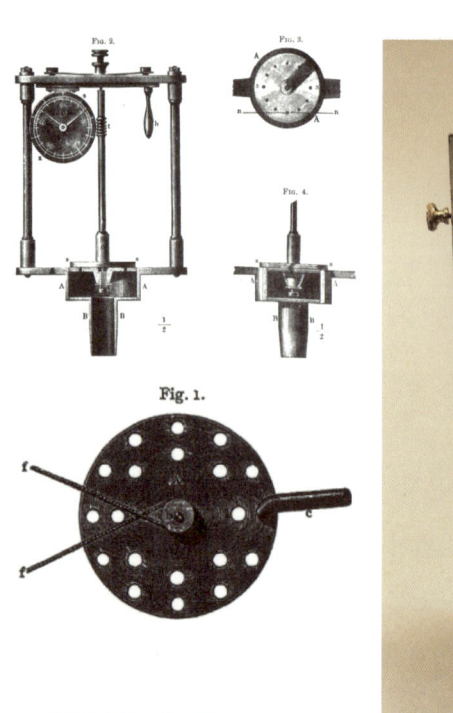

:: 사이렌의 구조와 노즐

잡이를 빨리 돌릴수록 고음의 소리가 나는 장치로, 1819년 프랑스의 물리학자, 샤를 카냐르 드 라 뚜르(Charles Cagniard de la Tour, 1777~1859)에 의하여 발명된 것이다.[5] 우리는 라 뚜르의 기록을 통해 주기적 진동 소리를 지닌 사이렌의 구조와 원리, 그리고 작동 방식을 엿볼 수 있다.[6]

먼저 사이렌의 중심 부분은 원형의 형태로 이루어져 있다, 이 원형 부분의 둘레에는 균일하게 나열된 여러 개의 구멍이 있는 회전 디스크가 있으며 구멍이 지날 때마다 공기의 방향을 지시하는 노즐(Nozzle)이 있다.[7]

사이렌은 압축공기를 손으로 회전시키는 원판에 뚫은 구멍을 통하여 큰 소리가 발생하는 원리로 작동된다. 구멍이 있는 회전 원판에 공기를 불어 넣으면 원판 아래에서는 공기 덩어리(Air Puff)가 생성되고, 노즐을 통해 공기가 분출되게 되는데, 이때 공기가 연속해서 분출되는 모습은 아래와 같은 파형 그래프로 나타난다.

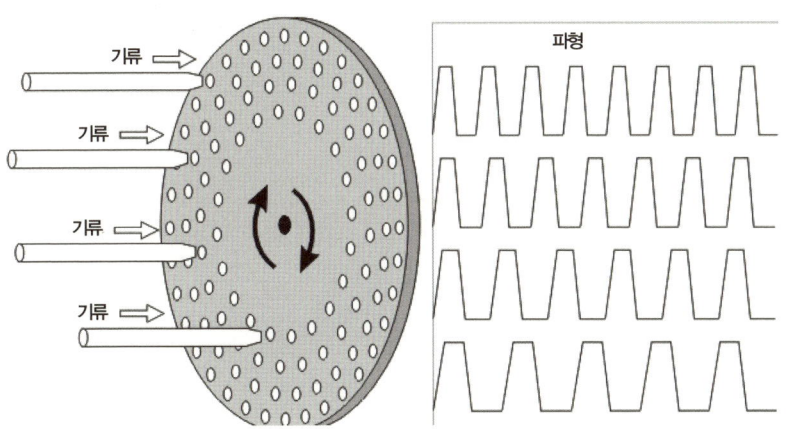

:: 사이렌의 노즐을 통한 공기 그래프

그래프는 왼쪽에서 오른쪽으로 시간이 흐름에 따라 구멍을 통해 공기가 지나가지 않는 간격과 공기가 지나가는 간격의 모양 때문에, 위아래로 주기적 파형을 이루는 형태를 보여 준다. 즉, 사이렌이 생성하는 공기 분출은 주기적 파동을 그려 낸다. 이 주기적 파동이 우리 귀에 도달하면 우리는 이것을 초당 진동수에 따른 명확한 음정으로 듣게 된다. 예를 들어, 사이렌이 초당 440개의 진동수를 생성한다면, 우리는 440Hz의 음에 해당하는 A 음을 귀로 들을 수 있게 된다.

이처럼 주기적 진동은 특정 음을 만들어 내며, 이러한 진동을 일으키

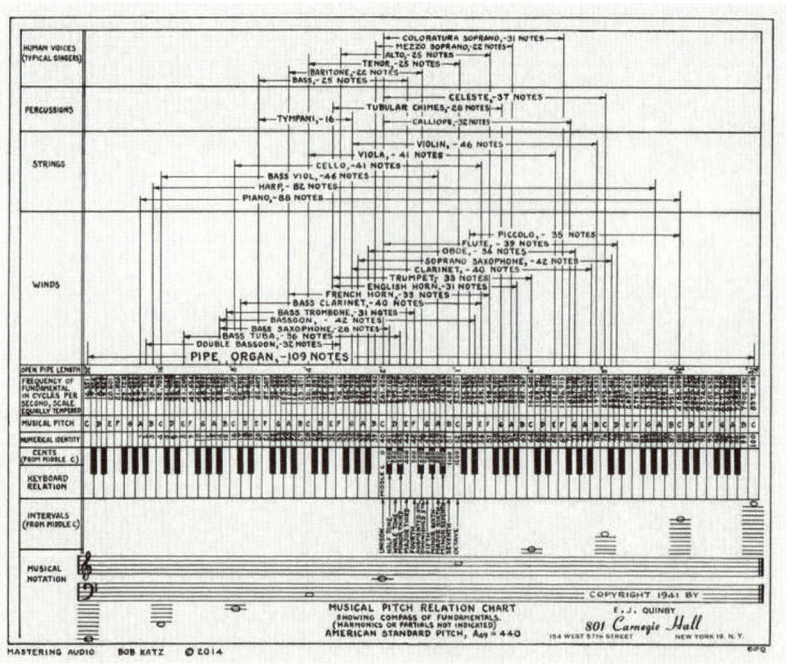

:: 음의 주파수에 따른 다양한 악기의 음역대

고 음을 생성하는 원리를 통해 인류는 다양한 악기를 고안해 냈다. 앞선 그림은 음정과 진동수의 상관관계를 보여 주는 피아노 키보드의 음역과 음의 주파수와 관련된 여러 악기의 음역을 보여 주는 삽화이다.[8]

주기적 진동: 순음과 소리굽쇠

Periodic Vibration: Pure Tones and Tuning Forks

사실상 주기적 소리를 내는 대표적 예시로 꼽는 장치는 무엇보다 소리굽쇠(Tuning-Forks)라고 할 수 있다. 소리굽쇠는 두드리면 일정한 진동수의 소리가 나도록 만든 U자 모양의 쇠막대이다. 이 장치는 예로부터 주기적 소리를 보여 주는 실험 장치로 자주 사용되었다.[9]

:: 소리굽쇠

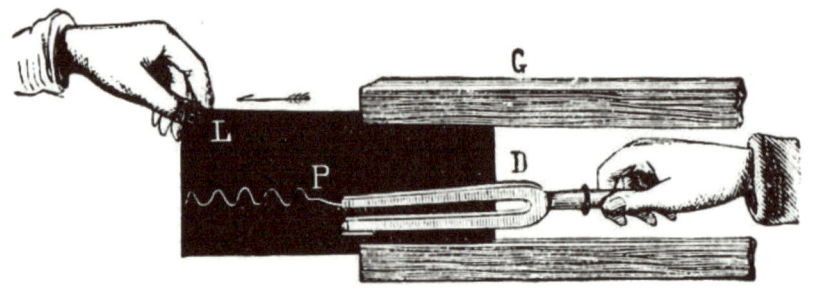

:: 진동을 시각적 기록으로 남기는 소리굽쇠

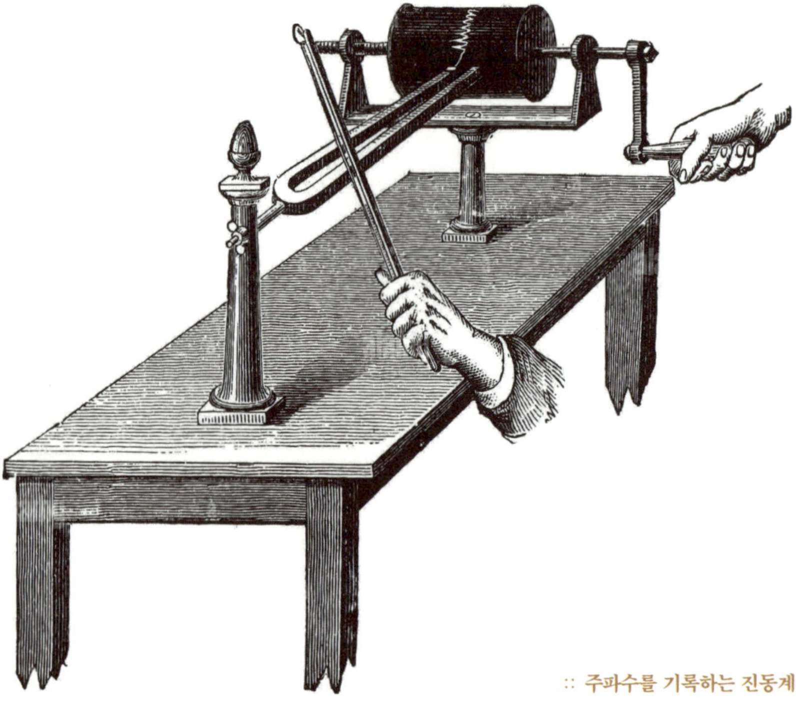

:: 주파수를 기록하는 진동계

소리굽쇠의 측면을 다른 단단한 물체로 세게 치거나, 바이올린의 활로 그으면 진동이 일어나고 소리가 난다. 이때 우리는 움직이는 진동 현상을 흐릿한 윤곽으로써 눈으로 볼 수도 있으며, 소리굽쇠를 만지면 손가락을 통해 소리굽쇠의 떨림을 느껴 볼 수도 있다. 이러한 떨림이 바로 소리의 근원이 되는 진동이라고 할 수 있다. 그런데 과거에는 이러한 떨림을 느낌만이 아닌 기록으로 남기는 방법을 고안해 내어 소리를 눈으로 확인하기도 했다. 바로 소리굽쇠 갈래의 한 편에 연필이나 축음기의 바늘을 연결하고 기록하는 방법이다. 이는 과거의 소리 실험에서 자주 사용된 것으로, 소리의 진동을 종이나 원형으로 된 기구 위에 그려 내어 시각화하는 방법이다.[10]

장치를 통해 소리가 시각화되는 과정은 이렇다. 연필이나 바늘이 연결된 소리굽쇠에 충격이나 마찰을 일으켜 진동을 일으킨 후, 기록될 종이를 앞뒤로 움직이게 하거나 원형의 기구를 돌린다고 가정해 보자. 그러면 소리굽쇠의 진동은 연필이나 축음기의 바늘을 통해 소리의 진동 모양이 그대로 종이에 그려지게 된다. 그 결과, 다음 그림과 같이 물결

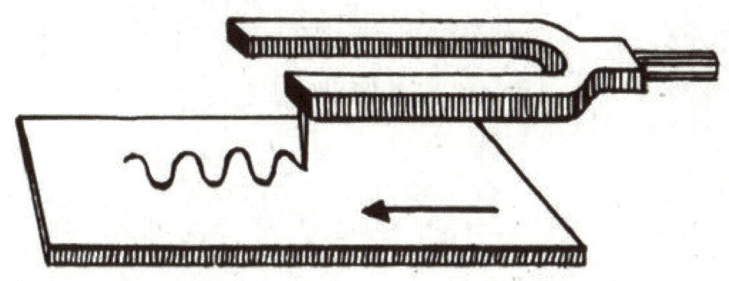

:: 소리굽쇠 장치가 그린 파형

모양의 고랑이 만들어지게 되는데 이것이 바로 우리가 흔히 말하는 소리의 파형이라고 할 수 있다.

소리굽쇠에서 나는 소리는 단일 주파수의 소리를 의미하는 순음(純音, Pure Tone)의 소리에 가깝다고 할 수 있다. 현재는 악기를 조율하고자 할 때, 전자식 조율 기기나 튜닝 앱(Tunning App)이 사용되고 있지만, 전자식이 나오기 이전까지 클래식 음악계에서는 현악기의 현을 조율하고자 할 때, 순음에 가장 가까운 음을 만들어 내는 이 소리굽쇠를 주로 사용해 왔다.

우리는 소리굽쇠가 진동하며 만들어 내는 파도 모양 유형의 파형을 정현파(혹은 사인, 正弦波, Sine Wave, Sinusoid, Sinusoidal Wave)라고 부른다. 정현파는 주기적이며 연속적으로 진동하는 가장 단순한 파동을 일컫는다. 이 파동은 사인함수로 기술되므로 사인파라고 불리기도 한다. 다시 말해, 순음은 시간에 따른 공기압의 변화가 정현파로 나타나는 소리인 사인파이다. 정현파는 중요한 속성을 갖는 수학 함수로, 수학적으로 우리는 시간의 변화에 따른 기압의 주기적 변화를 정현파 성분의 합으로 나타낼 수 있다.

흥미로운 사실은 우리의 귀의 메커니즘이 다양한 소리에 반응하면서 다양한 주파수 범위의 정현파 성분을 부분적으로 분류한다는 점이다. 우리가 음악적 소리를 들을 때, 귀에서 뇌로 가는 다양한 신경 섬유(Nerve Fever)는 음파의 수학적 분석을 통해 찾을 수 있는 다양한 범위의 정현파 성분에 의해 자극된다. (이와 관련한 내용은 'Ⅸ. 우리는 소리를 어느 범위에서 어떻게 듣게 되는가?'에서 더욱 자세히 살펴보도록 하자.)

이처럼 소리굽쇠의 소리는 주기성을 보이며, 주기성이 있는 정현파의 소리는 정확한 주기의 일정한 모양과 완벽한 간격으로 반복된다. 그렇지만 사실상 소리굽쇠가 내는 정현파와 같은 소리는 음악적으로는 비현실적 소리라고도 말할 수 있다. 일반적으로 악기를 통해 나는 소리는 결코 정현파와 같이 단순하지 않다. 이론상으로는 순음이라는 정의가 있지만, 사실 완전한 순음이란 이 세상에 존재하지 않는다. 우리는 정현파와 같은 순음의 소리를 거의 들을 기회가 없는 것이 사실이다.[11] 이 소리는 보통 실험실에서밖에 들을 수 없다. 이 순음의 소리는 실제 음악에서 사용되는 소리가 아니며, 음악적으로 흥미롭지 못한 소리라고 할 수 있다. 목관악기 중 오보에(Oboe)나 클라리넷(Clarinet)을 아주 작게 불면 순음에 가까운 소리가 나긴 하지만 엄밀히 말해 이러한 소리도 순음이라고는 할 수 없다. 낮은음의 순음 소리는 마치 고장 난 라디오가 윙윙거리는 소리가 나며, 높은음의 순음 소리는 안정적이기는 하지만 선명하지 않은 호루라기 소리와 유사하다.

즉 순음은 부자연스러운 소리라고 할 수 있다. 또한 소리가 장애물에 부딪쳐서 반사하여 다시 들리는 현상인 반향(反響)이 있는 방 안에서 이 소리를 듣게 되면 우리는 소리가 들리는 방향을 감지할 수 없게 된다. 일부 사람들은 순음의 음고를 왼쪽 귀와 오른쪽 귀에서 각각 다르게 듣기도 한다. 이것을 반향성복청(反響性複聽, Diplacusis Binauralis)이라고 한다. 정상적인 청력을 가진 사람이라 할지라도 순음이 매우 크면 음고가 다르게 들리게 된다. 이러한 현상은 음악적 소리에서는 전혀 찾아볼 수 없는 것이다. 또 낮은 음고의 순음은 같은 소리의 세기와 음을 가진 악기 소리에 비견했을 때 같은 강도로 들리지 않는다. 청각 실험과 음악 소리에 대한 이해를 위한 실험에서, 순음이 왜 이토록 중요한 역할을 하는지에 대한 이유는 여러 가지 측면에서 해석될 수 있다. 이 소리는 소리를 수학적, 생리학적, 지각적으로 분석할 수 있게 함으로써 중요한 역할을 담당한다.[12]

리사주의 소리굽쇠 진동 관찰 장치

Lissajou's Apparatus

소리굽쇠의 진동을 보여 주는 장치

1855년에는 빛을 이용해 소리굽쇠의 진동을 시각적으로 보여 주는 장치도 발명되었다. 프랑스 베르사유 출신의 물리학자, 파리의 생 루이 대학의 교수이자 파리 아카데미 회원으로 활동했던 줄 앙뚜완 리사주의(Jules Antoine Lissajous, 1822~1880) 장치였다. 그는 소리굽쇠에 두 개의 작은 거울을 부착한 후, 빛을 이용해 벽에 도형을 그리는 장치를 소개했다.[13] 이 장치를 통하여 그는 '리사주의 도형(Lissajou's Figure)'을 제시하기도 했다.

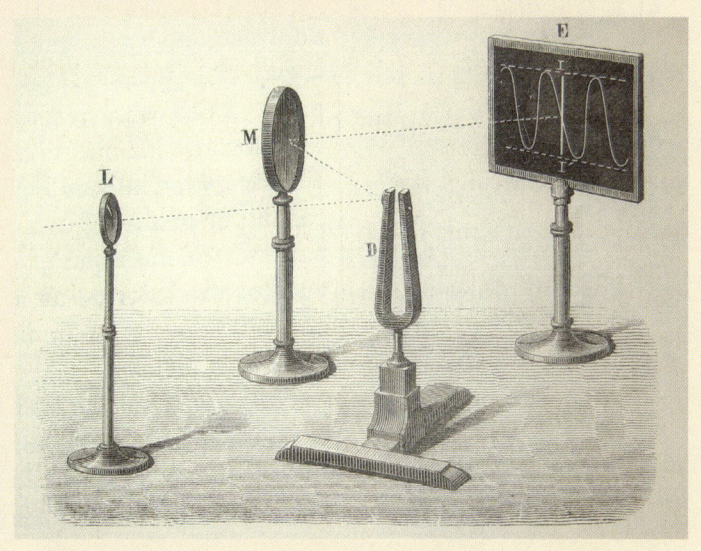

:: 리사주의 소리굽쇠 진동 관찰 장치

비주기적 진동: 소음

Aperiodic Vibration: Noise

소리의 주기성은 단순한 소음과 음고를 지니는 음악적 소리를 구별하는 분명한 차이가 되기도 한다. 주기성이 있는 음악적 소리와 소음의 파형은 규칙성에 있어 그 성질이 완전히 다르기 때문이다. 예를 들어 우리가 오래된 레코드판을 감상한다고 가정을 해본다면, 갑자기 레코드판에 긁힌 부분이 있어 그 부분을 듣는 순간 소음을 듣게 되는 경우가 있다. 이 순간, 소리의 파형은 정현파에서 파형이 불규칙하게 된 부분을 재생하게 된다. 그러므로 파형의 불규칙성은 비주기적 소리인 소음을 듣게 되는 원리가 되는 것이다.

이 과정을 이해해 보기 위해 소음의 소리를 파형으로 나타낸다고 가정해 보자. 먼저 우리가 입으로 공기가 빠져나가는 소리와 같은 '쉭쉭' 거리는 소리를 낸다고 한다면, 이러한 소리는 약간 다른 주파수를 지닌 정현파의 합으로 표현될 수 있다. 예를 들어, 우리의 입에서 '쉭'과 같은 소리가 두 번 나면, 파형은 정확히 똑같이 형성되지는 않을 것이며, 좁은 주파수의 범위에서 소리의 강도는 거의 같지만, 개별 주파수 구성 요소의 진폭과 위상은 다르게 나타날 것이다. 그럼에도 우리의 귀는 이 두 번의 '쉭쉭' 소리를 같은 소리로 듣게 될 것이다.[14] 특별히 자연의 소리나 소음은 무작위적(無作爲的)이며 예측 불가능한 특성이 있다. 따라서 비주기적인 소음의 파형 모양은 소리굽쇠의 주기적인 파형의 모양과는 명확히 구별된다.

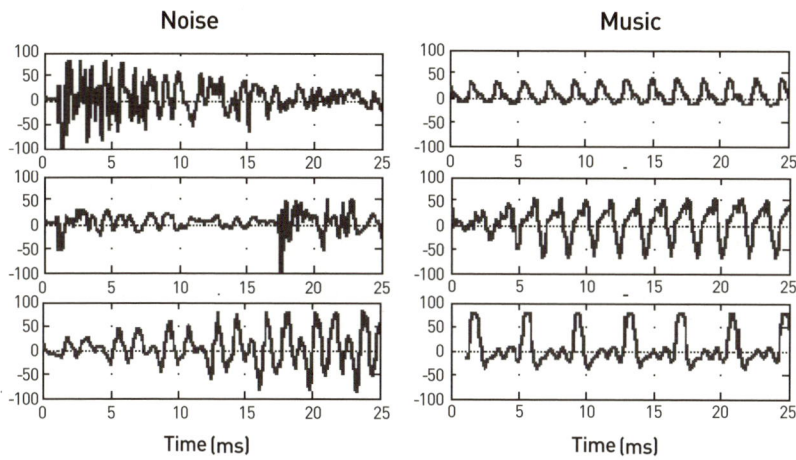

:: 소음과 음악적 소리 파형의 비교

앞의 그래프는 소음의 파형과 음악적 소리를 비교한 것이다. 언뜻 보아도 음악적 소리는 주기적인 형태의 모양이 반복되지만, 소음은 무작위적인 형태로 이 둘 사이의 뚜렷한 차이를 확인할 수 있다. 이러한 차이가 있기는 하지만 어떤 소리가 소음인지는 음향 물리면에서가 아닌, 주로 음향 심리나 음향 생리면에서 결정된다고 볼 수 있다.

한편 소음 중에서도 음폭(音幅, Sound Width)이 매우 넓어 시끄러운 소리가 나지만 우리에게 전혀 공해(公害)로 여겨지지 않는 소음도 있다. 바로 백색소음(白色騷音, White Noise)이다. 백색소음은 1926년 벨 연구소(Bell Lab)에서 처음으로 구분하고 특징을 규명하였다. 이는 스웨덴 태생의 미국의 엔지니어이자 물리학자인 존 버트랜드 존슨(John Bertrand Johnson, 1887~1970)의 이름을 빌려 존슨 노이즈(Johnson

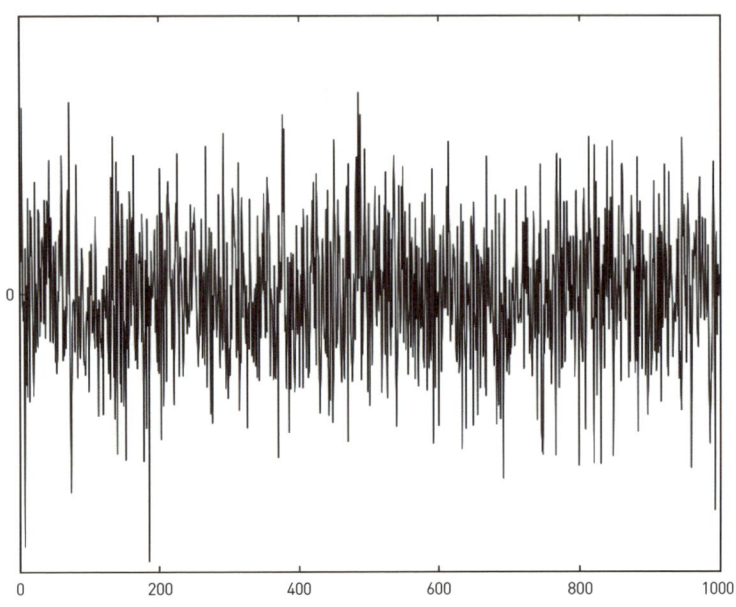

:: 백색소음의 파형

Noise)라고 불리기도 한다. 또 화이트 노이즈(White Noise)라고도 불리기도 하는 백색소음은 광학(光學, Optics)에서 빛의 3원색(原色, Primary colors, 빨강, 파랑, 초록)을 합치면 백색이 된다는 의미에서 이러한 이름이 붙여졌다. 백색소음은 모든 범위의 주파수에서 균일한 전력의 스펙트럼(Spectrum)을 지니는 특성이 있다. 그래서 백색소음은 모든 주파수의 성분이 있는 것으로, 그래프를 보면 주파수의 대역이 전체 부분에 걸쳐 나타나 평탄한 모양을 띠는 것을 확인할 수 있다. TV와 라디오의 노이즈 등이 백색소음에 속하며, 이러한 소음은 인간의 뇌파와 관련하여 심리적 안정을 준다고 알려져 다양한 분야에서 활용되고 있다.

물론 우리가 듣는 소리 중에서는 말과 언어의 소리도 있다. 언어는 인간이 의도하여 정형화한 소리라고 할 수 있다. 언어에는 일정한 규칙이 있으며, 소리가 반복적이고 체계적이라는 특성이 있다. 언어는 자연의 소리나 소음과는 차이가 있는 정형화된 소리로 볼 수 있는 것이다. 그렇지만 언어를 통한 규칙은 음고보다는 음색의 변화와 더욱 관련된다. 특정 언어에서는 분명 소리의 높낮이를 중요시하는 억양에 따른 구분이 존재하고 있지만, 언어의 파형 형태를 자세히 들여다보면 음악적인 주기성이 있는 소리와는 분명하게 구분된다. 다음은 영어에서 'Hope' 단어와 같은 언어의 소리를 파형으로 나타낸 것인데, 음악적 소리의 파형과 비교하면, 비주기적인 형태를 띠고 있음을 확인할 수 있다.[15]

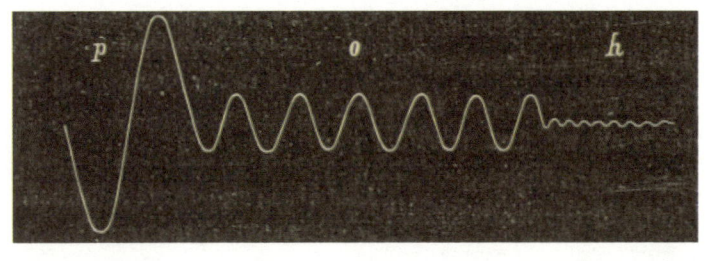

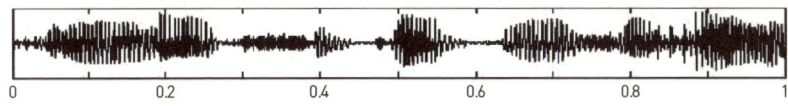

:: 언어의 소리 파형

소리굽쇠와 인간의 마음

Tuning Forks and Minds

    1878년 프랑스 파리에서는 데지레 브른빌(Désiré-Magloire Bourneville, 1840~1909)과 폴 르나르(Paul-Marie-Léon Regnard, 1850~1927)가 집필한 『살페트리에르의 사진 도상학』(*Iconographie photographique de la Salpêtrière*, 1878)이 출판되었다. 이는 19세기 후반, 파리의 공립 병원인 살페트리에르(Salpêtrière)에서 벌어진 히스테리의 역사를 담은 책으로, 약 30장에 가까운 임상 기록을 담고 있다. 이 책은 살페트리에르에 입원한 히스테리 여성 환자들에 대한 치료 과정을 보여 주면서 입원한 여성들의 사진을 담고 있는데, 이중에서는 흥미로운 사진을 발견할 수 있다.

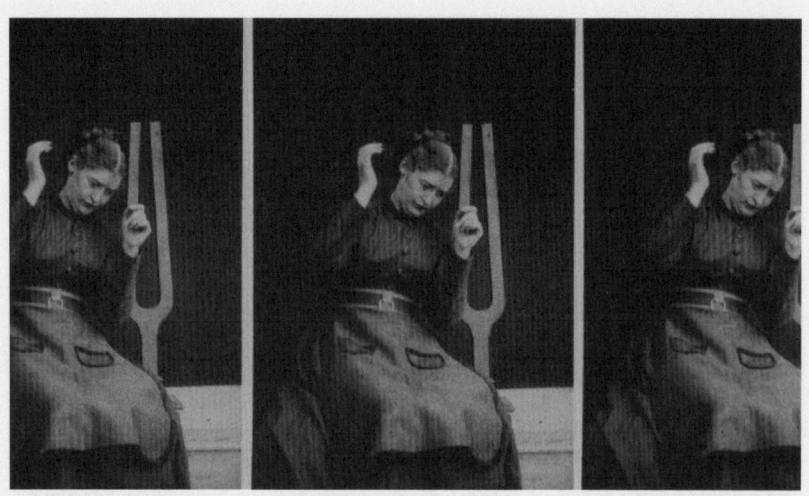

:: 강경증을 유발하는 소리굽쇠
From Bourneville & Régnard, 1876~1880

사진에는 거대한 소리굽쇠 옆에 앉아 머리를 한쪽으로 기울이고, 깊은 집중을 한 표정의 여성이 있다. 사진에서 보듯 과거의 여성 환자들은 소리굽쇠 진동 상자 위에 앉아 히스테리 정신 치료를 받았다. 이 소리굽쇠는 나무 막대를 사용하여 1초에 64번 진동하며 인간의 마음을 치유한다고 여겨졌다. 소리굽쇠 의자에 앉으면 환자들은 근육이 경직되고 몸의 위치가 고정된 초상 상태를 의미하는 강경증(強勁症, Catalepsy) 상태에 빠지게 되고 몰두한 표정을 지으며 주변에서 일어나는 것에 더 이상 의식이 없게 된다. 현대의 시점에서 이러한 개념의 치료는 어처구니가 없지만, 한편 이는 소리가 인간의 마음, 몸, 그리고 감정에 직접적으로 영향을 미친다는 개념과 진동이 신경 전달에 중요한 역할을 한다는 역사적 주장과 이론을 보여 주는 자료라고 할 수 있다.[16]

IV

소리는 무엇으로 구성되는가?

우리는 앞선 장에서 소리굽쇠가 내는 소리로, 단일 주파수를 지니며 주기적인 변동이 나타나는 종류의 소리인 순음의 파형을 살펴보았다. 그렇지만 주지하다시피 이러한 소리는 자연적인 소리가 아니며 우리가 일상생활 속에서 들을 수 있는 종류의 소리는 아니다. 보통 우리가 듣게 되는 대부분의 소리는 순음(純音, Pure Tone)에 대한 복합음(複合音, Complex Sound, Complex Tone)이라고 할 수 있다. 우리가 듣는 악기의 소리도 언뜻 보면 아닌 것 같아도 순음이 복합된 복합음이다.

이렇듯 소리는 구성 성분에 따라 순음과 복합음으로 구분될 수 있다. 앞서 소리굽쇠의 파형을 통해 살펴보았듯이, 순음은 정현파로 나타난다. 이 정현파를 이루는 여러 개의 순음이 합쳐지면 복합음이 되는 것이다. 즉 복합음이란 정현파를 이루는 기본 주파수와 그에 따른 배음이 또 다른 정현파와 합쳐져서 구성된 음이라고 정의할 수 있다. 다음 그래프는 순음과 복합음의 파형 차이를 보여 준다.

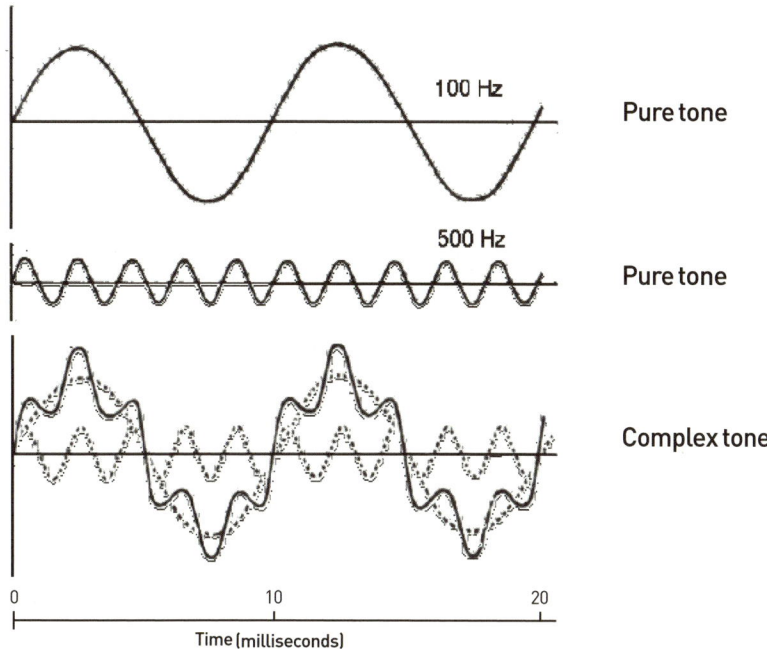

100 Hz Pure tone

500 Hz Pure tone

Complex tone

Time (milliseconds)

:: 순음과 복합음의 파형 그래프

　　순음과 복합음의 차이가 기본 주파수에 따른 차이라고 한다면, 주파수(周波數, Frequency)란 무엇이며 그 이외에 소리는 무엇으로 구성되어 있는가? 이 장에서는 소리를 구성하는 요소와 그 요소별의 특성을 담고 있는 파형에 대해 알아보고, 파형을 통해 소리는 어떻게 해석될 수 있는지를 살펴보려고 한다.

파형

Waveform

우리는 소리가 가진 요소의 구성에 따라 소리를 다르게 듣는다. 그 요소는 바로 소리의 음고(높낮이, 音色, Pitch), 음폭(크기, 音幅, Loudness), 음색(音色, Timbre)이다.[1] 파형의 세 가지의 특성에 따른 음악적 속성을 표로 나타내면 다음과 같다.[2]

파형의 특성	음악적 속성
진동수(Frequency)	음고(音色): 음의 높이
진폭(Amplitude)	음폭(音幅): 음의 크기
형태(Shape)	음색(音色): 음의 색

:: 파형의 특성 / 음악적 속성

소리의 삼요소라고도 하는 이 음악적 속성은 소리의 진동수, 진폭, 파형의 형태에 따라 달라진다. 다시 말해, 소리의 음고는 소리의 진동수, 음폭은 진폭의 크기, 음색은 파동의 모양에 의해 결정된다. 그리고 이러한 소리의 요소는 소리 파형을 통해 읽어 낼 수 있다. 만약 우리가 소리의 특성에 대해 알고자 한다면 측정된 소리의 파형을 해석하면 된다. 소리 파형은 소리를 구성하는 요소에 대한 여러 가지 정보를 담고 있기 때문이다.[3]

앞선 장에서 살펴본 과거의 여러 연구와 실험 덕분에 사실상 우리는 모든 소리를 선으로 확인할 수 있다. 이는 청각적 소리가 시각적으로 확인할 수 있는 파형(波形, Waveform)으로 해석되고 분석될 수 있다는 의미이다. 파형은 마이크로폰(Microphone)으로 잡히는 음압(Acoustic Pressure)의 변화를 시간의 함수로 표현한 것으로, 소리 신호의 모양이라고 할 수 있다. 우리는 파형의 선이 표현하는 소리나 소리의 연속 간의 관계를 통해 소리의 패턴을 찾아낼 수도 있다. 공기 중의 압력 변화의 패턴이 우리의 귀로 인지되는 것이 소리인데, 이를 다른 말로 하면 공기 중의 압력 패턴의 변화가 파형을 만들어 낸다는 것과 같다. 즉 파동에 의해 나타나는 변위(變位, Displacement)가 특정 모양을 주기적으로 반복하게 되면, 반복되는 단위라고 볼 수 있는 하나의 파장(波長, Wavelength)이 변위의 모양을 만들어 내게 되는 것인데, 우리는 이것을 파형이라고 부르는 것이다. 다음은 정현파를 그래프로 나타낸 것이다.

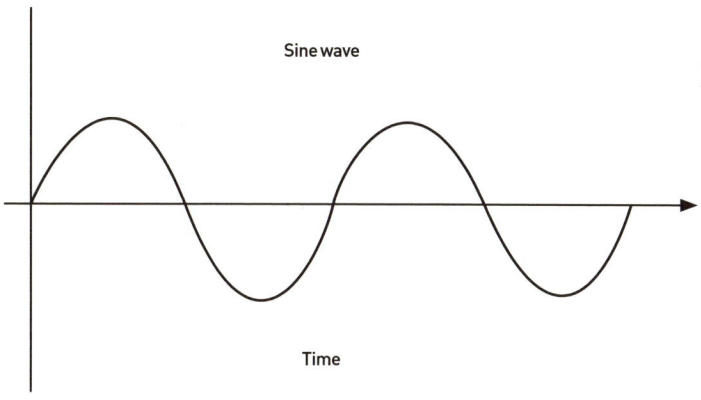

:: 정현파

정현파에 대해서는 앞선 장에서 충분히 살펴보았으므로, 이 장에서는 비정현파(非正弦波, Non-Sinusoidal Wave)의 유형을 살펴보도록 하자. 비정현파 중에서 복합파(Complex Wave)가 아닌 단일파형(Simple Wave Form)의 종류에는 세 가지가 있다. 바로 톱니파(Sawtooth Wave or Saw wave), 방형파(方形波, Square Wave), 삼각파(三角波, Triangle Wave)가 그것이다.[4]

비정현파: 톱니파

Non-Sinusoidal Wave: Sawtooth Wave

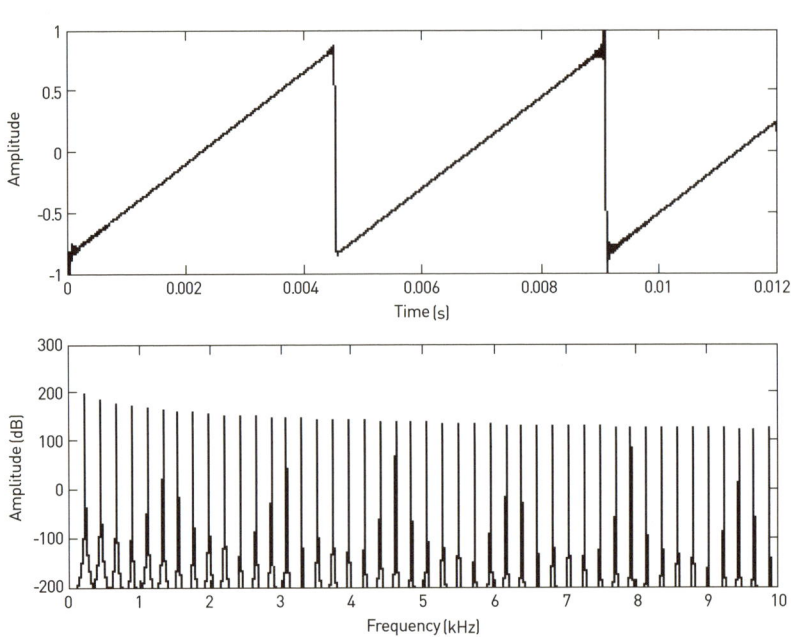

:: 톱니파

톱니파는 경사가 없는 수직으로 난 톱날과 같은 모양이다. 단일 톱니파는 램프 파형(Ramp Waveform)이라고도 불린다. 이는 시간이 지남에 따라 위로 급격히 상승한 다음 즉시 아래로 떨어지는 형태의 파형이다. 이와는 반대로 반톱니파(Reverse Sawtooth Wave)는 아래로 급격히 떨어진 다음 즉시 위로 치솟는 형태를 나타낸다. 반톱니파는 비대칭 삼각파의 극단적인 형태로 간주할 수 있다.

비정현파: 방형파

Non-Sinusoidal Wave: Square Wave

방형파(方形波, Square Wave)는 시간과 진폭을 두 축으로 하는 좌표 평면에 네모꼴로 나타나는 파동이다. 이는 파가 장방형(長方形, Quadrangle)인 것을 말한다. 방형파는 정확히 말하면 날카로운 모서리를 가지고 있지는 않다. 대부분의 주기적인 음파는 홀수 주파수 성분과 짝수 주파수 성분으로 구성되지만, 방형파는 홀수 주파수 성분으로만 구성되어 있다.

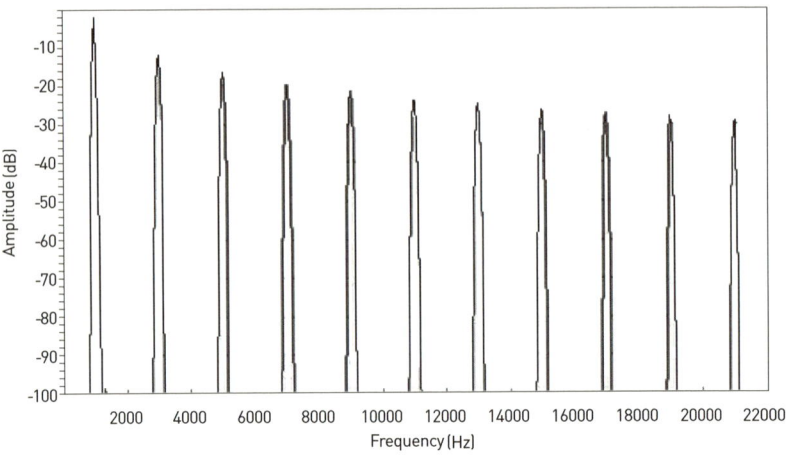

:: 방형파

정현파: 삼각파

Non-Sinusoidal Wave: Triangle Wave

삼각파(三角波, Triangle Wave)는 삼각형 모양의 파형이다. 이는 주기 함수이자 연속 함수로 이루어진다. 방형파처럼 삼각파는 오직 홀수 조파(調波, Harmonic Wave)만을 포함한다. 기본파 요소가 강하기 때문에 음색이 비교적 차분하다.

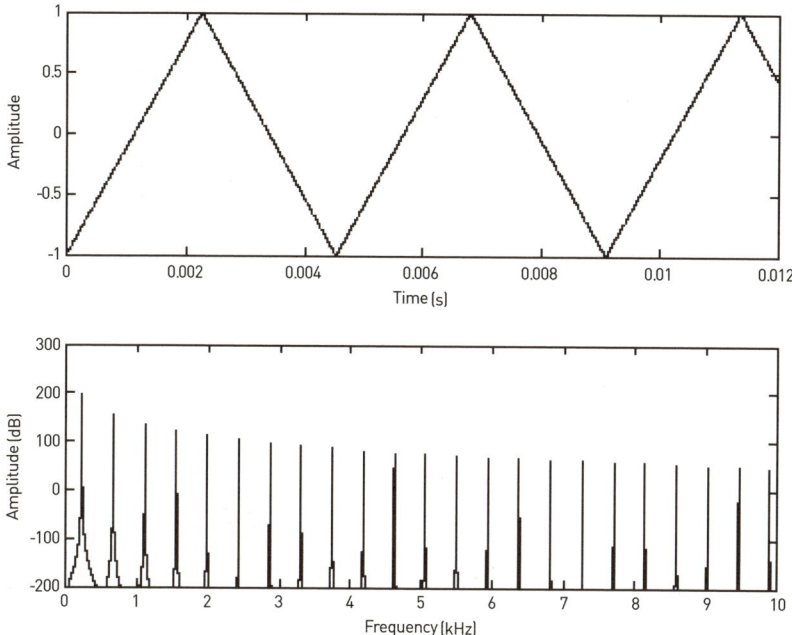

:: 삼각파

오실로스코프

Oscilloscope

　우리는 사실상 귀로 듣는 소리의 파형을 눈으로 직접 볼 수 있는 능력이 없다. 청각적 소리를 시각적으로 전환하기 위해서는 장치를 거쳐야만 한다. 그래서 소리굽쇠의 진동을 시각화한 것을 시작으로, 많은 시각적 실험 과정 끝에 만들어진 장치가 파형을 전기 신호로 변환하여 이미지 모양으로 볼 수 있게 한 오실로스코프(Oscilloscope)이다. 오실로

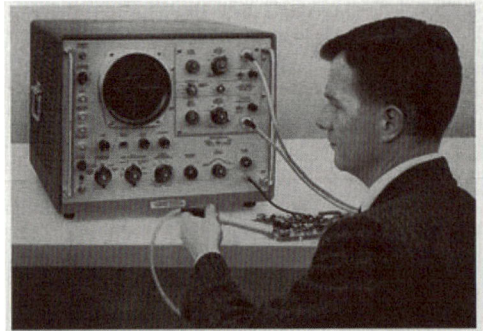

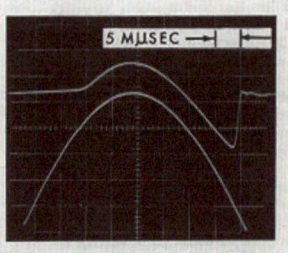

Fig. 1. New -hp- Model 185A/187A Oscilloscope displays signals from 3 millivolts to 2 volts (x10 with adapter) over frequency range up to 500 megacycles. Besides very wide bandwidth and high sensitivity, instrument has several special advantages not found previously in oscilloscopes.

Fig. 2. Oscillogram made from new oscilloscope in which unusual current characteristic observed in semiconductor diode (upper trace) is compared with portion of 10 mc driving voltage (lower trace). Very fast discontinuity in current characteristic is described on p. 3. See also p. 7 for method of making permanent record of displays.

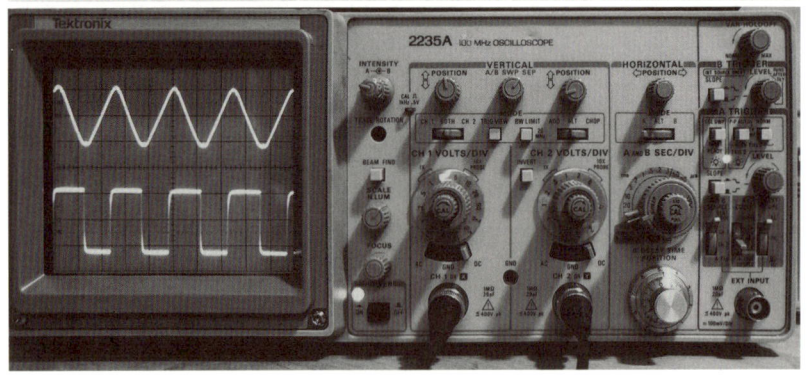

:: 1960년, HP사와 현대의 오실로스코프

스코프는 1897년 독일의 K.F.브라운(K.F.Brown)이 교육을 목적으로 발명한 장치였다. 하지만 이 장치는 전자공학의 급속한 발전과 함께 전자 측정 분야에서 필수적인 것으로 자리 잡게 된다.

오실로스코프를 사용하면 파형의 이미지를 볼 수 있을 뿐만 아니라 파형을 정확히 분석해 낼 수도 있다. 이는 일정 시간 동안 전압의 변동을 시각적으로 보여줌으로써, 반복적이며 주기적인 전자 신호를 관찰할 수 있게 해준다. 우리는 이 장치를 통해 시간 대비 변하는 전압의 형태를 숫자로 파악할 수 있다. 장치의 화면에는 사용자가 쉽게 정보를 이해할 수 있도록 시간과 전압 관련 눈금이 표기되어 있다. 이는 전자파의 최소, 최대 전압, 파형의 반복 주기, 신호 사이의 간격, 관련된 전자파의 시간 차이 등을 측정하는 과정을 돕는 역할을 한다.

오실로스코프가 파형을 보여 주는 방식은 다음의 그래프와 같다. 그래프의 수평축은 초당 시간(Time)을 나타내고 수직축은 소리의 압력을 나타내는 진폭이 어떻게 변화하는지를 의미한다. 그래프는 파동이 위아래로 이동하는 모양을 나타내고 있는데 아래의 예시는 순음의 소리를 나타내는 정현파의 모양이다. (소리분석에 관하여는 'Ⅶ. 소리는 어떻게 분석되는가?'에서 더욱 자세히 살펴보도록 하자)

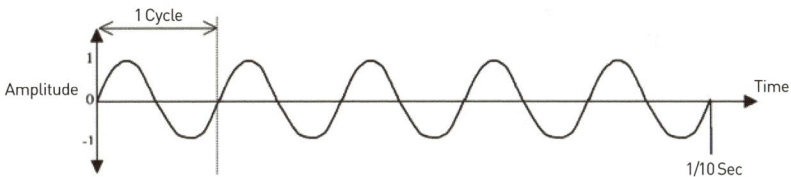

:: 수평축: 초당 시간의 단위 / 수직축: 소리의 압력

코니그의 화염 분석기

Koenig's Manometic Flame Apparatus

소리를 시각화하는 장치

    과거 오실로스코프가 발명되기 이전에도 소리 파동을 시각화하는 장치는 다양하게 개발되어 사용되고 있었다. 19세기 후반에서 20세기 초반까지는 코니그의 화염 분석기(Manometric Flame Apparatus)가 사용되었다. 이 장치는 독일의 물리학자 카를 루돌프 코니그(Karl Rudolph Koenig, 1832~1901)가 발명한 것이었다. 장치는 소리가 다이어프램을 진동시키면 가연성 조명 가스의 흐름을 변조시킴으로 작동되었다. 조명 가스는 번센 버너로 전달되었고, 버너의 불꽃은 소리 소스의 주파수와 같은 속도로 크기가 증가하거나 감소하여 소리를 시각적으로 보여 주었다. 불꽃의 크기 변화는 맨눈으로 쉽게 볼 수 있을 정도로 빠르지 않았고, 여기서 회전하는 다면체 거울은 불꽃을 관찰하는 데 사용되었다. 또 소리 주파수는 거울 내의 불꽃 이미지 사이의 명백한 거리와 회전의 속도로 계산해 낼 수도 있었다.

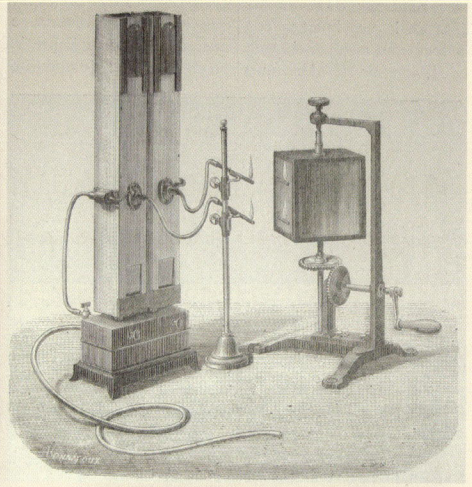

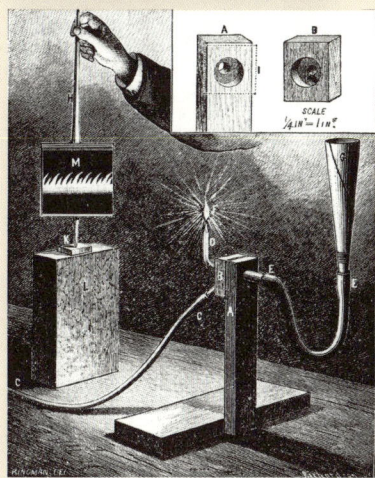

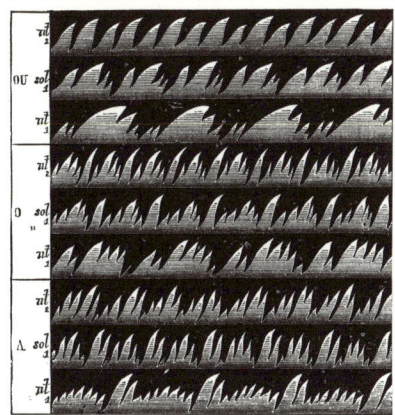

Forma de las llamas que caracterizan las vocales *a, o, u*, cantada cada una de ellas sobre las notas ut_1, sol_1, ut_2.

:: 코니그와 화염 분석기

음악적 파형

Musical Waveform

　음악에서는 주기성(周期性, Periodicity)이 있는 파형의 소리가 대부분이다. 그렇지만 모든 음악이 완벽한 주기적 파형을 지니고 있다고는 말할 수 없다. 악기는 기계적으로 작동하지 않기 때문이다. 음악적 소리가 주기적 파형으로 이루어졌다고 할지라도, 일반적으로 음악 작품에서 연주되는 악기로 만들어지는 소리 파형에는 조금씩의 변형이 나타나기 마련이다. 다음은 음악적인 소리의 주기적 파형을 나타낸 그래프이다. 이를 자세히 보면, 파형이 반복되고 있어 주기성이 있다고 말할 수는 있지만 하나의 파형 뒤에 오는 다른 파형은 이전 것과 비교하여 미세한 차이가 있음을 확인할 수 있다. 이처럼 음악에서 사용되는 음악적 파형에는 조금의 변형은 있을 수 있지만, 주기성이 있다는 것은 분명한 사실이다.

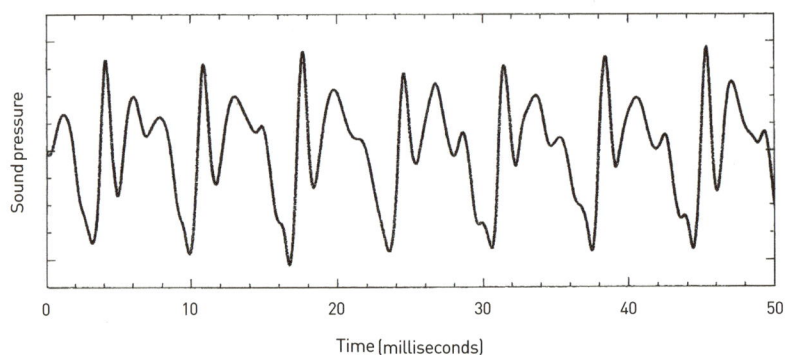

:: 음악적 소리의 주기적 파형

소음의 파형

Waveform of Noise

　소음과 같은 주기성이 없는 파형은 분명 음악적 파형의 형태와는 확연한 차이가 있다. 소음과 같은 무작위적인 소리는 주기성이 없는 파형의 모양을 만들어 내기 때문이다. 이러한 연유로 그래프상에서는 소음의 파형과 음악적 소리의 파형 모양의 명백한 차이를 확인할 수 있다. 앞선 장에서 소음의 파형과 음악적 소리를 비교한 그래프를 확인해 보았지만, 소음의 파형과 음악적 소리 파형의 주기를 보다 면밀히 비교해 보면 그 차이는 다음과 같다.

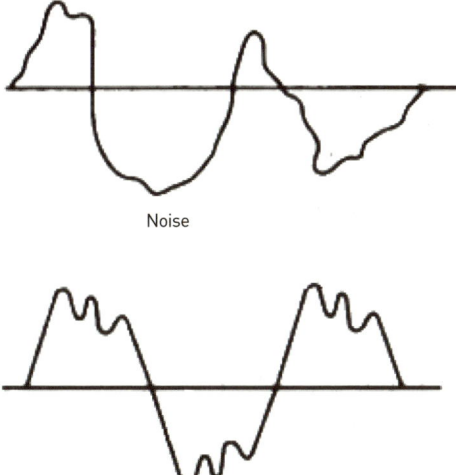

Noise

Musical Note

:: 소음과 음악적 파형의 비교

앞서 언급되었듯, 음악에서는 주기적 파형에 미세한 차이가 있는 지점을 넘어, 주기성이 전혀 없는 타악기와 같은 파형도 존재한다. 예를 들어, 드럼(Drum)이나 심벌즈(Cymbals)와 같은 타악기는 주기성이 없고 비주기적인 파형을 갖고 있다. 다음은 드럼의 소리 파형을 그래프로 나타낸 것이다. 타악기의 특성상 큰 소리가 나는 시작 부분(Attack)에서 큰 소리를 나타내는 큰 진폭(Amplitude)을 형성한 후, 시간이 지날수록 서서히 소리의 크기가 줄어들게 되는 지점(Decay)이 있음을 확인할 수 있다.

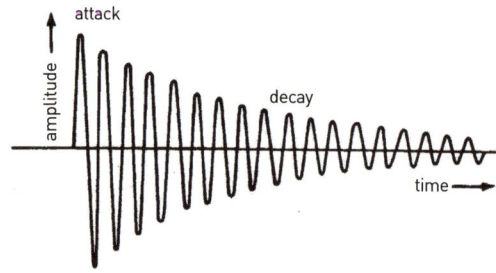

:: **타악기의 파형**

파형의 특성

Waveform Characteristics

사실상 파형은 소리가 나는 방식의 모든 면을 결정짓는다. 파형을 안다는 것은 소리의 다양한 면을 알고 읽어 낼 수 있다는 의미이다. 예를 들어, 우리가 소리를 녹음하고 듣는 과정은 소리를 굉장히 정확하게 재현해 내는 과정이다. 왜냐하면 이 과정은 파형을 정확히 포착하고 그것을 다시 그대로 만들어 내는 과정이기 때문이다. 만약 우리가 파형을 원본 그대로, 그리고 완전한 파형의 형태로 재현해 낼 수 있다고 한다면, 우리는 완전히 똑같은 소리를 재현해 낼 수 있다고 볼 수 있다.[5] 주기적 파형은 음악적 속성을 내포한다. 앞서 살펴보았듯, 파형의 진동수를 나타내는 주파수는 음의 높이인 음고를, 파형의 진폭은 음의 크기인 음폭을, 파형의 형태는 음의 색깔이라고 할 수 있는 음색에 대한 정보를 포함하고 있다. 이제부터는 이러한 파형의 특성을 결정짓는 음악적 요소가 음악적 구성을 어떻게 나타내는지를 함께 살펴보도록 하자.

주파수와 음고

Frequency and Pitch

주기적 파형의 주파수는 주기적인 압력 변형의 패턴이 단위시간 동안 얼마나 자주 반복되는지를 정확히 보여 준다. 즉 주파수란 전파, 진

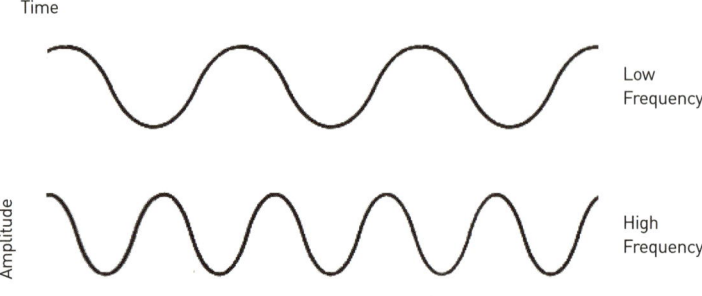

Time

Low
Frequency

Amplitude

High
Frequency

:: 높은음의 파형과 낮은음의 파형 비교

동, 그리고 소리에서 어떠한 물리량이 단위시간에서 몇 번이나 같은 상
태를 반복하는지와 같은 횟수를 나타낸다. 주기적 파형의 주파수는 객
관적으로 측정된 음고(Pitch)를 정한다고 할 수 있다.[6] 이 주파수를 측정
하는 주된 단위로는 헤르츠(Hz)가 사용된다. 헤르츠로 측정되는 주파
수는 초당 주기(Cycle)의 수를 측정한 것이다. 예를 들어, 1Hz란, 1초당
한 번 주기적 현상이 일어나는 것이며, 100Hz란 1초당 100번 주기적
현상이 일어나는 것을 의미한다. 음악에서 사용되는 음의 범위는 1초당
대략 20주기에서 4,000주기 사이이다. 높은 주파수에는 1초당 많은 주
기의 파형들이 나타나게 되며, 높은음을 만들어 낸다. 반대로 낮은 주파
수는 1초당 적은 주기의 파형들로 이루어지며, 낮은음을 형성한다.

주파수와 음고, 그리고 파형과의 관계를 더욱 쉽게 이해해 보기 위
해, 'Ⅲ. 소리란 무엇인가?'에서 살펴보았던 소리굽쇠의 진동 이야기로
되돌아가 볼 수 있다. 소리굽쇠가 처음 진동을 시작할 때 우리는 상당
히 큰 소리의 음을 듣게 된다. 그러나 이 진동이 주변 공기에 에너지를

전달하면서부터는 점차 강도가 약해진다. 처음에 소리굽쇠를 지나치게 세게만 치지 않는다면, 음높이는 일정하게 유지될 것이며, 이러한 하나의 음정은 완전히 소멸할 때까지 같은 음으로 지속될 것이다. 그리고 소리는 동일 패턴의 진동을 반복하면서 이동하게 된다.

이때, 하나의 파동을 만드는 데 얼마나 오랜 시간이 걸리는지는 파형을 통해 계산할 수 있다. 우리는 이 계산의 결과를 진동의 주기(週期, Period)라고 한다. 예를 들어, 파동의 최고점에서 다음 최고점까지의 시간이 10초가 걸린다면 주기는 10초가 되고, 20초가 걸린다면 주기는 20초가 된다. 그리고 1초 동안 발생하는 진동의 수를 계산한 것이 주파수이다. 만약 소리굽쇠가 중간 A 음에 맞춰져 있다고 한다면, 이 소리는 소리의 크기와는 관계없이 1초에 440번의 진동을 한다는 것을 의미한다. 이는 곧 440Hz의 음을 나타낸다. 이렇듯, 음고는 진동의 주파수에 의해서 결정되는 것이다.[7]

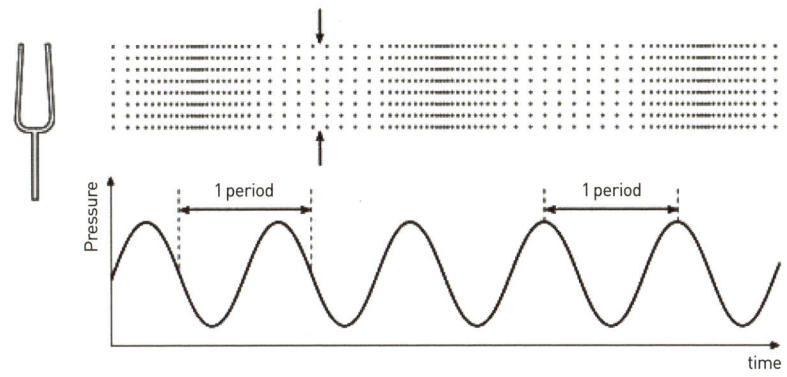

:: 소리굽쇠 파형의 진동주기

앞의 그림은 소리굽쇠로부터의 압력 변화와 파형에서 하나의 진동주기를 알아보기 쉽게 그래프로 나타낸 것이다. 그래프를 보면 하나의 진동주기는 물결 모양의 패턴이 시작되는 지점에서 끝나는 지점까지에 해당하는 것을 알 수 있다.

소리굽쇠의 음에 따른 주파수는 다음의 표와 같이 정리될 수 있다.

음(Note)	주파수(Frequency, Hz)
c	261.6
c#	277.2
d	293.6
d#	311.1
e	329.6
f	349.2
f#	370.0
g	392.0
g#	415.3
a	440.0
a#	466.2
b	493.9
c´	523.2

:: 음에 따른 진동수

헤르츠

Hertz

진동수의 단위

진동수의 단위인 헤르츠는 독일 출신의 물리학자 하인리히 루돌프 헤르츠(Heinrich Rudolf Hertz, 1857~1894)의 이름으로부터 유래된 것이다. 그는 라디오파(Radio Wave)를 만들어 내는 장치를 발명하여 전자기파(Electromagnetic Waves)의 존재를 최초로 실증해 보인 인물이다. 그는 베를린 대학(University of Berlin)에서 당시 독일의 저명한 물리학자였던 구스타프 키르히호프(Gustav Robert Kirchhoff, 1824~1887)와 헤르만 루트비히 페르디난트 폰 헬름홀츠(Hermann Ludwig Ferdinand von Helmholtz, 1821~1894) 밑에서 전자기학(Electromagnetism)을 공부했다.

1888년 헤르츠는 실험을 통해 최초로 전자기파를 발견하게 된다. 발진기와 수신기 사이에서 작은 불꽃이 발생하는 현상으로 전자기파가 존재한다는 사실을 입증한 것인데, 이는 현재의 라디오와 TV 등에 활용되는 통신 기술 발전의 초석이 된 발견이었다. 헤르츠의 이름은 우리가 현재의 라디오 방송에서 자주 들을 수 있다. 헤르츠 단위는 Hz로 표시하며, 사이클(Cycle, 주기)과는 역수 관계를 맺는다. 예를 들어 1초 동안 1,000개의 파동이 형성되면 1,000Hz이다. 반대로 하나의 주기에 걸리는 시간은 1/1000 sec(초)으로 표기될 수 있다. 헤르츠 단위는 주기적으로 반복되는 모든 현상에 쓰일 수 있다.

Ueber die
Induction in rotirenden Kugeln.

INAUGURAL-DISSERTATION

ZUR

ERLANGUNG DER DOCTORWÜRDE

VON DER PHILOSOPHISCHEN FACULTÄT

DER

FRIEDRICH-WILHELMS-UNIVERSITÄT ZU BERLIN

GENEHMIGT

UND

ÖFFENTLICH ZU VERTHEIDIGEN

am 15. März 1880

VON

Heinrich Hertz
aus Hamburg.

OPPONENTEN:

Herr Dr. med. C. Günther.
„ Cand. phil. F. Schulze-Berge.
„ Stud. jur. G. Hertz.

BERLIN.
BUCHDRUCKEREI VON GUSTAV SCHADE (OTTO FRANCKE).
Linienstr. 158.

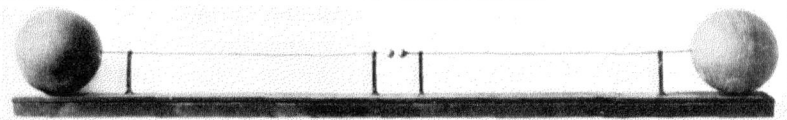

:: 헤르츠와 그의 첫 무선 송신기

표준 음고

Standard Pitch

악기 조율의 표준

국제적으로 악기를 조율할 때 합의된 표준 주파수는 A=440이다. 일반적으로 악기조율은 국제적인 표준에 따르는 것이 원칙이지만, 현재에는 다른 표준 주파수도 함께 사용되고 있는 것이 사실이다. 과거에는 더 많은 표준 주파수가 사용되었던 다양한 사례가 남아 있다. 예를 들어, 1688년 함부르크(Hamburg) 생 야코비(S. Jacobi)의 스닛허르(Schnitger) 오르간은 A=489로, 거의 4개의 반음이 더 높게 조율된 바 있다. 1713년, 독일 실버만(Silbermann)의 슈트라스부르크 대성당(Strasbourg Cathedral) 오르간의 음높이는 A=493으로 설정되었고 18세기 초, A 음은 대략 415에서 430 사이로 조율되었다.

:: 함부르크 스닛허르 오르간과 슈트라스부르크 대성당의 오르간

이후 약 100년 동안, 이 범위 내에서의 큰 변화는 없었다. 그러나 음악가들은 더 나은 음악적 표현을 위해 주파수를 높여 조율하기 시작했다. 1859년, 프랑스에서는 A=435를 표준으로 권장하였고, 이후 많은 국가가 이 음을 기준으로 조율하게 된다. 미국에서는 C 음을 기준으로 조율하는 것이 일반적이었기 때문에 A=440이 표준으로 채택되었다. 그러나 세계적인 지휘자이자 35년간 베를린 필하모니 오케스트라(Berliner Philharmoniker)의 상임지휘자로 재직했던 헤르베르트 폰 카라얀(Herbert von Karajan, 1908~1989)과 같은 경우에는 A=442 이상을 올려 조율하고, 연주하기로 유명했다.

코니그의 토노미터

Koenig's Tonometer

화염 분석기를 발명한 코니그는 활동하던 당시 음향 악기 제작자로서도 유명했다. 그는 쾨니히스베르크(Konigsberg)에서 수학했고, 프랑스 바이올린 제작자로부터 견습 과정을 거친 후 1850년대 후반 파리에서 자신만의 가게를 열었다.

코니그의 작품이 미국인들에게 알려지게 된 계기는 1876년 필라델피아에서 열린 센테니얼 전시회(Centennial Exhibition)로부터였다. 코니그는 이 전시회에서 거대한 토노미터(Tonometer)를 선보였다. 이 장치는 소리굽쇠의 집합체였다. 이는 본래 독일의 실크 제조업자이자 음향 연구자였던 요한 쉬블러(Johann Heinrich Scheibler, 1777~1837)가 1834년에 이미 제안한 것으로, 가장 진보된 디자인은 한 옥타브의 범위를 56개의 소리굽쇠로 만들어 낸 것이었다. 코니그의 거대한 토노미터는 16~4,096Hz의 음고를 지닌 670개의 소리굽쇠로 구성되어 있었

:: 1854년 코니그의 철학적 장치들

다. 1880년대에 이는 미국 육군사관학교(U.S. Military Academy)에서 사용하기 위해 제작되곤 했다. 다음 사진은 1876년 필라델피아 센테니얼 전시회 당시를 묘사한 그림과 전시된 코니그의 토노미터이다.

:: 1976년 5월 10일 열린 필라델피아 센테니얼 전시회

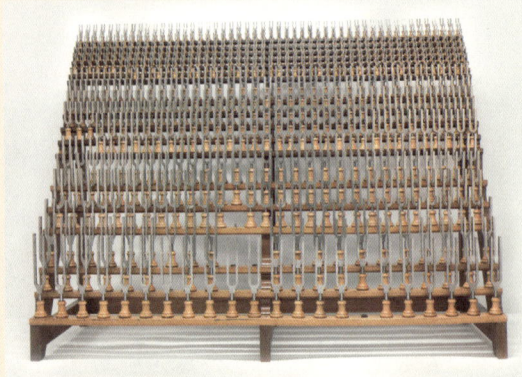

:: 코니그의 토노미터

갈릴레오와 메르센

Galileo and Mersenne

주파수와 음고와의 관계는 피타고라스 이후 학자들이 지속해서 주목한 연주의 주제였다. 그중, 현과 음고와의 관계를 연구한 대표적 인물로는 갈릴레오 갈릴레이(Galileo Galilei, 1564~1642)와 마랭 메르센(Marin Mersenne, 1588~1648)이 있었다. 이탈리아의 철학자, 물리학자, 천문학자였던 갈릴레이는 『두 개의 새로운 과학에 관한 대화』(*Dialogues Concerning Two New Sciences*, 1636)에서 음고와 현의 진동이 일으키는 주파수 간의 관계를 설명했다. 그렇지만 갈릴레이는 다양한 음 간격에

:: 갈릴레이와 『두 개의 새로운 과학에 관한 대화』(1636)

:: 메르센과『일반 화성학』(1637)

해당하는 초당 진동 횟수의 상대적인 숫자만을 언급할 수 있을 뿐이었다.[8]

동시대의 프랑스에서는 철학자이자 물리학자, 수학자였던 메르센이『일반 화성학』(*Harmonie Universelle*, 1636~1637)[9]에서 음고를 실제 초당 진동 횟수와 연관시켰다.

메르센은 현의 길이에 따라 주파수의 진동이 어떻게 변하는지를 세밀히 연구했다. 그는 피타고라스와 같이 모노코드로 이러한 연구를 진행했는데, 다음은 메르센의 저서에 등장하는 모노코드의 그림이다. 이를 살펴보면 현의 길이에 따른 주파수의 진동수가 정확히 기재되어 있는 것을 확인할 수 있다.[10]

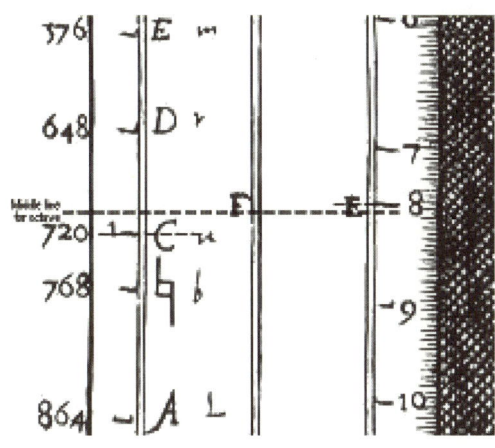

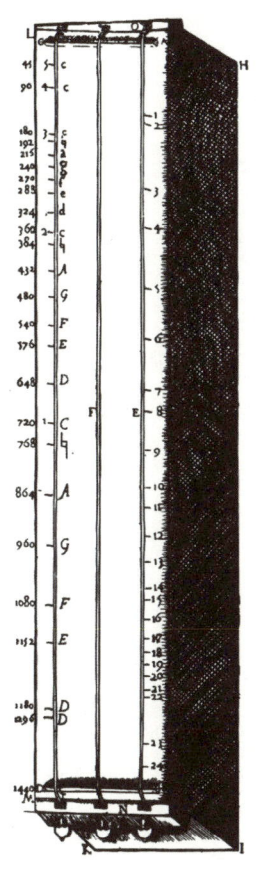

:: 메르센의 모노코드

　　메르센은 현의 길이에 따라 현의 장력(張力, Tension)이 어떻게 변하는지와 단위길이 당 질량이 어떻게 변하는지도 세밀히 관찰했다. 예를 들어, 그는 저서에서 주파수가 현의 길이의 역수에 비례하며, 장력은 제곱근에 비례하고, 질량 당 현의 길이의 제곱근 역수에 비례함을 설명했다. 그가 『일반 화성학』에서 설명한 현의 진동과 배음에 관한 내용을 정리하면 다음과 같았다.[11]

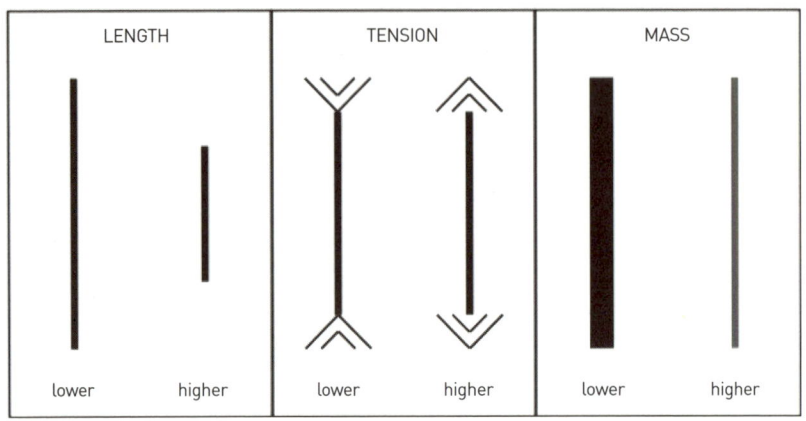

LENGTH	TENSION	MASS
lower　　　higher	lower　　　higher	lower　　　higher

:: **메르센의 법칙**

1. 현과 현의 장력이 그대로이지만, 길이가 달라지면 진동주기는 현의 길이에 비례한다.
2. 현과 현의 장력이 그대로이지만, 길이가 달라질 때, 주파수는 장력의 제곱근이다.
3. 같은 길이와 장력을 가진 다른 현들의 진동주기는 현 무게의 제곱근에 비례한다.

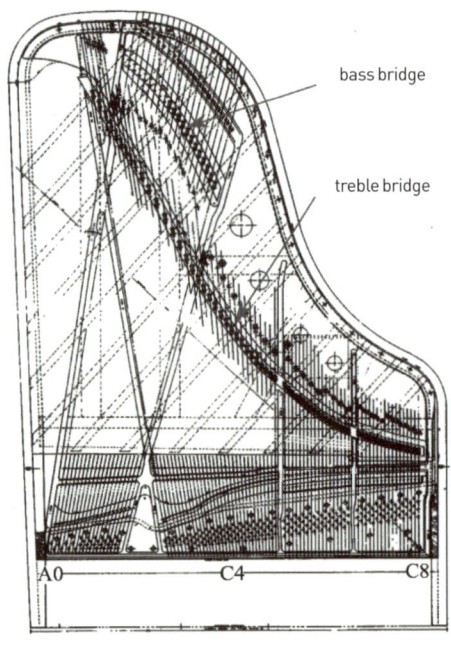

bass bridge

treble bridge

A0　　　　　C4　　　　　C8

:: 피아노 내부의 저음 현과 고음 현

당시 피아노 제작자들은 이와 같은 메르센의 법칙에 따라 같은 재료와 장력을 가진 서로 다른 길이의 현을 사용하여, 원하는 주파수들을 얻은 후 피아노를 설계할 수 있었다. 이 법칙에 따라 설계된 현재의 피아노 내부에 설치된 현들을 보면 저음일수록 현이 길고, 고음일수록 현이 짧게 설치되어 있는 것을 확인할 수 있다.

만약 과거의 피아노 제작자가 피타고라스의 현의 길이의 법칙만을 따르며 피아노의 현을 제작했다면, 가장 긴 현의 길이는 가장 짧은 현의 길이의 150배가량이 되어야 했었다. 그렇다면, 현의 길이는 너무 길거나 너무 짧아 악기를 제작하기에 불가능한 상태가 된다. 피아노 제작자는 메르센의 법칙에 따라 현의 길이를 과도하게 늘이는 대신에, 현의 무게를 무겁게 함으로써 저음역을 만들어 낼 수 있었다. 이 과정에서는 현을 구리로 된 더 얇은 현을 사용하여 나선형으로 돌려 감싸서 무게를 더하는 방식이 사용되었다. 또한, 제작자는 피아노의 고음역에서 과도하게 짧은 현을 쓰는 대신에, 현의 장력을 올리는 방법을 사용할 수 있었다.

진폭과 소리의 크기

Amplitude and Loudness

파형에서 진폭(振幅, Amplitude)은 압력 변형의 가장 높은 지점부터 가장 낮은 지점까지를 나타내는 범위이다. 진폭은 진동의 크기를 의미

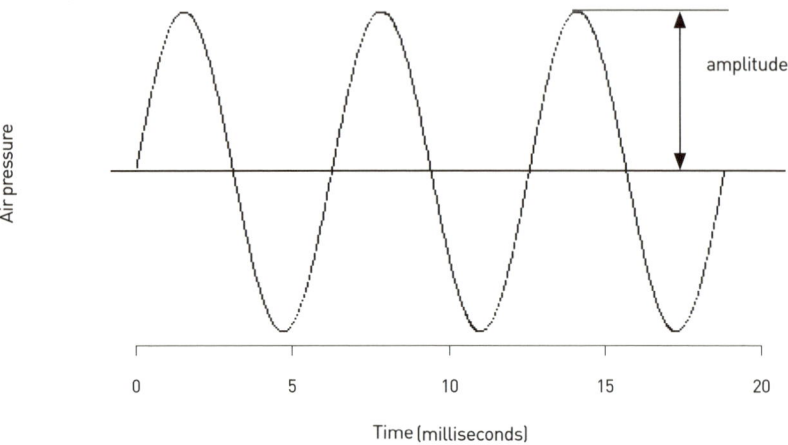

:: 파형에서의 진폭

하며, 음악에서의 진폭은 라우드니스(Loudness)를 의미한다. 앞의 그래
프상의 파형에서 보듯, 우리는 진폭의 가장 높은 지점과 가장 낮은 지
점까지의 거리를 측정하여 소리의 크기를 가늠해 볼 수 있다. 파형의
수직적 크기가 클수록 더욱 넓은 압력의 변형을 보여 주어, 큰 소리가
나게 되며, 크기가 작을수록 좁은 압력의 변형을 보여 주며, 작은 소리
가 나게 된다. 진폭은 파형의 압력 안에서, 파스칼(Pascal, Pa)이라는 변
형의 수로 측정될 수도 있으나, 실제적으로는 데시벨(Decibel, *dB*)의 단
위로 측정된다.

　파형의 진폭은 시간이 지나면서 변화한다. 이러한 진폭의 변화에 따
른 소리 크기의 변형이 음악 연주에서는 예술적인 요소로 작용한다. 음
악의 강약법(强弱法)을 의미하는 셈여림(Dynamics)이 그것이다. 음악에

서는 소리 크기에 영향을 주는 다른 요인이 되는 요소도 존재하는데, 특히 소리가 나오는 근원으로부터의 거리는 소리 크기의 중요한 변수가 된다. 소리의 근원으로부터 먼 거리에서 소리를 들으면 작은 소리로 들리게 되고, 가까운 거리에서 들으면 좀 더 큰 소리로 들리게 된다. 이뿐 아니라 소리가 도달하는 길에 있는 장애물도 소리 크기에 영향을 주는 요인으로 작용할 수 있다. 소리가 전달되는 길목에 물체가 있다면 그 크기에 따라 소리가 차단되거나 소리 크기가 줄어들 수 있다.

데시벨

Decibel

소리 크기의 단위

데시벨은 데시(Deci)와 벨(Bell)의 합성어이다. 이 단위는 전화기를 발명한 것으로 알려진 알렉산더 그레이엄 벨(Alexander Graham Bell, 1847~1922)의 이름으로부터 유래했다. 데시벨 수치는 기준치에 대한 비율에 상용로그(Common Logarithm)를 취한 것이다. 이 때문에 데시벨은 절대치가 아닌 상대치의 값이다. 이는 벨(bel)의 10분의 일이란 의미에서 데시벨(dB)이라고 부르게 된 것이다. 벨 단위는 상용에서는 너무 큰 값이므로 통상적으로 데시벨을 사용한다.

:: 뉴욕에서–시카고까지
전화기를 시연 중인 벨, 1892년

112

형태와 음색
Shape and Timbre

파형의 형태(形態, Shape)는 소리의 질이나 음색(音色, Timbre)을 결정한다. 음색은 소리가 갖는 고유한 음의 색깔을 의미한다. 이는 소리의 밝음, 어두움, 따뜻함, 거침과 같은 것들이다. 만약 두 개의 파형이 같은 주파수와 진폭을 가지고 있어 같은 음정과 크기의 소리를 낸다고 할지라도, 그 파형의 형태가 다르다면 완전히 다른 소리가 나게 된다. 이 용어는 프랑스어로 음색이라는 의미인 'Timbre'로부터 유래된 것이다. 이는 음의 컬러(Color) 혹은 음의 질(Quality)을 의미한다.[12] 예를 들어, 우리가 잘 알다시피 피아노와 바이올린의 소리에서 나는 음색은 완전히 다르며, 같은 바이올린의 소리라고 하더라도 바이올린의 종류에 따라서도 소리는 달라진다. 이러한 면에서 스트라디바리우스(Stradivarius) 바이올린과 과르네리(Guarneri) 바이올린의 음색은 전혀 다르다고 볼 수 있다. 이는 음색을 결정짓는 악기의 구조가 완전히 같지 않기 때문이다. 우리가 사람의 목소리를 구분하듯 각 악기의 소리에는 고유한 음질과 색이 있다. 우리가 이러한 음색을 파형으로 관찰한다면, 이를 두고 우리는 소리의 주파수 스펙트럼(Frequency Spectrum)의 모양이 다르다고 표현할 수 있다. 즉 주파수 스펙트럼은 신호의 주파수 성분을 주파수에 따른 크기와 위상(位相, Phase)으로 표시한 것이다. 우리는 스펙트럼 분석을 통해 소리의 구성 부분을 자세히 살펴볼 수 있고, 정확히 어떠한 부분이 소리의 음색을 결정짓는지도 알 수 있다. 다음은 피아노와

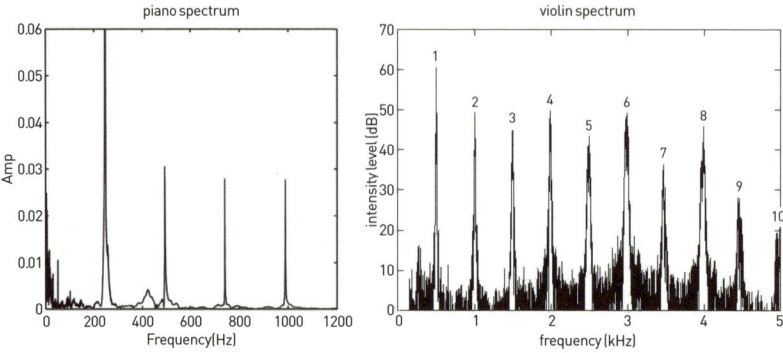

:: 피아노와 바이올린의 스펙트럼

바이올린의 스펙트럼 분석을 비교한 것이다. 이를 보면 음색을 형성하는 소리의 스펙트럼이 달리 형성되어 있음을 확인할 수 있다. (소리의 스펙트럼에 관하여는 'Ⅶ. 소리는 어떻게 분석되는가?'에서 더욱 자세히 살펴보도록 하자.)

음색을 정의하는 과정은 다른 음악성 속성에 비해 어려운 면이 많다고 할 수 있다. 그 이유는 음색을 결정짓는 변수가 많기 때문이다. 다른 음악 속성의 경우를 예로 들면, 음고는 소리의 높낮이에 따라서, 그리고 음량은 소리의 크고 작음에 따라서 달라지지만, 음색을 측정할 수 있는 기준은 한 가지가 아닌 여러 가지가 있다. 말하자면 음색은 음악의 속성 중, 다차원적인 성격을 갖는 것이라 볼 수 있다. 따라서 음색에 관한 연구는 많은 부분이 아직도 명확히 밝혀지지 않은 면이 있다.

음색의 다차원성으로 인해 이를 정의하는 면이 복잡하고 까다롭기는 하지만, 이에 비하여 음색에 영향을 주는 음향학적인 요인들은 비교적 명확히 정리되어 있는 것이 사실이다. 음색에 영향을 미치는 요인들

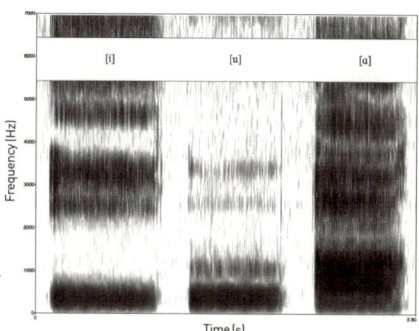

:: 영어의 모음 [i, u, a]의 포먼트를 보여 주는 스펙트로그램

에는 합성음의 분포에서 배음(Harmonics)의 분포상 특징(합성음의 부분음, 배음, 오버톤의 분포), 포먼트(Formant), 위상(Phase), 엔벨로프(Envelope), 동적 스펙트럼(Dynamic Spectrum), 비브라토(Vibrato) 등이 있다. 예를 들어 인간의 조음 기관(調音器官)은 조음에 따라 변하는 순간의 공진적 특성이 있다. 인간의 성대파(聲帶波)가 이 특성에 따라 여과되어 나오게 되는데, 이 음의 스펙트럼을 살펴보면 이러한 공진적 특성에서 그 공진 대역(共振帶域)이 하나뿐이 아니라 여러 개 이상이 있다는 것을 알 수 있다. 이는 위와 같은 포먼트 분포를 통해 분석할 수 있다.

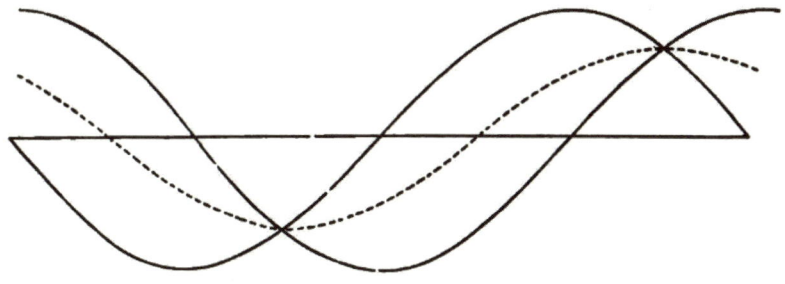

:: 같은 길이와 진폭의 다른 위상 파형

같은 길이와 진폭의 파형이더라도 위상이 다르면 앞과 같은 그래프로 나타날 수 있다.

엔벨로프(Envelope)는 다른 말로 포락선이라고 할 수 있다. 이는 소리 파형의 시작과 끝부분이라고 할 수 있다. 파형의 시작과 끝부분은 소리를 구분하는 면에 있어 매우 중요한 역할을 한다. 소리에서 엔벨로프는 시간이 지남에 따라 소리가 어떻게 변하는지를 설명해 준다. 이는 진폭과 주파수와 같은 요소와 관련된다. 예를 들어, 피아노 건반을 치면 건반을 아무리 오랫동안 누르고 있어도 볼륨이 점차 감소하여 빠르게 0에 이르게 되는데 이 과정을 설명해 주는 것이 엔벨로프이다. 엔벨로프와 관련하여 신시사이저 개발의 초창기부터는 원하는 엔벨로프를 만들어 내기 위한 엔벨로프 제너레이터(Envelope Generator)가 연구되었다. 이는 사용자가 사운드의 여러 단계를 제어할 수 있게 해주는 것으로, 어택(Attack), 디케이(Decay), 서스테인(Sustain), 릴리스(Release)

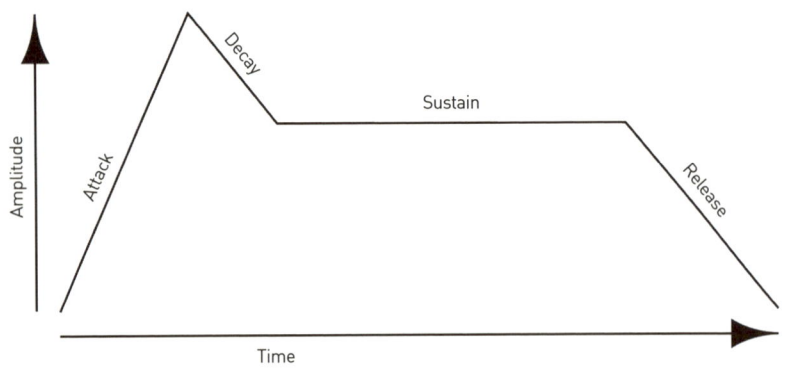

:: ADSR의 개략도

라는 4가지의 매개변수(ADSR)로 제어된다. 어택은 키를 누를 때 시작하여 nil(0)에서 피크까지의 레벨이 실행되는 데 걸리는 시간을 의미한다. 디케이는 어택 레벨에서 지정된 서스테인 레벨로 이어지는 후속 실행에 걸리는 시간이며, 서스테인은 건반을 놓을 때까지 사운드가 지속되는 시간으로, 주요 시퀀스 동안의 레벨이다. 릴리즈는 키에서 손을 뗀 후 레벨이 서스테인 레벨에서 0으로 감소하는 데 걸리는 시간을 말한다.

그 외에도 동적 스펙트럼은 악기가 내는 음이 지속되는 동안 기본음과 배음의 성분의 크기가 시간에 따라서 변화하는 것을 의미한다. 또한, 비브라토는 '음(音)을 떨리게 한다'라는 의미로 한 음을 연주할 때 음높이를 일정하게 진동시킴으로써 음을 더욱 풍성하게 하는 것이 목적이다. 이는 보컬리스트(Vocalist)에게 쓰이는 것뿐만 아니라 거의 모든 기악에 적용된다. 비브라토의 횟수나 빠르기도 기계로 측정할 수 있는데, 이는 음색을 개선하는 면에서 도움이 될 수 있다.

물론 음색은 합성음의 분포도에서 어떠한 부분음이 어떠한 비중을 차지하는가에 따라 크게 달라진다. 즉 배음이 어떻게 분포되어 있느냐에 따라서 음색은 크게 좌우된다고 볼 수 있다.(배음에 관하여서는 'Ⅶ. 소리는 어떻게 분석되는가?'에서 자세히 알아보도록 하자.)

신시사이저와 엔벨로프 생성기

Synthesizer and Envelope Generator

모그와 도이치의 발명

미국의 엔지니어 로버트 모그(Robert Arthur Moog, 1934~2005)는 신시사이저를 개발한 인물이다. 그는 신시사이저로 유명세를 타기 전부터 테레민을 비롯한 여러 전자악기 관련 용품을 제작하고 연구했다. 1964년 모그는 코넬 대학교에서 박사 과정을 밟던 도중에 작곡가인 헤르베르트 도이치(Herbert Deutsch, 1932~2022)와 함께 개발했던 전자악기 모그를 출시하게 된다. 1964년 말에 나온 이 전자악기는 당시 뮤지션들에게 폭발적인 반응을 얻었다. 이 악기의 개발은 음악의 역사에서 전자음악의 시작을 알린 중요한 계기가 되었다.

무그 신시사이저 개발의 과정에서 초기 버전을 발명하는 데 기여한 작곡가 도이치는 건반 입력 시 좀 더 음악적인 소리를 만들어 내기 위해 어택(Attack)과 디케이(Decay) 부분을 반영할 것을 제안하여 엔벨로프 생성기를 만들었다. 이것은, 오늘날 ADSR로 대표되는 신시사이저의 엔벨로프 생성기를 통한 표현적 개념을 최초로 구현한 사례였다. 그리고 엔벨로프 생성기는 신시사이저의 표준 기능으로 장착되게 된다.

음색과 배음 특성

Timbre and Overtones Characteristics

헬름홀츠의 음색에 대한 견해

배음의 특성이 음색과 어떠한 관계성을 가지는지에 관한 연구는 19세기의 헬름홀츠로부터 출발했다. 그는 실험을 통해 음색에서 가장 중요한 것이 주파수 스펙트럼이라는 사실을 발견했다. 그는 공명기(Resonator)를 고안해 냄으로써 음색에 대한 소리 실험을 할 수 있었다.(헬름홀츠의 공명기에 관하여서는 'VII. 소리는 어떻게 분석되는가?'에서 더 자세히 살펴보도록 하자) 그는 모든 소리는 배음으로 이루어져 있으며, 이러한 배음이 음색을 형성한다고 밝혔다. 또한, 헬름홀츠는 음고를 지닌 소리라면, 기본음과 배음의 성분 비율이 어떠한가에 따라 음색이 달라진다고 주장했다. 그는 인간의 귀가 음색을 구분하는 과정을 연구하고 실험하는 과정을 통하여 밝혀낸 여러 가지 사실들을 기록했고, 그 내용은 다음과 같았다.

먼저 소리에 배음이 상대적으로 적은 순음 혹은 이와 유사한 소리는 부드러우며 듣기 좋은 느낌을 주는 음색을 지닌다. 그러나 낮은 음역에서는 단조롭고 지루한 느낌을 준다. 이러한 음색을 가진 소리의 예는 소리굽쇠나 특정 오르간 파이프 등의 단순음(Simple Tone)이 있다. 이러한 소리에는 거칠기(Roughness)가 없으며, 저주파에서는 비교적 둔한 느낌의 소리를 낸다. 반면 배음이 많은 소리는 배음이 적은 소리에 비하여 더욱 풍부하며 음악적인 느낌을 주는 음색을 지닌다. 이러한 음색을 가진 소리의 예로는 피아노나 호른 등이 있는데, 이는 1~6번째

배음들이 적당한 크기로 구성된 소리이다. 또 고배음이 강하지 않았을 때, 달콤하면서도 부드러운 느낌의 음색을 가진다. 클라리넷과 같은 홀수의 배음만을 가진 소리는 공허한(Hollow) 느낌을 주는 음색을 낸다. 만약 이 소리에 배음이 증가하게 되면, 비음(Nasal)으로 들릴 수도 있다. 기본음이 센 경우에는 풍부한 소리가 나며, 반대로 기본음이 약할 때에는 상대적으로 빈약한 소리가 날 수 있다. 그리고 6~7번째 이상의 고배음이 강할 때, 복합음은 뚜렷하게 들리지만 거칠면서 예리한 음색으로 들리게 된다.[13]

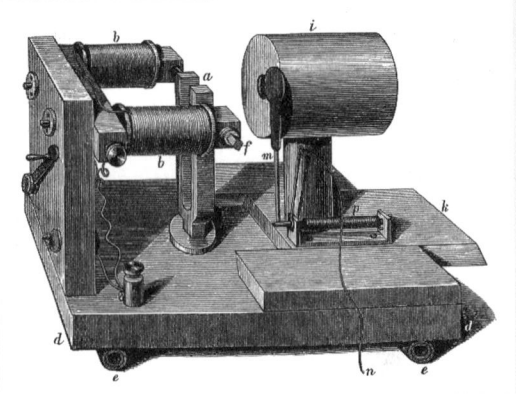

:: 헬름홀츠와 공명기

V

소리는 어떻게 전파되는가?

우리는 앞서 소리의 구성과 파형에 대하여 살펴보았다. 그렇다면 이러한 파형을 이루는 소리는 우리에게 어떻게 전파되는가? 이 장에서는 진동이 발생하고, 그것이 공기를 통한 파동이 되어, 우리 귀에 전달되는 소리 전파의 과정을 함께 살펴보려고 한다.

진동

Vibration

거듭 말하지만, 물리적인 관점에서 소리란 공기의 진동(振動, Vibration)을 통해 음파가 귀로 전달되는 현상이다. 소리가 진동으로 만들어져 전파되는 것이라고 한다면, 정확히 진동이란 무엇이라고 말할 수 있을까? 진동은 주기가 있는 변화이며, 고정된 위치 내에서 반복되는 운동이다.

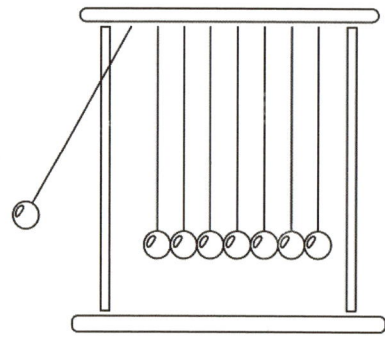

:: 진자 기구와 진자운동

이는 물질의 위치나 어떠한 물리량이 하나의 일정한 규칙에 따라 변동하는 현상이라고 말할 수 있다. 소리에서의 진동 현상은 진동자를 의미하는 진자(振子, Pendulum) 운동의 예시를 통해 쉽게 이해해 볼 수 있다. 진자는 하나의 축이나 점의 주위로부터 일정한 주기로 진동하는 추(錘)를 일컫는다. 앞의 그림은 진자 기구에서 진자가 움직이는 모습을 묘사한 것이다.

그림이 묘사하는 바와 같이, 진자는 실의 맨 끝에 추를 달아 놓아 연직면 내에서 진동하고, 이는 중력에 의해 평형점을 중심으로 진동운동을 반복하게 된다. 왼편의 추가 오른편으로 이동하여 다음 진자를 치게 되면 다음 추는 그다음 추를 치면서 왼편으로 이동하게 되고 이러한 운동은 연쇄적으로 일어난다. 진자운동에서 진자들은 에너지를 연쇄적으로 전달하며 운동하고 움직이는 현상을 보이고는 있지만, 추에 연결된 진자들은 왼편과 오른편을 번갈아 가며 고정된 자리에서 이동을 반복할 뿐이다. 따라서 에너지는 한정된 자리에서 머물기만 할 뿐 더 이상 먼 곳으로 퍼지지는 않는다고 볼 수 있다. 그러므로 소리에서의 진동이란 이러한 진자운동의 예시와 같이, 에너지의 이동이 아니라 고정된 위치에서 특정한 움직임을 계속해서 반복하여 보이는 주기적 운동인 왕복운동(往復運動, Reciprocating Motion/ Alternating Motion)이라고 할 수 있다. 지구가 태양 주위를 공전하는 현상이나, 자동차 바퀴에 달린 피스톤(Piston)이 위아래로 반복해서 움직이는 현상, 혹은 그네가 앞뒤로 흔들리는 현상도 이러한 왕복운동의 예시 중 하나로 볼 수 있다. 소리는 이러한 진자 운동과 같은 원리로 다른 곳으로 퍼져 전달되는 것이다.

소리 진자 기구

Sound Pendulum

진자의 이동을 보여 주는 장치

   과거에는 소리 진자 기구라는 진자의 이동을 통해 소리가 전달되는 과정을 직접 보여 주는 장치가 고안되어 사용되었다. 최초의 소리 진자 기구는 1880년대에 볼크만(Volkmann)에 의해 발명된 것이다. 네 개의 진자로 구성된 이 소리 진자 기구는 코넬 대학교(Cornell University)의 실험심리학 교수였던 에드워드 터치너(Edward B. Titchener, 1867~1927)에 의해 설계되었고, 1890년대 초, 클라크 대학교(Clark University)에서 근무하던 매사추세츠 출신 기계공인 찰스 알버트 프란시스(Charles Albert Francis)에 의해 제작되었다.

:: 최초의 소리 진자 기구

파동

Wave

소리란 공기를 통해 움직이는 압력의 파동과 연관이 있다. 그렇다면 파동(波動, Wave)이란 정확히 무엇을 의미하는 것일까? 파동의 원리는 소리굽쇠를 통한 에너지의 진동 현상이 종이에 그려지는 과정을 다시금 떠올리면 이해하기 쉬울 것이다. 소리굽쇠의 진동으로부터 종이에 그려진 물결 모양의 형상은 지속해서 이어지게 된다. 이때, 한 곳의 에너지가 진동을 통해 다른 지점으로 전달되어 나가는 것을 '파'라고 한다. 그리고 이 에너지가 퍼져 나가는 현상을 '파의 움직임'이라는 의미에서 파동이라고 부른다. 즉, 진동이 고정된 위치에서 특정한 움직임을 계속해서 반복하여 보이는 주기적 운동이자 왕복운동이라면, 파동은 이 운동이 고정된 위치가 아닌, 다른 지점으로 전달되어 퍼져 나가는 현상이라고 할 수 있다.

파동의 특성은 매질에 따라 달라진다. 그리고 그 종류는 크게 두 가지로 나눌 수 있다. 첫 번째는 매질의 압축과 팽창에 의한 파동으로 종파(縱波, Longitudinal Wave)이며, 두 번째는 비틀림에 의한 파동으로, 횡파(橫波, Transverse Wave)이다. 일반적으로 우리가 소리를 들을 때 그 소리가 전달되는 파동은 종파에 속한다.

파동: 종파

Wave: Longitudinal Wave

종파는 매질의 상태변화의 방향이 파동의 진행 방향과 평행을 이루며 진행되는 것이다. 종파를 다른 말로는 조밀파(粗密波)라고 하기도 한다. 다음은 종파의 이동 방향을 묘사한 그림이다. 그림에서는 소리굽쇠로부터 형성된 파동이 왼쪽으로부터 오른쪽으로 이동하고 있음을 확인할 수 있다.[1]

:: 종파의 이동 방향

종파의 파동 기계

Longitudinal Wave Machines

파동의 변화를 보여 주는 장치

소리 파동의 원리를 더 쉽게 이해해 보기 위해, 19세기에 고안된 파동 기계를 살펴보는 것이 도움이 될 수 있다. 파동 기계는 파동의 변화를 시각적으로 보여 주는 장치이다. 파동 기계와 파동 모델은 19세기 중반 무렵, 과학 수업 시간에 교육용으로 사용할 목적으로 등장하기 시작했다. 이 장치는 우리가 현재 고전물리학(古典物理學, Classical Physics)이라고 부르는 새로운 물리적 이해의 핵심인 파동의 원리를 가르치기 위해 고안된 것이었다.

19세기 중반, 과학 교육에서 파동의 원리를 가르치는 일은 중요한 교육 목표 중 하나였다. 대부분의 파동은 직접 눈으로 볼 수 없을 만큼 빨라서, 다양한 파동 모델과 기계들이 이를 시각적으로 보여 주고 설명하기 위해 발명된 것이었다. 다른 파동에 비해서 소리의 파동, 즉 음파는 상대적으로 단순하며 파동의 거의 모든 성질을 대표하여 보여 주는 예시로 사용될 수 있었다. 당시 학생들에게는 음향학이 최초로 교육된 것이었으며, 이 과정에서 파동 기계는 20세기 초까지 교육계에서 널리 사용되었다. 파동은 많은 분야에서 중요하게 여겨졌지만, 고전물리학의 시대가 종식되고는, 파동 기계가 서서히 과학 교실에서 사라지기 시작했다.

다음은 미국 매사추세츠주의 애머스트 칼리지(Amherst College)의 물리학 교수였던 에베네저 스넬(Ebenezer Snell, 1801~1876)에 의해 고안된

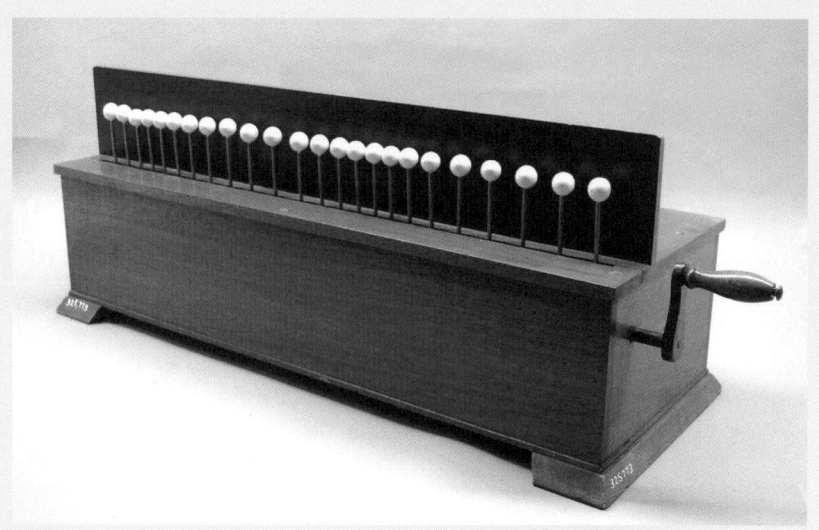

:: 스넬의 파동 기계

소리 파동 기계이다.

스넬은 19세기 미국의 과학 교육을 이끈 중심인물이었다. 그는 1850
년대에 자신의 수업에서 사용하기 위한 파동 모델을 개발했다. 당시 스
넬의 파동 기계 모델들은 매우 인기가 있었고, 1860년까지 교육계에서
대표적 장치로 사용되었다. 그의 파동 기계 입자들은 기계의 오른편 손
잡이를 돌리면 왼쪽과 오른쪽 파동의 방향으로 이동하며, 앞뒤로 진동
하게 되는 원리를 보여 주었다. 기계에는 서른 개의 흰색 공이 있고, 두
개 반 정도의 파동을 형성하도록 배치되어 있으며, 각 공은 1.5인치로
진동했다. 파동 기계는 공 뒤에 검은색 스크린이 놓여 있어 소리 종파
의 진동을 시각적으로 뚜렷하게 확인할 수 있도록 설계되었다.[2]

:: 에베네저 스넬

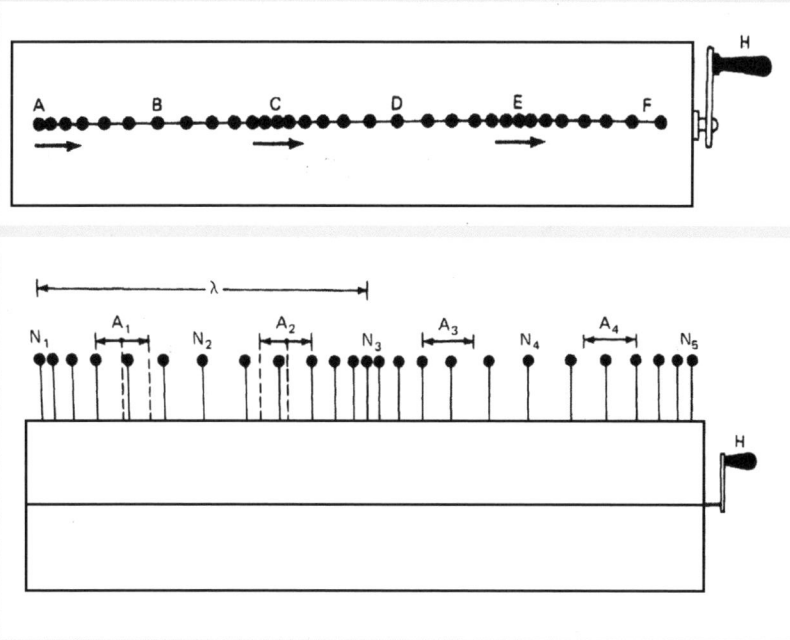

:: 스넬의 파동 기계의 원리

크로바의 디스크

Crova's Disk

음향 파동을 보여 주는 또 다른 파동 모델의 예시로는 프랑스의 과학자, 앙드레 크로바(André Prosper Crova, 1833~1907)가 고안한 크로바의 디스크(Crova's Disk)가 있다. 페르피냥 대학(University of Perpignan)의 수학 교수이자, 몽펠리에 대학(University of Montpelier)의 물리학 교수였던 크로바는 1860년대에 음향 파동 모델을 발명했다. 그는 당시 유명한 파리의 음향 기기 제조자였던 루돌프 코니그(Rudolph Koenig, 1832~1901)에게 장치의 제작을 의뢰했고, 1867년 파리 세계 박람회에서 이 장치를 최초로 선보이게 된다.

크로바의 디스크는 곡선이 그려져 있는 형태이다. 이 디스크는 다양한 방법으로 파동을 관찰할 수 있었지만, 보통 회전하는 틈을 통해 이

:: 1867년 파리 세계 박람회

미지가 투영되면서 파동을 보여 주는 방식으로 사용되었다. 이러한 방식으로 투영된 원의 짧고 둥근 모양은 공기의 입자를 나타냈고, 디스크가 회전할 때 그 입자는 음파에 의해 공기가 움직이는 것과 같은 방식으로 작동했다. 크로바의 디스크는 제작 당시 널리 사용되었으며 20세기까지도 제작되었다고 기록된다.

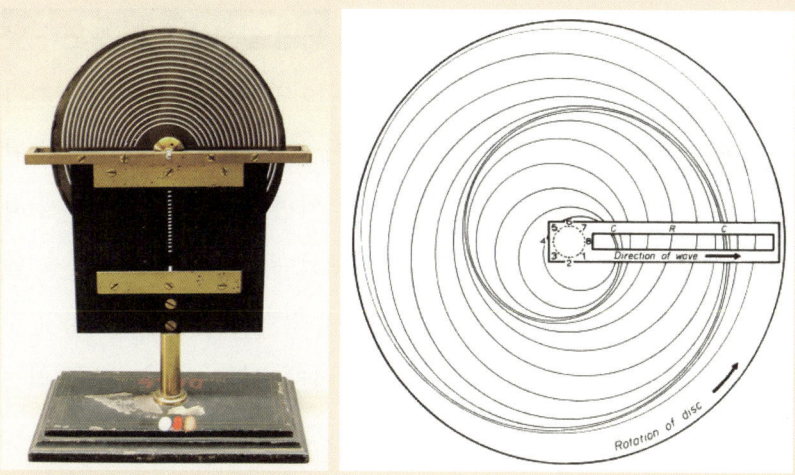

:: 크로바의 디스크와 회전 원리

압력파

Pressure Waves

  우리가 듣는 소리의 파형, 즉 음파(音波, Sound Wave)가 생성되는 과
정은 공기의 압력변화를 통해 좀 더 세밀히 살펴볼 수 있다. 가장 먼저
물체가 진동하면, 물체의 진동은 한 방향으로 운동하는 공기의 입자를
교란(攪亂, Disturbance)하게 된다. 그렇게 되면 압력이 높은 부분과 낮
은 부분의 차이가 생긴다. 이때 압력의 차이가 나는 부분에서 공기의
입자는 압력이 높은 부분으로부터 압력이 낮은 부분으로 이동하게 된
다. 음파는 이러한 이동으로 인해 퍼져 나가면서 우리의 귀에 닿게 되
고, 고막의 진동까지 도달한다. 이 과정에서 우리는 전달된 진동을 음
으로 인식하게 된다. 소리를 형성하는 공기 압력의 변화는 백만분의 몇
혹은 그 이하로 한정되는 매우 미세한 압력의 변화일 뿐이지만, 우리는
이 변화를 소리로 듣게 되는 것이다.

  그렇다면 이제는 소리가 만들어지는 과정에서 나타나는 공기의 압력
변화를 좀 더 쉽게 이해해 보기 위해 이를 실험 예시를 통해 살펴보도
록 하자. 실험의 과정은 다음과 같다.[3] 다음 그림과 같이 앞과 뒤가 막힌
긴 관이 있다고 생각해 보자. 그리고 관 속에는 대기 중 압력의 공기가

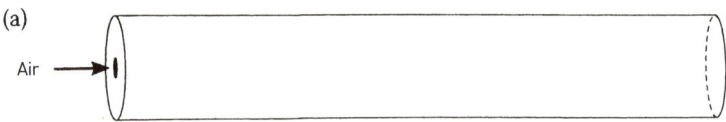

들어 있다고 가정해 보자.

이제 관의 한쪽 끝의 구멍에 공기를 추가로 주입한다고 상상해 보자. 공기를 추가로 주입하게 되면, 관의 한쪽 끝에서는 압력의 불균형이 나타나기 시작할 것이다. 그렇지만 이 압력의 불균형은 계속해서 유지되지는 않을 것이며, 시간이 지나면서 공기는 주입된 구멍으로부터 아래쪽으로 흘러가 곧 균등한 압력의 형태를 보이게 될 것이다. 이러한 공기 압력의 균등화는 매우 빠르게 이루어지게 되겠지만 순간적으로 이루어지지는 않는다. 다음 그림 (b), (c), (d)가 보여 주는 바와 같이 이 과정은 관 속의 모든 압력이 같아질 때까지 높은 압력의 부분이 점점 앞으로 퍼져 나가게 되는 현상이 일어날 것이다.

그렇다면 이번에는 단순히 구멍에 공기를 넣는 방식이 아닌 공기의 일부를 주입하고, 이후 일부 공기를 빼내어 공기의 압력을 낮추는 과정

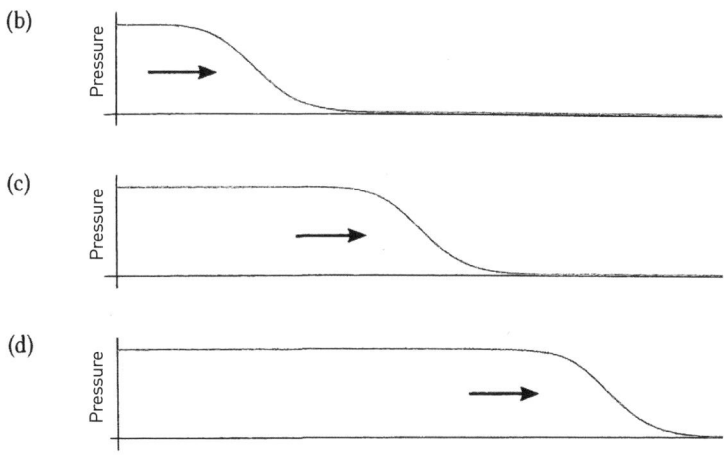

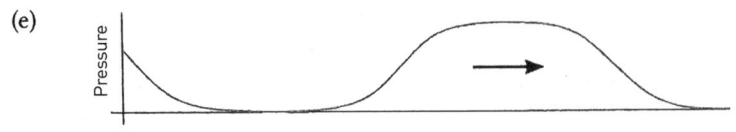

(e)

을 거친다고 가정해 보자. 압력을 낮추게 되면 처음에는 이전의 방식과 같이 관의 한쪽 끝 왼편의 압력이 높아지다가 시간이 지나면서 공기는 아래로 흐르게 될 것이다. 그러다가 공기를 빼내면 관의 한쪽 끝 왼편은 다시 낮은 압력으로 채워져서 앞의 그림 (e)와, 같이 이전의 압력 모양과는 반대의 모양이 나타나게 될 것이다. 우리는 이렇게 반복적으로 관 속의 압력을 높였다가 낮춤으로써 공기 압력의 변화를 만들어 낼 수 있다.

　이러한 과정은 소리 파동이 일어나는 원리와 정확히 일치한다고 할 수 있다. 음파는 공기를 통하여 이동하는 압력의 변화가 압력의 패턴으로 나타나는 것이기 때문이다. 위의 예시는 압력의 변화를 이해하기 쉽도록 관을 사용하여 설명한 것이지만, 사실상 소리의 파동이 전달되는 과정에서는 이러한 관이 필요하지 않다. 소리 파동은 공기가 있다면 어디서든지 만들어질 수 있으며, 모든 방향으로 이동할 수도 있다.

소리의 매질: 공기

Medium of Sound: Air

소리의 파동을 우리의 귀까지 전달해 주는 물질인 매질(媒質, Medium)은 공기(空氣, Air)이다. 그렇다면 만약 공기가 없다면 소리는 전달될 수 없는 것일까? 소리를 귀로 들을 수 있는 것으로 한정한다면 그렇다고 볼 수 있다. 매질이 되는 공기가 없는 상태에서 소리는 귀로 들을 수 없다.[4] 공기의 구성은 지구상 어디에나 거의 같다. 이는 대략 70%의 질소(窒素, Nitrogen)와 20%의 산소(酸素, Oxygen), 그리고 이외의 구성원으로 이루어져 있다.[5] 질소와 산소의 분자는 가볍지만, 무게가 전혀 없는 것은 아니다. 공기는 무게를 갖고 있다. 기체의 분자들은 서로 밀고 반사하며 이동한다. 공기 중의 분자들은 끊임없이 움직인다. 일반적으로 이러한 움직임은 500m/s에 달한다. 그리고 이러한 움직임은 공기 압력을 일으키는 원인이 된다. 대부분의 일상에서 우리는 공기 압력의 존재를 잘 의식하지 못하지만, 음파는 이러한 공기의 이동으로 인해 퍼져 나가면서 소리를 귀에 전파하는 것이다.

음파의 매질: 액체와 고체

Medium of Sound Wave: Liquid and Solid

그렇다면 공기만이 소리 전파의 매질이 될 수 있는 것일까? 기체가 아닌 액체나 고체에는 음파가 존재할 수 없는 것일까? 물론 액체나 고체에서도 음파는 존재할 수 있다. 그렇지만 액체나 고체에서는 공기 중에서의 진동의 형태와는 다르므로 인간의 귀가 공기 중에서와 같이 소리를 감지할 수는 없게 된다. 인간의 귀는 공기를 통한 진동만을 뚜렷한 소리로 감지할 수 있게 설계되어 있기 때문이다.

한편 액체에서도 음파가 존재할 수 있다는 점을 바탕으로 개발된 장치가 있는데, 바로 음파 탐지기(音波探知機, Sound Navigation and Ranging)이다. 음파 탐지기는 음파를 이용하여 물체의 거리나 위치 등을 파악해 내는 장치이다. 이 장치는 수중에 있는 물체를 탐지하는 데 사용된다. 공기 중에서는 일반적으로 전자기파를 사용하여 물체를 탐지하게 되는데, 전자기파는 물에 잘 흡수되는 특성이 있다. 이 때문에 수중의 물체를 탐지할 때는 음파가 사용된다. 음파는 물속에서도 쉽고 빠르게 전파되어 수중 물체를 탐지하고자 하는 목적에 적합하게 사용될 수 있다. 또한, 음파는 바닷속의 물체 등에 의해 에너지가 흡수되거

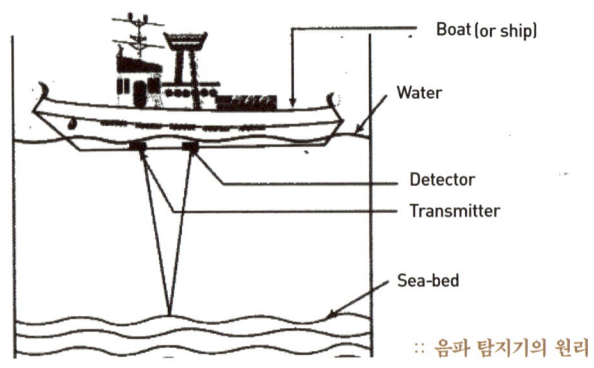

:: 음파 탐지기의 원리

나 반사되는 특성이 있다. 진동수가 높은 음파는 파장이 비교적 짧기에 진동수가 낮은 음파보다는 더 쉽게 바다에 흡수되는 경향이 있다. 반면에 진동수가 낮은 파장이 짧은 음파는 더욱 먼 거리로 퍼져 나갈 수 있고 바닷속의 여러 물체에 의해 쉽게 반사되므로, 이러한 원리를 이용해 음파 탐지기가 만들어졌다고 볼 수 있다.

소리의 매질: 공기의 실험

Medium of Sound: Experiment with Air

과거에는 소리가 공기를 통해 전파된다는 사실을 작은 종을 유리병 안에 둔 실험 과정을 통해 입증했다. 이 실험은 공기가 없는 유리병의 상태에서 소리의 울림 현상이 일어나는지를 관찰한 것이다. 실험의 과정은 다음과 같았다.[6]

먼저 공기가 채워져 있는 상태의 유리병 안에서 종을 흔들면 종이 울리는 소리가 들리는 것을 확인할 수 있다. 그런데 유리병 안의 공기를 천천히 제거하는 작업을 하면 종의 울림은 점점 감소하는 것을 느낄 수 있다. 그리고 곧 공기가 유리병 안에서 완전히 제거되면 소리는 결국

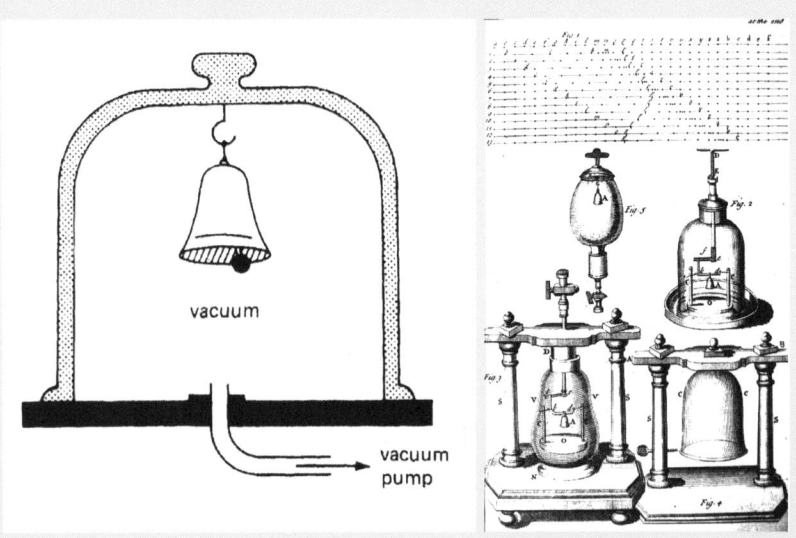

:: 작은 종과 유리병의 실험과 원리

138

들을 수 없게 되는 것을 확인할 수 있다. 그러나 유리병에 공기를 다시 넣으면 종의 울림이 명확하게 다시 들리게 된다. 이 과정에서 진동하는 종은 그 진동을 공기 분자에 전달시키며, 분자들은 인접한 공기 분자에 부딪혀 또 다른 분자들과 부딪치게 된다. 이 분자들이 유리병의 측면에 도달하면 유리의 벽은 분자에 의해 진동하게 되고 이 벽은 다시 외부의 공기를 진동시킨다. 이러한 진동이 인간의 귀에 도달하면 종소리가 들리게 되는 원리인 것이다. 따라서 이 모든 소리 전파의 과정에는 공기라는 매질이 없으면 안 되는 존재이다.

음파의 매질: 액체와 고체 실험

Medium of Sound Waves:

Experiments with Liquids and Solids

음파가 액체와 고체를 통해서도 전달된다는 사실은 과거 소리굽쇠 실험으로 증명될 수 있었다. 실험의 과정은 다음과 같았다. 먼저 얇은 알루미늄 디스크가 부착된 소리굽쇠 아래에 물이 담긴 그릇을 놓는다. 그렇게 되면 소리굽쇠와 디스크는 물의 표면에 닿게 되고 소리굽쇠와 디스크의 진동은 물을 통해 그릇의 바닥과 탁자 위로 전파되는 것을 확인할 수 있다. 탁자는 소리굽쇠와 같은 주파수로 진동하며, 소리를 증폭시키는 소리판 역할을 한다.[7] 따라서 음파는 액체와 고체를 통해서도 전달될 수 있다는 것이 증명될 수 있었다.

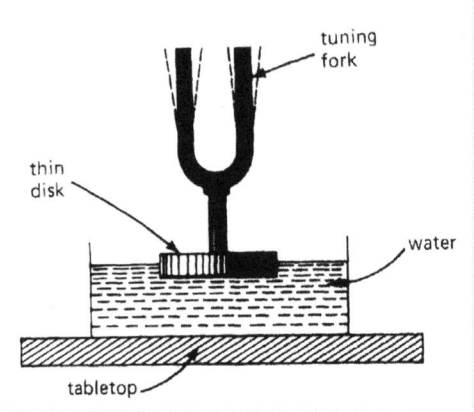

:: 액체와 고체에서의 소리굽쇠 실험

파동: 횡파

횡파(Transverse Wave, 橫波)는 종파와는 달리 입자가 위아래의 방향으로 국소적 움직임을 보이면서 전파의 방향이 수직적으로 움직이는 파동이다. 즉, 횡파는 매질의 운동 방향이 파동의 방향과 90도를 이루게 된다.

횡파는 우리가 줄을 잡고 위아래로 흔들었을 때 줄이 움직이는 단순한 원리로 이해해 볼 수 있다. 줄의 한편 끝을 손으로 잡고 위아래로 움

:: 줄에서의 횡파

직이면 줄은 파도와 같이 출렁이게 된다. 그리고 파가 진행되는 방향의 수직으로 물결 모양이 만들어진다. 우리가 물체에 에너지를 전달할 때, 그 에너지의 이동이 에너지를 가한 방향에 대하여 직각 방향으로 진행되면, 이러한 파동을 우리는 횡파라고 부른다.[8]

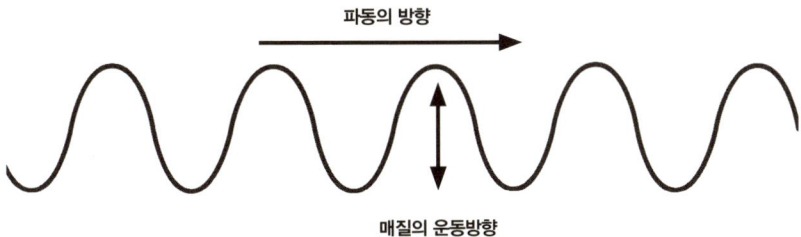

파동의 방향

매질의 운동방향

:: 횡파의 운동 방향 (수직)

빛을 매질로 하는 광파(光波, Light Wave)와 전기장과 자기장의 상호 작용으로 인한 전자기파(電磁氣波, Electromagnetic Waves)도 횡파에 속한다. 그렇지만 소리가 전부 물체의 진동으로 이루어지는 것만은 아니다. 유체역학(流體力學, Fluid Mechanics)의 원인으로 와류현상(渦流現像, Turbulence)이나 압력의 변동으로도 만들어진 음원도 존재한다. 예를 들어, 폭발음과 같은 음원 같은 것 말이다.

횡파의 파동 기계

Transverse Wave Machine

파동의 변화를 보여 주는 장치

 과거에 횡파는 파동 기계(Transverse Wave Machine)와 같은 장치로 수직으로 이동하는 물결과 같은 움직임을 시각적으로 관찰할 수 있었다. 이 장치는 20세기 말, 독일에서 만들어진 것으로, 한 손으로 들 수 있을 정도로 크기가 작은 기계장치였다. 이는 장치를 프로젝터의 렌즈 앞에 놓이게 하여 그림자를 투영해서 사용자가 파동을 볼 수 있도록 설계된 것이었다. 다음 사진에서 보듯, 오른쪽의 손잡이를 돌리면 횡파가 움직이는 모습을 관찰할 수 있었다.

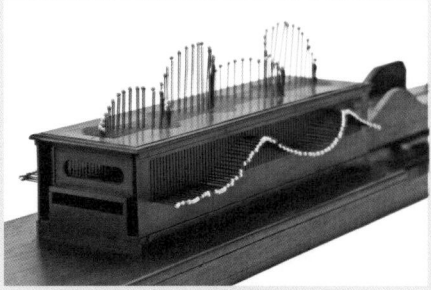

:: 횡파를 보여 주는 파동 기계

음파의 반사와 간섭

Reflection and Interference of Sound Wave

음파는 빛이 거울로부터 반사하는 현상과도 같이 벽이나 장애물에 부딪히면 반사(Reflection)하게 된다. 우리는 누구나 한 번쯤 욕실이나 사방의 벽이 막힌 방에서 노래를 부르면 소리가 울리게 되는 현상을 경험해 본 적이 있을 것이다. 이는 음파의 반사 현상으로 인해 소리가 벽면에서 여러 차례 반사하여 잔향을 만들어 내기 때문이다. 또한 음파는 서로 간섭(Interference)하기도 한다. 우리가 당겨진 줄에서 같은 방향으로 동일한 파장과 진폭을 지닌 파동을 보내면 이 파동은 겹치게 되면서 중첩원리가 적용되는데, 이렇게 동일한 매질에서 진행되는 두 음파는 서로 간섭한다. 이때 두 음파의 진폭이 더해지면 우리는 이를 보강 간섭(Constructive Interference)이라고 하며, 두 음파의 위상이 정반대여서 진폭이 상쇄된다면 상쇄 간섭(Destructive Interference)이라고 한다. 음파 간섭의 대표적 예로는 맥놀이(Beats) 현상이 있다.(맥놀이 현상에 관하여서는 'Ⅸ. 우리는 소리를 어느 범위에서 어떻게 듣게 되는가?'에서 더 자세히 살펴보도록 하자)

음파의 굴절과 회절

Refraction and Diffraction of Sound Wave

음파의 굴절(Refraction)은 파동이 어떠한 매질에서 다른 매질로 이동할 때, 휘는(Bending) 현상을 의미한다. 소리가 기온이나 밀도가 다른 영역을 통과하게 되면 음파는 휘어진다. 예를 들어, 우리는 낮보다는 밤에 자동차가 내는 소음의 크기가 더 크다고 느낀 경험이 있을 것이다. 같은 소리인데 밤에 유독 소리가 크게 느껴지는 이유는 매질인 공기의 온도와 밀도에 차이가 있기 때문이다. 밤에는 지표면(地表面, Earth Surface)의 온도가 빠르게 내려가지만, 대기(大氣, Atmosphere)상에서는 천천히 내려가기 때문에 지표면 부근의 온도는 더 낮아진다. 따라서 지표면 부근의 공기 밀도는 지표면 위로 올라갈수록 감소하게 되어 있다. 자동차의 소음이 사방으로 퍼지는 과정에서 공기의 밀도가 다른 경계면 영역에서 음파의 굴절 현상이 일어나게 되기에, 공기의 온도가 높고 밀도가 낮으면 전파는 더욱 빠르게 진행된다. 즉 지표면 부근에서 소음이 발생하면 음파가 전체적으로 퍼진 이후, 지표면 부근으로 굴절하여 퍼지게 되는 것이다.

또한 음파는 공기를 통해 진행하다가 장애물을 만나게 되면 우회하며 다시 돌아가려는 성질을 지닌다. 예를 들어, 소리가 난 곳에서 음파가 이동하면서 담벼락과 같은 것이 있다면 음파는 다시 돌아가려

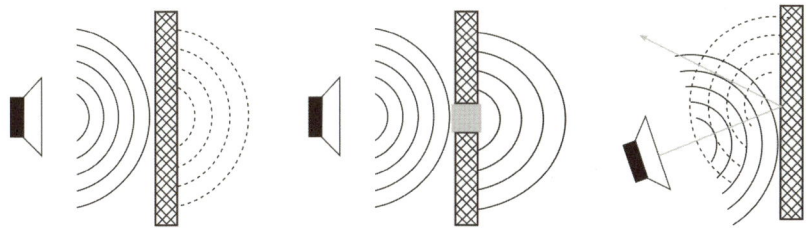

:: 음파에 대한 여러 현상

고 하는 현상이 일어난다. 우리는 이러한 현상을 두고 음파의 회절 (Diffraction)이라고 한다. 만약에 소리가 회절하는 현상 없이 직진으로만 간다고 한다면, 우리는 장애물이 있는 경우 그 소리를 전혀 듣지 못하게 될 것이다. 그러나 우리는 음파의 회절현상으로 인해 장애물이 있더라도 소리를 들을 수 있게 되는 것이다.

음속
Speed of Sound

음속(音速, Speed of Sound)은 소리가 퍼져 나가는 속도를 의미한다. 공기 중의 소리는 1초당 약 340m(혹은 한 시간에 12,000km)의 속도로 이동한다. 즉, 공기 중의 음속은 약 340m/s이다. 음속은 기온과 밀접한 관련이 있다. 기온이 높아지면 기체의 분자 운동이 빨라져 분자 간의 충돌이 많아진다. 또 온도가 올라가면 공기의 기체는 팽창하면서 밀도는 감소하게 된다. 따라서 온도가 올라가면 음파는 더욱 빠른 속도로 전달된다.

음속은 매질의 종류에 따라서도 큰 영향을 받는다. 매질의 종류도 밀도와 연관이 있는데, 밀도가 낮은 매질일수록 음파는 빠른 속도로 전달된다. 공기가 아닌 분자량이 작은 기체 속에서도 밀도가 작아져 음속은 많이 증가하게 된다. 예를 들어, 이는 우리가 헬륨가스를 마시고 말하게 되면 고음의 목소리를 내게 되는 원리와도 같다. 공기보다 가볍고 밀도가 낮은 헬륨가스를 마시면, 헬륨가스는 성대를 통해 폐로 이동한다. 그렇게

되면 우리가 말할 때 성대가 만들어 내는 음파는 목과 입 안에 있는 헬륨
가스로 채워진 공기를 통과하면서 일반적인 공기의 밀도보다 낮은 밀도
의 헬륨가스로 인하여 음파가 더욱 빨리 이동한다. 결국 이러한 과정이
음파의 주파수를 증가시켜 고음의 목소리가 나는 것이다.

한편, 물속에서의 음속은 공기 중의 음속보다도 빠르다. 보통 사람들
은 물의 밀도가 높아서 공기 중의 음속보다 느릴 것으로 생각하지만,
물속에서는 부피탄성률(彈性率, Bulk Modulus)이 증가하여 공기 중보다
더 빠른 음속을 갖게 된다. 이는 물이 공기보다 훨씬 압축하기가 힘들
어서 일어나는 현상이다. 또한 고체에서의 음속은 물속에서의 음속보
다 더욱 빠르다. 다음은 매질에 따른 음속 변화를 표로 나타낸 것이다.

매질(Medium)	속력(m/s)
공기(0°C)	331
공기(20°C)	343
헬륨(Helium)	965
수소(Hydrogen)	1270
이산화탄소(Carbon Dioxide)	258
물(0°C)	1402
바닷물(Sea Water)	1522
알루미늄(Aluminium)	5000
강철(Steel)	6000
수증기(Water Vapor)	402

:: 매질에 따른 음속

VI

소리는 면, 판, 공간에서 어떻게 전파되는가?

앞서 우리는 소리가 한 지점에서 다른 지점으로 진행하여 나간다는 가정하에 파동이 전파되는 과정을 살펴보았다. 이전까지 소리 파동의 전파는 한편으로 진행되는 것만을 고려했으므로, 1차원적인 전파로 설명된 것이라고 볼 수 있다. 그렇지만 일반적으로 우리가 일상생활 속에서 듣게 되는 대부분의 소리는 이러한 단순한 과정으로 전달되지만은 않는다. 우리가 듣는 소리는 면과 판이나 혹은 공간 안에서 소리가 울리면서 복잡한 과정을 통해 우리에게 전달되기 때문이다. 그렇다면 면, 판, 공간에서는 소리가 어떻게 전파될까? 이 장에서는 면, 판, 공간에서 소리의 전파 과정을 함께 살펴보려고 한다.

면과 판에서의 소리 전파

Sound Transmission in Surface and Panel

면에서 소리가 전파되는 대표적 예시로 꼽을 수 있는 것은 수면파(水面波, Water Waves)라고 할 수 있다. 수면파는 물의 운동에서 소리 전파가 관찰되는 것으로 수파(水波) 혹은 물결파(Water Waves)라고도 불린다. 수면파는 횡파와 종파가 결합한 형태이다. 수면파에서 물의 입자는 가장 먼저 수직 방향으로 반복적으로 운동하고 수평 방향으로는 위상 변화가 전달되어 파동을 형성하게 된다.

우리는 이러한 수면파를 물결파 투영 장치(水面波投影裝置, Ripple Tank)를 통해 시각적으로 관찰할 수 있다. 아래의 사진을 보면 장치는 물을 담을 얕은 투명 수조와 수조 안에는 진동자가 연결되어 있어 파동을 일으키게 되어 있다. 장치에는 수조를 향해 빛을 비출 수 있는 조명

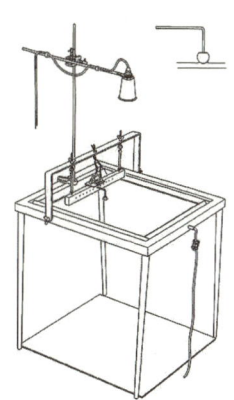

:: 물결파 투영 장치

이 있으며, 수조 아래는 스크린이 있어 파동이 움직이는 현상을 관찰할 수 있도록 설계되어 있다.

물결파 투영 장치에서 진동자가 수조에 파동을 일으키면, 수조 위의 조명에 의해 아래의 스크린에는 파장을 나타내는 무늬가 생성된다. 장치에서는 사용하는 진동자의 종류와 수 등에 따라 다양한 파동의 형태를 관찰할 수 있다. 예를 들어, 길이가 긴 막대 형태의 진동자를 사용하면 평면파(平面波, Plane Wave)가 나타나며, 뾰족한 막대 형태의 진동자를 사용하면, 막대의 끝부분으로부터 원형 모양의 구면파(球面波, Circular Waves)가 생성된다. 또한, 두 개의 진동자를 함께 진동시키면 두 파동의 간섭 현상을 동시에 관찰할 수도 있다.

이러한 평면파의 형성 원리는 우리가 바다에서 파도가 치는 모습을 상상해 보면 더욱 잘 이해할 수 있다. 파도의 이동을 보면, 마치 물은 해변을 향하여 점차 이동하고 있는 듯하게 보이지만, 실제로는 파도의 높낮이가 바다에서 해변을 향하여 이동하고 있을 뿐이다. 다시 말해, 이는 파도의 물은 해변으로 진행하기만 할 뿐이지, 물 자체가 이동하면서 물

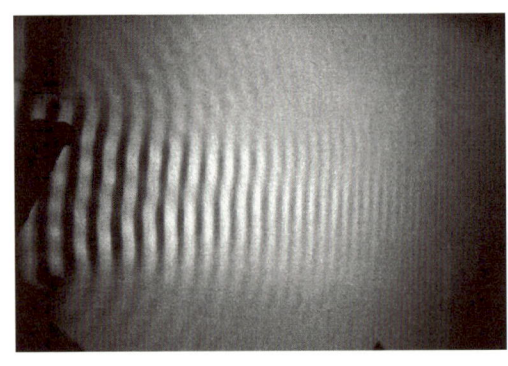

:: 물결파 투영 장치에서의 평면파

이 해변으로 쌓이지는 않는다는 의미이다. 물의 입자는 물의 표면에서 수직적 방향으로 상하 반복 운동을 하며 수평적 방향으로는 파동의 위상이 전달되는 원리이다. 이러한 원리는 수면파 중 평면파 형성의 예시로 잘 살펴볼 수 있다. 앞의 사진은 물결파 투영 장치에서 평면파의 모양을 보여 주는 스크린의 모습이다.

구면파의 형성 원리는 물의 이동이 적은 잔잔한 물웅덩이에 비가 떨어지는 모습을 상상해 보면 쉽게 이해할 수 있다.[1] 빗물이 물웅덩이에 떨어지면 수면에 파동을 일으키게 되고 그렇게 되면 파동은 빗물이 떨어진 지점으로부터 모든 방향으로 일정한 속도로 퍼져 나가면서 구면파를 형성하게 된다. 이 구면파의 파동은 점점 퍼져 나가게 되면서 원형 모양의 물결 무늬를 만들어 내고, 어느 시점에 와서는 점점 직선 모양으로 나아가게 된다. 따라서 수면에서 구면파가 더욱 멀리 퍼져 나가

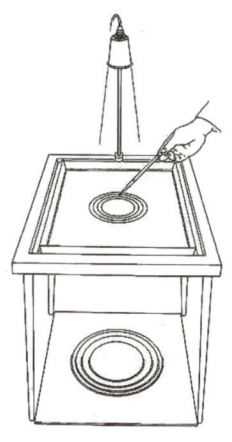 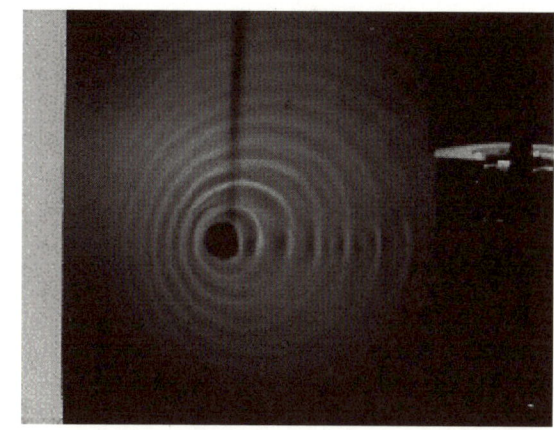

:: 물결파 투영 장치에서의 구면파

151

면 결국 평면파와 같은 무늬가 만들어진다. 앞의 사진은 물결파 투영 장치에서의 구면파의 모양을 보여 주는 스크린의 모습이다.

악기 면과 판의 소리 전파

Sound Transmission in Surface and Panel of Musical Instrument

면에서 소리가 전파되는 대표적 예시로 꼽을 수 있는 것은, 악기 (Musical Instrument) 면에서의 소리 전파이다. 사실상 악기란 과거부터 음향 공학적(Acoustical Engineering) 지식을 총체적으로 적용하여 발전해 온 결과이다. 그만큼 악기는 인류가 오랜 시간 동안 소리가 어떻게 전파되는가에 대한 연구를 거듭하여 만들어졌다고 할 수 있다.

각 악기는 각기 다른 진동 방식에 따라 서로 다른 파동을 만들어 내며 그에 따라 다양한 음색을 만들어 낸다. 면에서 소리 전파를 보여 주는 대표적 악기는 타악기라고 할 수 있다. 타악기는 평면에서 진동하는 평면파를 만들어 내며 정형화된 정상파를 만들어 내지는 못한다. 차임 (Chime)이나 실로폰(Xylophone)과 같은 음을 생성하는 타악기도 있지만 음을 생성하지 못하는 타악기가 대부분이다. 이러한 타악기는 구성되는 재료들이 다양하기에 다양한 음색을 만들어 낼 수 있다.

타악기의 울림 구조는 현악기의 울림 구조와는 차이가 있다. 타악기를 현악기의 울림 구조와 비교해 보면, 현악기의 경우, 현이 1차원적으로 진동하며 악기의 몸통이 2차원적으로 진동하게 되지만, 더 나아가서

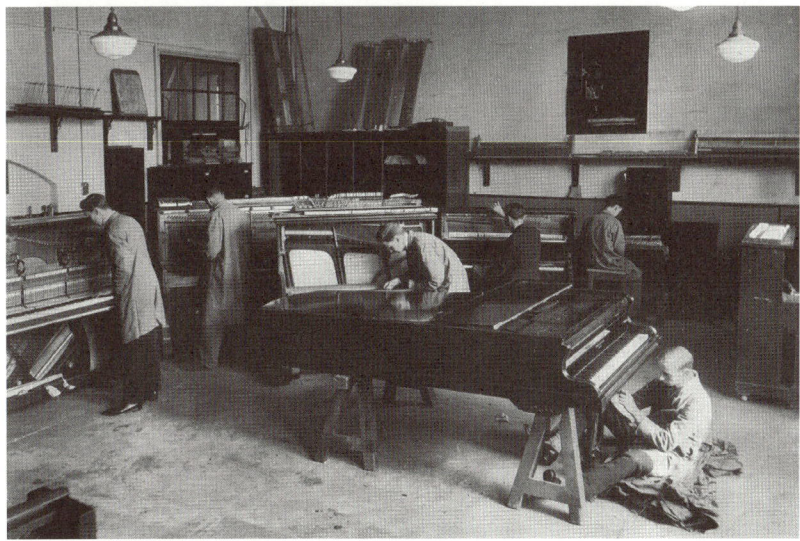

:: 과거 악기 제조업자들의 모습
by Mary Evans Picture Library

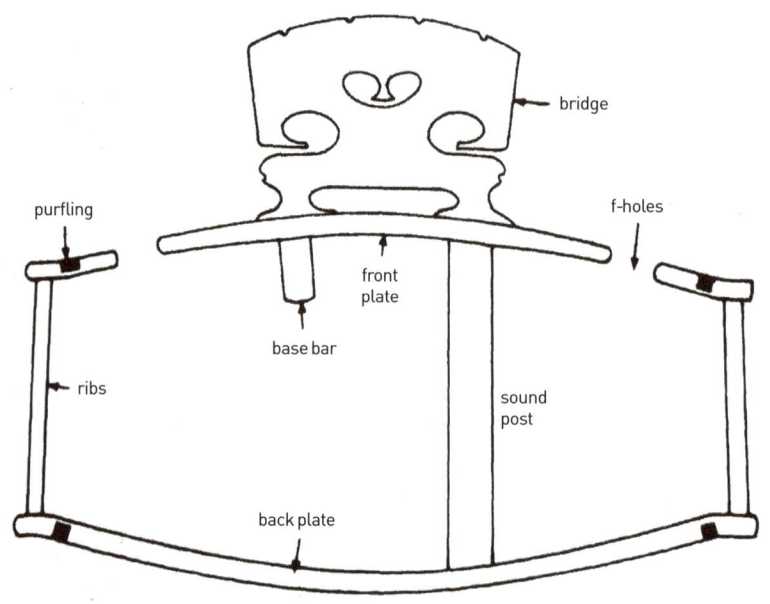

:: 현악기, 바이올린의 소리 울림 구조

는 악기의 울림통 속에서 3차원적인 진동이 일어나게 된다.[2]

 반면 타악기의 경우, 막(Membrane)이나 판(Plate)으로 이루어진 면에서 진동하게 된다. 따라서 현악기와 같이 3차원적 진동이 아닌, 2차원적 진동에 그친다. 이러한 막은 현의 장력과도 유사하게 조율되는 면이 있지만, 1차원적인 진동의 현보다는 2차원적인 면의 진동이기에 더욱 복잡한 진동의 양상을 보인다. 막으로 이루어진 타악기 종류의 예로는 북 종류가 있다. 예를 들어, 팀파니(Timpani, Kettledrums), 큰북(Bass drum), 작은북(Side drum or snare drum), 탐탐(Tam-Tam) 등이 있다.[3]

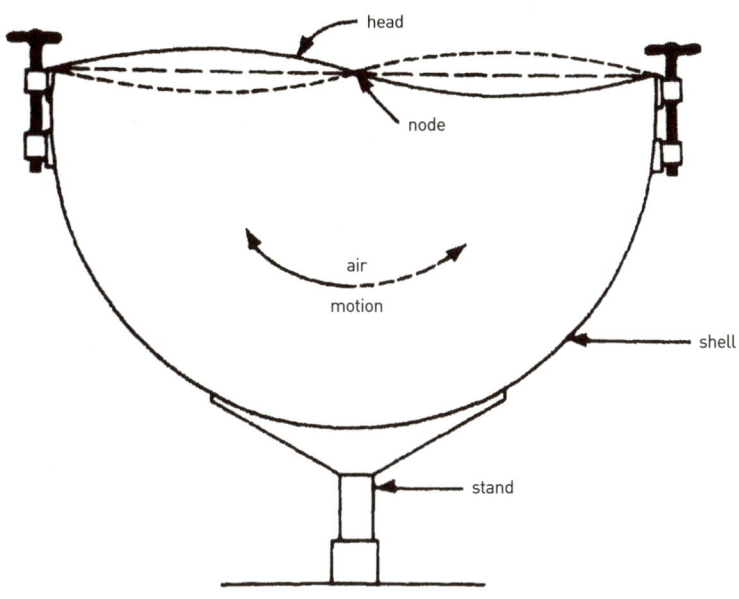

:: 막으로 이루어진 팀파니의 울림 구조

    큰북의 울림 구조를 자세히 살펴보면, 북의 면을 구성하는 재질이 부드러우며 면은 북의 가장자리에 팽팽하게 당겨져 고정되어 있다. 이러한 면을 형성하는 막을 막대로 두드리면, 중심층으로부터 파동은 2차원적으로 나타나게 된다. 그리고 평면을 통해 퍼져 나가는 파동은 점으로 형성되지 않고 점이 모인 선으로 나타나게 되는데, 이러한 선들은 지도에서의 등고선(等高線, Contour Line)과 같은 형태로 표현될 수 있다. 다음 그림은 막으로 된 악기의 면에서 진동의 폭이 극소화된 지점을 표시한 선들을 등고선과 같은 형태인 노드(Node)로 나타낸 것이다. 그림에서 보듯,

진동의 양상이 매우 복잡하다는 것을 알 수 있다.

판으로 이루어진 타악기 종류의 예로는 심벌즈, 마림바(Marimba), 실로폰(Xylophone), 글로켄슈필(Glockenspiel) 등이 있다. 판으로 된 타악기의 경우에는 진동체 자체가 진동을 일으키는 직접적인 원인이 된다. 예를 들어, 진동체의 딱딱함의 정도나 형태에 따라 소리는 달라질 수 있다.[4]

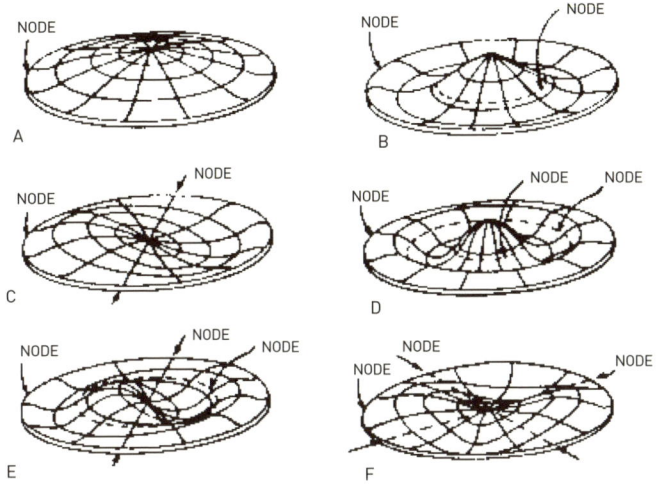

:: **막으로 이루어진 악기 면에서의 노드**
Musical Engineering by Harry F. Olsen, 1952년, 미국 뉴욕 출판

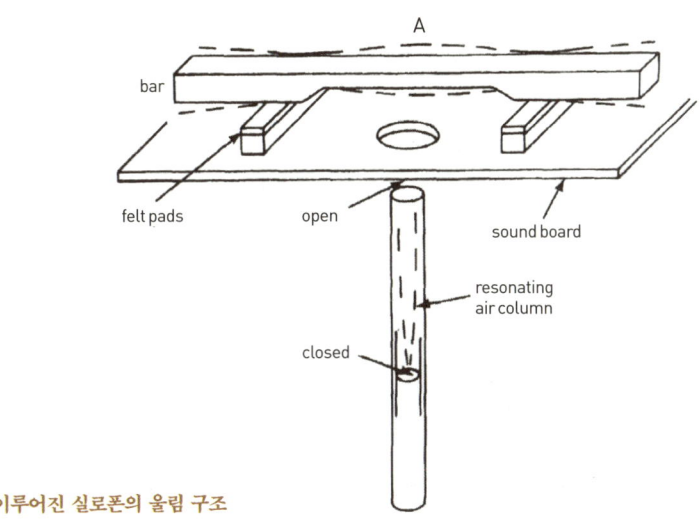

:: **판으로 이루어진 실로폰의 울림 구조**

클라드니 패턴

Chladni Pattern

판의 진동에 관한 연구

    과거부터 판에서 진동이 어떻게 형성되는지는 연구의 대상이 되어
왔다. 그 대표적 연구의 예로 꼽을 수 있는 것이 클라드니 패턴(Chladni
Pattern)이다. 1787년 독일의 과학자이자 음악가였던 에른스트 플로렌
스 프레드리히 클라드니(Ernst Florens Friedrich Chladni, 1756~1827)

:: **클라드니 패턴의 실험**
Elementary Lessons on Sound by
William Henry Stone, 1879년,
영국 런던 출판

는 판 위에 소금이나 모래를 뿌린 후 판에 진동을 주어 주파수를 시각적 무늬로 만들어 내는 실험을 했다. 막이나 판 위에 소금이나 모래를 뿌린 후 판에 진동을 주게 되면 진동을 받은 모래들은 흩어지고 모이는 부분이 생성된다. 이러한 부분들은 특정 무늬를 형성하게 되는데 이것이 바로 클라드니 패턴이다. 클라드니는 판의 한 지점에 손가락 하나를 대고 바이올린의 활로 판의 가장자리를 긋게 하며 실험을 진행했다. 손가락 하나를 특정 지점에 대는 이유는 특정 주파수를 만들어 내어 주파수에 따른 무늬를 살펴보고자 함이었다.[5]

클라드니는 특정 주파수로 만들어진 결과에서 진폭이 가장 약한 부분을 선으로 이어 내어 다음과 같은 기하학적인 패턴을 그려 냈다.

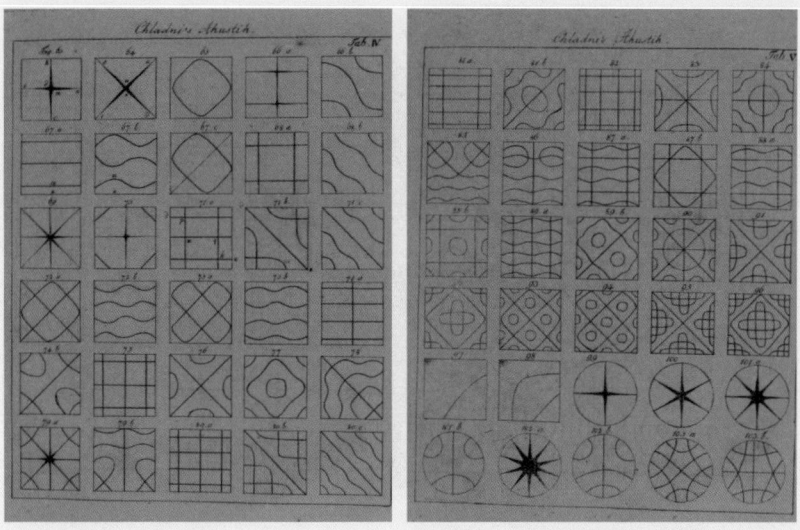

:: 클라드니 패턴
Die Akustik by Ernst Florens Friedrich Chladni, 1802년, 독일 라이프치히 출판

공간에서의 소리 전파

Sound Transmission in a Space

    진동이 공간에서 전달되는 과정에서는 무척이나 복잡하고 다양한 변수가 있다. 우리가 일상생활을 하는 공간 안에는 진동이 반사되는 물건들이 있기 마련이고 이러한 반사되는 물체들이 소리를 다양하게 변화시키기 때문이다. 물론 반사되는 물건이 전혀 없고 외부의 소리로부터 격리되어 있으며 소리나 전자기파의 반사를 차단한 방인 무향실(無響室, Anechoic Chamber)도 있다. 그러나 우리는 대부분의 소리를 다양한 반사 작용을 통해 듣게 된다. 우리가 음악을 듣는 콘서트홀에서도 반사

:: 벨 연구소의 음파의 시각화 패턴
The First Book of Sound: A Basic Guide to the Science of Acoustics by David C. Knight, Franklin Watts, 1960년, 미국 뉴욕 출판

작용이 일어나게 되는데 콘서트홀의 설계는 이러한 반사 작용을 음향학적으로 세심히 설계한 건축학적 디자인을 바탕으로 지어졌다고 말할 수 있다.

공간에서 전파되는 소리는 복잡하고 시각화하기가 매우 어렵다. 그럼에도 과거에는 20세기 미국의 벨 연구소의 사례와 같이 음파의 파형 패턴을 스캐닝 기술에 의해 생성하게 하여 소리를 공간에서 시각화하고자 하는 시도가 있었다. 이러한 시각화를 통해 공간에서 소리가 어떻게 전파되는지를 관찰하고자 했던 것이다.

콘서트홀에서의 소리 전파
Sound Transmission in a Concert Hall

진동이 공간에서 전달되는 실제적인 장소라고 할 수 있는 콘서트홀(Concert Hall)은 공간에서의 소리 전파를 살펴볼 수 있는 대표적 예시가 될 수 있다. 콘서트홀의 건축학적 디자인은 콘서트홀의 구조에 관한 연구와 함께 오래전부터 존재하고 있었다.[6] 이러한 연구는 몇백 년의 역사를 거슬러 올라간다. 많은 사람들은 오래된 콘서트홀이 새 콘서트홀보다 더 좋은 특유의 매력을 가진다고 생각한다. 이는 어느 정도 맞는 부분이 있다. 이는 마치 오래된 와인이 숙성되는 것에 비유할 수 있다. 뉴욕시를 대표하는 카네기 홀(Carnegie Hall)은 오래된 좋은 콘서트홀의 대표적 예시가 될 수 있다.[7]

콘서트홀의 구조는 음악을 듣는 환경을 크게 좌우하므로, 음악을 듣기 위한 가장 중요한 요건 중 하나라고 할 수 있다. 같은 연주자가 연주를 하더라도 공간에 따라 관객이 듣는 소리의 성질 자체가 달라져 감흥의 정도는 크게 달라질 수 있다. 그렇기에 연주 공간은 음악가에게 있어서는 제2의 악기로 여겨지기도 한다. 적절하게 설계된 콘서트홀의 디자인은 소리를 듣는 기쁨을 더욱 향상시키는 역할을 한다. 음향학의 이해와 함께, 공학적 기술은 좋은 콘서트홀을 설계하고 완성할 수 있게 한다. 그러므로 과거부터 콘서트홀은 공연의 목적, 관객 수에 대한 고려, 관객이 무대를 잘 볼 수 있는 시야의 확보, 소리를 잘 들을 수 있는 조건들을 갖추어서 설계되었다.[8] 지금부터는 이러한 콘서트홀의 구성과 소리 전파에 대하여 자세히 살펴보도록 하자.

실외 콘서트홀
Outdoor Music Concert Hall

약 2000년 전, 고대 그리스와 로마인들을 위한 실외 콘서트홀이 존재하고 있었다. 이들은 연설, 연극, 합창, 그리고 악기 연주회를 위해 이러한 실외 콘서트홀인 야외 음악당을 사용했다. 일반적으로 이러한 야외 음악당들은 인구가 적은 언덕에 지어져 환경 소음이 적은 공간에 자리 잡고 있었다. 야외 음악당은 모든 객석의 사람들이 무대를 잘 볼 수 있도록 설계되었다.

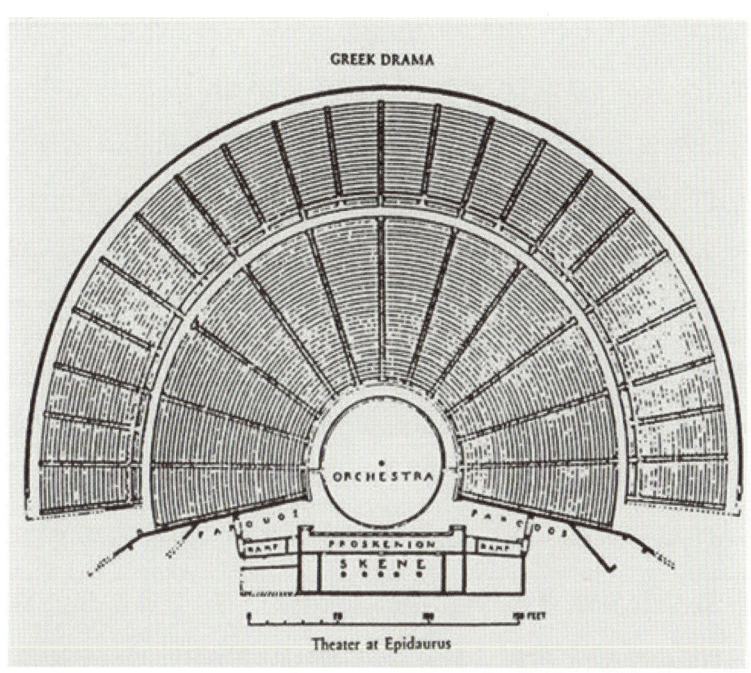

:: 고대의 야외 음악당, 에피다우로스 극장과 요르단(Jordan)의 암만(Amman)

실외 콘서트홀은 실내 콘서트홀에 비하면 반사음과 반향이 없는 구조여서 좋은 소리를 형성하기에 어려운 조건이라고 할 수 있다. 이 같은 좋지 않은 조건을 보완할 방편으로, 보통 대부분의 야외 음악당에는 고대의 야외 음악당의 원형과 같이, 무대 뒤에 반사 벽이 있으며, 객석의 좌석은 계단식으로 높아지는 형태로 구성되어 있다. 고대의 야외 음악당이 이러한 구조를 취하고 있었던 이유는 반사 벽과 계단이 음향을 효과적으로 전달할 수 있는 구조를 형성하기 때문이다. 반사 벽과 계단은 소리가 분산되지 않고 반사되는 소리가 관객에게 고르게 분산될 수 있게 돕는 역할을 담당한다.[9]

오늘날의 실외 콘서트홀에서 이러한 반사 벽은 주로 둥근 형태로 되어 있지만, 일반 직선 벽의 형태로도 만들어진다. 다음은 둥근 형태의 콘서트홀과 반사 벽을 통하여 소리가 서로 부딪히며 반사되는 방향을 표현한 그림이다. 이를 통해 무대에서 나오는 소리가 반사 벽과 계단에 반사되어 가는 방향을 확인할 수 있다.

반사 벽은 객석의 반대 방향으로 소리가 나가게 되는 현상을 막으며 반사되어 효과적인 음향 구성을 돕는다. 반사 벽과 관련하여 무대에서 연주하기에 가장 좋은 위치도 존재한다. 바로 반사 벽의 반지름의 절반

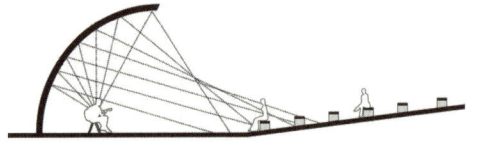

:: 반사 벽이 있는 야외 음악당의 구조

:: 미국 캘리포니아주 로스앤젤레스의 할리우드 볼

정도의 지점이다. 이 지점에서 연주자가 위치하여 서게 되면, 소리가 반사 벽에 부딪히면서 한군데로 집중되지 않고, 고르게 분산될 수 있다. 역사적으로 대부분의 야외 음악당의 객석 좌석이 단단한 재질인 돌이나 시멘트로 구성된 이유도 있다. 이는 단단한 재질일수록 소리를 더욱 잘 반사할 수 있기 때문이다. 그러나 이러한 반사 벽만으로 먼 곳에 있는 청중에게까지 소리를 잘 전달할 수 있는 것은 아니다. 야외에서 소리는 온 방향으로 퍼져 나가면서 소음의 영향을 받을 수 있기 때문이다. 사실상 할리우드 볼(Hollywood Bowl)과 같은 야외 공연은 소음으로 가득 차 있는 공연이라고 할 수 있다.

연주자들이 서로의 소리를 들을 수 있도록 보통 야외 콘서트홀에서 오케스트라 근처에 반사면을 제공하기는 하지만, 소리증폭이나 인공적인 장치를 설치하지 않고는 청중에게 좋은 소리를 제공하는 것은 사실상 거의 불가능하다. 전자 장치가 없으면 야외 공연의 음악은 콘서트홀에서 연주되는 소리만큼 좋게 들릴 수 없으며, 좋은 음향을 만들어 낼 수 없다.[10]

실내 콘서트홀

Indoor Music Concert Hall

소리를 모아 음악을 연주하기에 좋은 장소는 실내 콘서트홀이다. 실내 콘서트홀에서는 야외에서와는 달리 소리가 벽을 통해 반사하여 연주자와 청중에게 전달된다. 실내 콘서트홀은 18세기 유럽, 귀족의 살롱에서 연주되었던 시점으로부터 더욱 많은 청중과 전문 연주 공간이 필요함으로 인해 지어지게 된 것이 시초가 되었다. 최초의 콘서트홀은 1781년에 지어진 독일의 라이프치히 게반트 하우스(Gewandhaus)이다.

이후 1870년 오스트리아 빈의 무지크페라인(Musikverein)의 황금 홀(Goldener Saal, Golden Hall), 1888년의 네덜란드 암스테르담의 콘세르트허바우(Concertgebouw), 1900년의 보스턴 심포니 홀(Symphony Hall, Boston), 1963년의 베를린 필하모닉(Philharmonie Berlin) 홀 등과 같은 유명 콘서트홀이 연이어 설립된다.

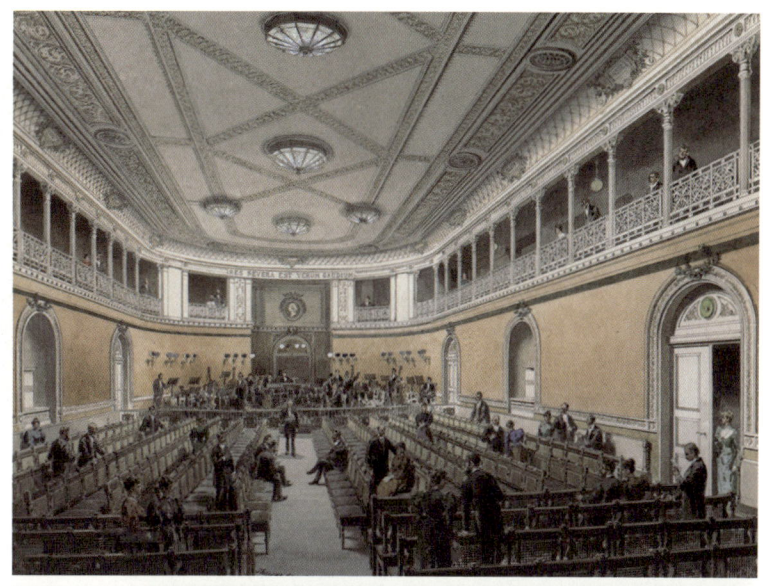

:: 독일 라이프치히 게반트 하우스
by Gottlob Theuerkauf, 1781년, 독일 라이프치히, Stadtgeschichtliches Museum

:: 오스트리아 빈의 무지크페라인

그렇다면 과연 좋은 콘서트홀이 될 수 있는 요건과 비결은 무엇이라고 말할 수 있을까? 많은 전문가는 좋은 콘서트홀의 가장 중요한 조건 중 하나로 '잔향시간(殘響, Reverberation Time)'을 꼽는다. 소리는 소리가 난 이후부터 점점 줄어들면서 소멸에 이른다. 그리고 소리는 어느 공간에서 난 이후에도 그 소리의 에너지가 완전히 소멸할 때까지 여운을 남기게 되는데 이 여운이 지속되는 현상을 잔향시간이라고 한다.

콘서트홀을 설계할 때, 크게 고려되는 부분은 공연되는 음악의 장르라고 할 수 있다. 따라서 역사적으로 음악적 장르가 시대별로 변함에 따라 그에 따른 잔향시간이 고려되었고, 콘서트홀의 설계도 변화를 거듭했어야만 했다. 예를 들어, 중세 시대(Medieval Period)의 사람들은 주로 교회에서 음악을 들을 수 있었는데, 교회의 구조는 소리의 크기가 잘 울리게 설계되었고, 잔향시간은 5~10초(s)로 길었다. 이 때문에 교

:: 중세 파리의 노트르담 성당의 설계도와 내부

:: 프랑스 바로크 시대의 연주
by Robert Tournières, Concert, France, 1690s.

회는 느린 합창이나 그레고리안 성가(Gregorian Chant)를 공연하기에
좋은 장소라고 할 수 있었다. 앞의 사진은 중세 파리의 노트르담 성당
(Cathédrale Notre-Dame de Paris)의 내부 모습이다. 사진에서 보듯, 천장
이 높게 설계되어 소리가 잘 울리는 형태이다.

　바로크 시대(Baroque Period, 1600~1750)의 음악은 소리의 명료함이
요구된 음악이 주를 이루고 있어 비교적 작은 방에서 연주되는 것이 적
합했다. 이러한 방에서는 하프시코드(Harpsichord)나 리코더(Recorder)

와 같은 악기가 적절하게 연주될 수 있었다. 왜냐하면 이러한 악기들은 상대적으로 작고 명료한 소리를 내기 때문이다.

고전주의 시대(Classical Period, 1750~1810)에는 교향곡을 연주하는 오케스트라가 많은 청중 앞에서 연주되었다. 따라서 콘서트홀은 규모가 매우 커야만 했으며, 잔향시간은 1.5초(s) 이상이 되어야만 했다. 당시의 템포(Tempo)는 매우 느리게 연주되었다. 낭만주의 시대(Romantic Period, 1810~1900)로 들어서는 연주되는 악기의 음색이 더욱 다양해졌다. 이러한 변화는 콘서트홀의 잔향시간에 영향을 주었다. 그리고 이 시

COVENT GARDEN THEATRE

London, Publish'd 1 July 1808, at R.Ackermann's Repository of Arts 101. Strand.

:: 19세기 화재 이후 다시 건립된 영국의 로열 오페라 하우스

171

기, 콘서트홀의 잔향시간은 1.8~2.2초(s)로 그 범위가 더욱 커지게 된다. 앞의 그림은 1731년에 최초로 개장되었으나 화재 이후 1858년에 건립되어 수리를 거듭한, 영국 코번트 가든(Covent Garden)에 위치한 로열 오페라 하우스(Royal Opera House)의 모습이다.

현대에 와서는 일반적으로 콘서트홀이 500~1,000Hz에서 1.8~2.0초(s)의 잔향시간으로 설계된다.[11] 최적의 잔향시간은 듣는 음악의 종류나 소리의 유형 혹은 듣는 공간의 크기 등에 따라 달라진다. 다음 그래

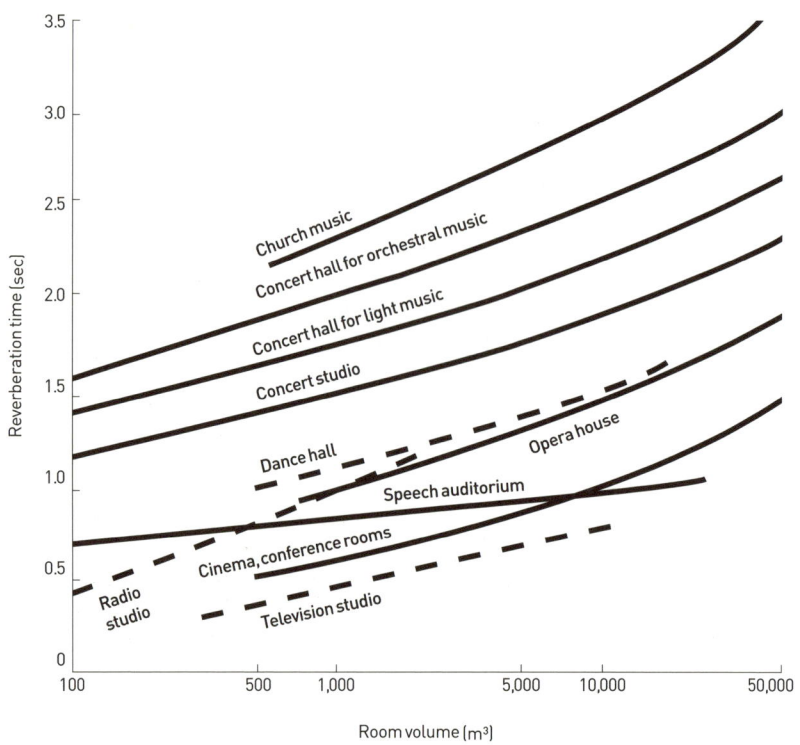

:: 연주 공간의 크기에 따른 최적의 잔향시간

프는 공간의 크기에 따라 달라지는 주파수별 대의 잔향시간을 나타낸 것이다.[12]

콘서트홀에 따라서는 음악에 맞추어 잔향시간을 조절할 수 있는 기능이 있는 곳도 있다. 예를 들어 미국의 샌프란시스코 교향악단(San Francisco Symphony)의 전용 홀인 데이비스 심포니 홀(Louise M. Davies Symphony Hall)이나 프랑스 파리의 전자 음악 연구소, 이르캄(IRCAM, Institut de Recherche et Coordination Acoustique / Musique)의 에스파스 프로젝션(Espace de Projection)과 같은 콘서트홀은 음악에 따라서 흡음판을 조정하여 잔향시간을 조절할 수 있도록 설계되어 있다.

물론 잔향시간 이외에도 콘서트홀의 음향을 결정짓는 변수와 요소는 다양하게 존재한다. 콘서트홀의 음향을 과학적으로 논의하는 데에는 친밀감, 생동감, 따뜻함, 명료도(Clarity), 균일도(Uniformity), 블렌드(Blend), 앙상블(Ensemble), 공간감 등 많은 전문 용어가 사용된다. 이 중 많은 용어는 자연과학이나 공학의 다른 분야에서와 같이 정량적 정의가 되어 있다. 또한 좋은 연주회장을 위해서는 소음의 방지(Freedom from Noise), 메아리 방지(Freedom from Echo), 연주자 사이의 음향적 만족도(Performer Satisfaction) 등의 요건이 요구된다.

특별히 콘서트홀 디자인에는 외부의 소음을 배제하고 소음을 발생시키지 않는 일에 주의가 필요하다. 예를 들어, 콘서트홀에서는 에어컨 시스템과 같은 소리가 나지 않도록 유의해야 한다. 또 좋은 오케스트라 연주를 결정짓는 조건은 연주자 주변에서 일어나는 초기 반사 소리(Early Reflections Sound)에 달려 있다. 각 연주자는 지나치게 지연되

:: 데이비스 심포니 홀과 에스파스 프로젝션

지 않는 반사 소리 이후의 소리를 잘 들을 수 있어야 한다. 오케스트라에서 연주자 간에 서로의 소리를 들을 수 없어 편안하게 연주할 수 있는 환경이 갖추어지지 못한다면, 청중에게 아무리 소리가 잘 전달된다고 하더라도 전혀 소용이 없는 일이 되어 버릴 것이다.

잔향시간

Reverberation Time

잔향의 느낌이 남아 있는 시간

콘서트홀의 음향연구에서는 수학적으로 잔향시간에 대한 의미를 정확히 하고 있다. 잔향시간을 연구하여 음악 전용 콘서트홀을 설계한 최초의 사례는 19세기 미국에서 등장했다. 미국의 물리학자이자 하버드 대학의 월레스 클레멘트 세이빈(Wallace Clement Sabine, 1868~1919) 교수는 콘서트홀 설계에 최초로 음향을 체계적으로 분석하여 과학적 기법을 도입한 인물이다. 그는 잔향시간을 정의한 최초의 인물이기도 하다. 그는 1895년, 하버드 대학 박물관 내의 한 강의실에서 음향 개선 작업에 몰두하던 중, 홀 내 잔향시간이 음향에 대단한 영향을 미치고 있음을 깨달았다. 곧 그는 이에 대한 공식을 연구하고 발표하여 건축 음향학(Architectural Acoustics) 분야의 선구자가 되었다. 잔향시간의 정확한 계산을 해내는 것은 건축 음향학에서 지속적인 문제로 남아 있었는데, 세이빈은 벽과 기타 표면이 반사하는 소리의 잔향시간을 계산하는 유용한 방법도 고안해 냈다.[13]

보스턴 심포니 홀은 이러한 잔향시간과 음향 반사 등을 고려하여 음향 설계를 도입한 최초의 건물로 꼽힌다. 이 콘서트홀은 현존하는 콘서트홀 중 가장 음향이 좋은 홀로 평가받기도 한다. 이처럼 잔향시간은 음악을 듣는 관객에게 공간 감각을 선사하며, 소리의 자연스러움을 증가시키는 역할을 담당한다. 그러나 잔향이 너무 길어지게 되면 그 뒤에

:: 월레스 클레멘트 세이빈 교수와 보스턴 심포니 홀

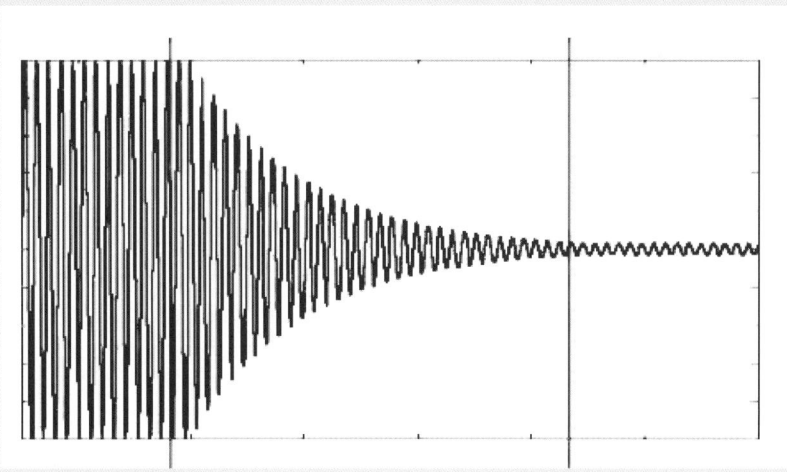

:: 잔향시간 그래프

나오는 직접 음과 겹치게 되어 관객에게 음이 불분명하게 전달될 수도 있다. 따라서 현재 콘서트홀의 이상적인 설계 기준으로, 잔향시간은 좌석이 꽉 찬 만석 시를 기준으로 약 1.9~2.1초 사이를 목표로 두고 있다.

세이빈 교수 이후, 많은 연구를 통해 연주 종류에 따른 최상의 잔향시간이 제시되기도 했다. 다음은 최상의 잔향시간과 세계적으로 유명한 콘서트홀의 평균 잔향시간을 표로 나타낸 것이다.

연주의 종류	잔향시간
교향악 연주	약 2초
언어의 전달	0.7~1.1초
언어의 전달과 기악 악기(예:오페라 연주)	1.5~1.8초
실내악	1.4~1.7초

:: 최상의 잔향시간

콘서트홀	평균 잔향시간
비엔나의 무시크베레인살(Musikvereinsaal)	2.05초
암스테르담의 콘세르트헤바우(Concertgebouw)	2.0초
보스턴의 심포니 홀(Symphony Hall)	1.8초
베를린 필하모니(Berlin Philharmonic)	2.0초
뮌헨 필하모니(Munich Philharmonic)	2.1초

:: 유명 콘서트홀의 잔향시간

건축 음향학 적용의 한계

The Limitations of Applying Architectural Acoustics

콘서트홀에서 소리의 전달과 감쇠를 측정하고 예측하는 물리적 측면과 심리적 측면, 즉 무엇이 좋은 홀을 좋게 만드는가에 대한 논의에 관하여는 좀 더 자세히 들여다볼 필요가 있다. 세이빈 교수가 음악 연주에 선호되는 잔향시간을 찾기 위한 실험을 했고, 음악의 최적 잔향시간을 찾아냈다면, 그 이후로도 많은 발전이 이루어졌다.[14]

이후 사람들은 새로운 심리학적 이해에 의존하기도 했고, 소리를 생성하고 측정하는 디지털 컴퓨터 방법론이 유용하게 사용되기도 했다. 그런데 건축 음향학의 발전이 실제 콘서트홀의 음향적 발전에 긍정적인 영향을 주기도 했지만, 그 반대의 사례도 있었다. 이는 바로 우리가 잘 알고 있는 링컨 센터(Lincoln Center)의 사례이다.

미국 뉴욕 맨해튼에 있는 링컨 센터의 필하모닉 홀(Philharmonic Hall)은 1962년 9월 12일에 화려하게 개장했지만, 개장 당시 큰 실망을 안겨 준 사례로 남아 있다. 1962년 7월 음향 컨설팅 회사인 BBN(Bolt, Beranek, Newman) 소속의 레오 베라렉(Leo L. Beranek, 1914~2016)은 그의 저서 『음악, 음향학, 그리고 건축 디자인』(*Music, Acoustics, and Architectural Design*, 1992)[15]의 서문에서 링컨 센터의 필하모닉 홀을 설계하는 데 세심한 주의를 기울인 결과로 신중한 분석과 확고한 기반을 둔 음향 원리를 적용한 사실을 대중에게 알려 기대를 높였다. 그렇지만, 이 홀은 개장 당시 대대적인 실패작으로 평가되어 버리고 말았다.

:: 개장 당시 링컨 센터의 필하모닉 홀

그렇다면 필하모닉 홀의 건축 설계는 무엇이 잘못된 것이었을까? 그 이유는 베라넥이 중요하다고 생각하는 문제에는 큰 관심을 기울였지만, 다른 문제에는 거의 관심을 기울이지 않았기 때문이었다. 또한 그는 자신의 이론이 정확하다고 확신했기 때문에, 홀 모델을 만들고는 테스트하는 데에는 신경을 쓰지 않았다. 이로부터 발생한 문제는 다음과 같았다. 일부 좌석의 위치에서는 울림이 발생했고 오케스트라 단원들은 그들 뒤의 벽이 흡음재였기 때문에 자신과 다른 사람의 연주를 들을 수가 없었다. 콘서트홀에는 잔향이 부족했고 소리 확산도 부족했다. 무엇보다도 가장 좋지 못한 것은 관객에게 저주파(Low Frequency)가 너무나 작게 들려서 첼로나 더블 베이스와 같은 저음역의 악기 소리는 듣기 어려웠다.[16] 이와 관련한 문제는 무대로부터 직접 전달되는 소리와 수많은 패널 또는 천장에 설치된 음향을 반사하는 반향판(Cloud)에서 반사되는 실제 초기 저주파 소리가 부족했다는 점이 크게 작용했다. 다음

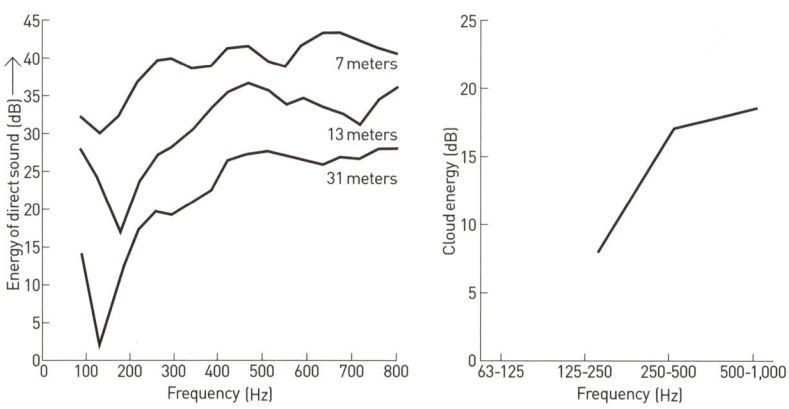

:: 직접음과 반향판에서 반사되는 소리 음향 그래프

그래프는 직접음과 반향판에서 반사되는 소리 음향에서 저주파의 결핍을 보여 주는 그래프이다.[17]

그래프를 보면, 무대로부터 7m, 13m, 31m 거리에 따른 주파수별 에너지(dB)가 나타난다. 100~200Hz 사이에서는 확연한 감소를 볼 수 있으며, 무대에서 멀어질수록 그 감소의 폭은 더욱 커진다. 개장 당시 링컨 센터 필하모닉 홀의 바닥은 객석으로부터 무대를 향할수록 내리막길로 되어 있었지만, 경사가 그리 크지는 않았다. 좌석 열 사이의 공간은 공명기 역할을 하는 경향이 있으므로 저주파에서는 음파가 위쪽으로 휘어져 청중으로부터 멀어지게 된다. 음파는 연속적으로 구성된 좌석의 등받이에 부딪혀서 반사되는 방식으로 인해 저주파가 감소하는 원인이 되었을 것이다.

그렇다면 천장에서 반사되는 소리는 어떠했을까? 앞의 우측 그래프는 반향판으로부터 반사되는 소리를 주파수대별 에너지로 보여 주고 있는데, 이를 보면 125~250Hz 옥타브의 경우 평균 에너지는 500~1,000Hz 옥타브값보다 약 11dB 낮은 것을 확인할 수 있다. 그렇다면 반향판에서 반사되는 저주파 에너지는 상대적으로 왜 적은 것이었을까? 그것은 반향판의 크기가 충분하지 않았기 때문이었다. 반향판은 300Hz 미만의 주파수를 갖는 소리를 효과적으로 반사할 만큼 크지 않았다. 즉, 필하모닉 홀에서 125~250Hz 주파수대의 소리는 반사되지 않았다.[18]

이후로 필하모닉 홀은 수리 작업이 거듭되었다. 이 과정에서 오케스트라가 연주하는 소리를 들을 수 있도록 견고한 무대 인클로저(Enclosue)가 제작되었고 반향판이 천장을 덮도록 재정렬되었다. 더

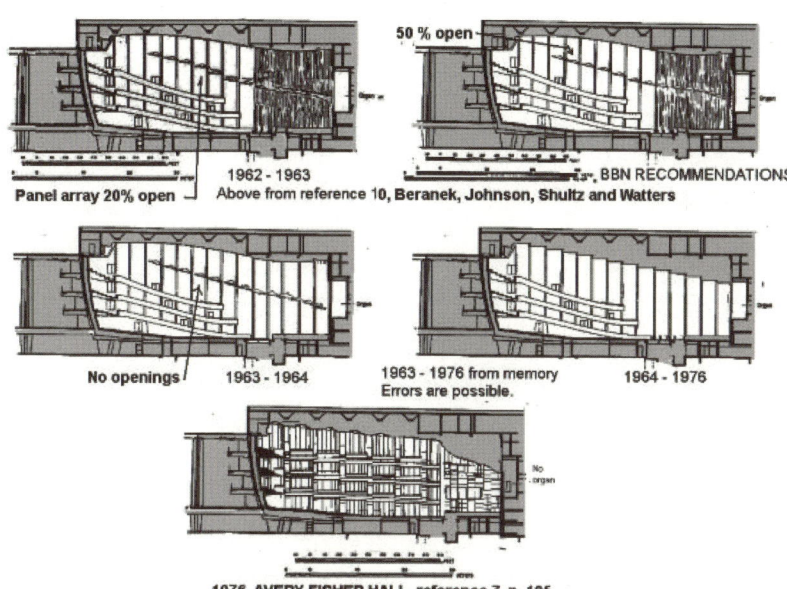

Panel array 20% open

1962 - 1963

Above from reference 10, Beranek, Johnson, Shultz and Watters

50 % open

BBN RECOMMENDATIONS

No openings 1963 - 1964

1963 - 1976 from memory
Errors are possible.

1964 - 1976

1976, AVERY FISHER HALL, reference 7, p. 105

:: 에브리 피셔홀의 변천사와 현재의 홀

나은 소리 확산을 위해 측면의 벽에는 다른 재질로 된 벽이 배치되었고, 흡수성이 낮은 새로운 좌석이 메인 층에 설치되었다. 발코니 전면은 경사지게 배치되었으며, 후면 벽에는 흡음재를 배치하여 울림을 줄였다. 이에 따라 잔향시간은 다소 낮아졌지만(약 1.85초), 콘서트홀의 음향은 더욱 좋아졌다. 결국 필하모닉 홀은 미국 건축 음향 분야의 전문가인 컬럼비아 대학의 시릴 해리스(Cyril Harris, 1936~2005)에 의해 완전히 재설계되어 에브리 피셔홀(Avery Fisher Hall)로 탈바꿈하게 된다.

콘서트홀의 유형
The Types of Concert Halls

좋은 음악 공연을 만들기 위해서는 음향의 다양한 면을 고려하여 콘서트홀의 건축 구조를 설계하는 것이 중요하다. 역사적으로 시대의 흐름에 따라 콘서트홀 건축의 유형은 변화를 거듭했다. 다양한 콘서트홀의 유형 중 몇 가지 주요 유형은 다음과 같다.

콘서트홀의 유형: 슈박스형 홀
Type of Concert Halls: Shoe-Box Hall

슈박스형 홀(Shoe-Box Hall)은 가장 전통적인 유형의 홀이다. 이 홀은

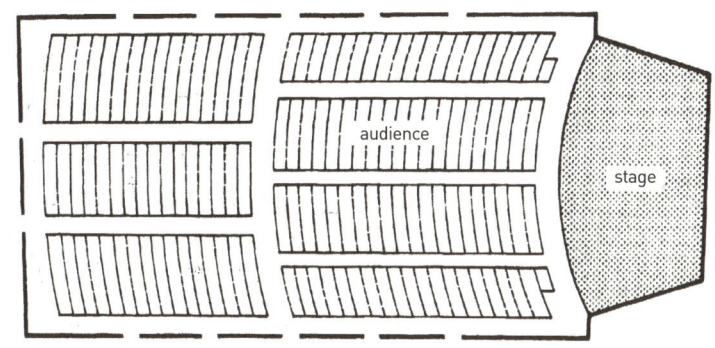

:: 보스턴 심포니 홀

가로와 세로 길이가 비슷한 직사각형 모양으로 구두 박스를 연상시키며 '구두 박스 유형'이라고도 불린다. 이 유형은 음향적으로 매우 우수한 성능을 보여 준다. 역사적으로 슈박스형 홀의 근원은 왕실 재판소의 리허설 홀이나 무도실, 혹은 개신교 교회의 건축 구조로 거슬러 올라간다. 과거 18세기 무렵의 콘서트홀은 비교적 좁은 형태의 직사각형 구조로 설계되었다. 당시 대부분의 연회장과 개신교의 교회는 음향학적으로 소리가 잘 울릴 수 있는 재질과 구조로 설계되었는데, 이러한 형태가 계승되어 슈박스형 홀이 만들어진 것이다. 슈박스형 홀을 보여 주는 대표적 예로는 미국의 보스턴 심포니 홀이 있다.

콘서트홀의 유형: 빈야드형 홀

Type of Concert Halls: Vineyard Style Hall

빈야드형(Vineyard Style Hall) 홀은 관객석이 무대의 주위를 원형이나 타원형으로 감싸는 형태를 취하고 있다. 이 홀은 매우 현대적이며 독특한 디자인을 보여 준다. 이 유형의 홀을 전형적으로 보여 주는 예는 독일의 전기공학자이자 음향학자인 로타어 크레머(Lothar Cremer, 1905~1990)와 건축가, 한스 샤론(Hans Scharoun, 1893~1972)이 설계한 베를린 필하모닉(Berliner Philharmonie) 홀이다. 빈야드형 홀은 텐트형의 천장과 볼록한 곡선의 천장으로 소리를 확산시키도록 설계되었으며, 발코니 없이 객석을 무대의 앞과 뒤, 그리고 옆에 배치해 더욱 넓은

:: 1973년 크레머의 설계도면과 현재의 베를린 필하모닉 홀

공간을 형성했다. 효과적인 음향 반향을 만들어 내는 여러 개의 벽은
빈야드 홀만의 특성이라고 할 수 있다.

콘서트홀의 유형: 아레나 또는 원형의 콘서트홀

Type of Concert Halls: Arena or Theater-in-the-Round Hall

아레나(Arena) 또는 원형의 콘서트홀(Theater-in-the-Round Hall)은 무대가 중앙에 위치하고 관객석이 무대를 모두 둘러싸는 형태의 홀이다. 이는 모든 관객이 무대에 근접하게 위치할 수 있다는 특성을 보인다.

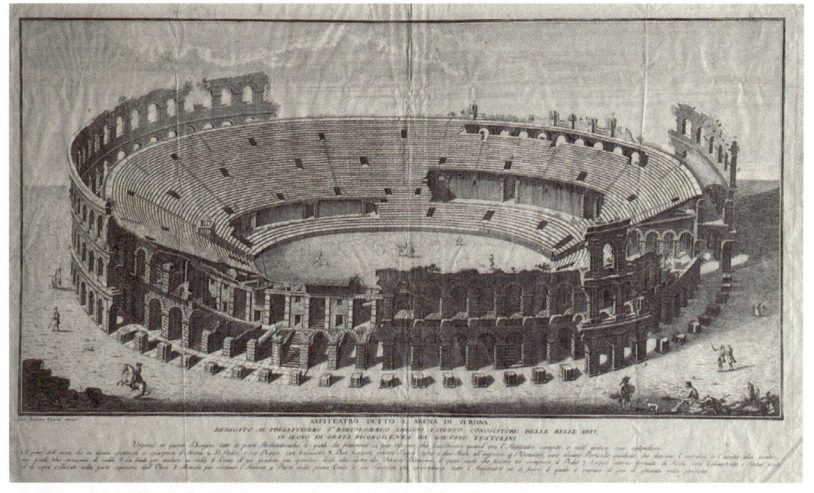

:: 이탈리아 베로나의 고대 아레나 극장과 현대의 글래스고 로얄 콘서트홀

따라서 이 홀은 음원이 생성되는 근원으로부터 객석의 거리가 최소화되어 극이나 연설이 잘 전달될 수 있다는 점이 장점이다. 이는 고대의 극장이나 경기장으로부터 발전된 유형의 홀이다. 아레나 또는 원형의 콘서트홀은 무대와 객석 간의 거리에 따라 음향의 질 차이가 너무 많이 나므로, 홀 전체에 균일한 음향을 보장받지 못한다는 점은 단점으로 작용할 수 있다.

콘서트홀의 유형: 마장 또는 U자 형태의 홀

Type of Concert Halls: Horse-Shoe or U-Shaped Hall

마장(Horse-Shoe) 또는 U자 형태의 홀(U-Shaped Hall)은 이름 그대로, 관객석이 마장이나 U자로 배열된 형태의 홀이다. 이 홀은 무대를 중심으로 관객석이 좌우로 펼쳐지는 형태를 취하고 있다. 이 유형의 홀을 보여 주는 대표적 예로는 라 스칼라 극장(La Scala Theater)이 있다. 이는 모든 관객이 무대를 잘 볼 수 있게 설계되어 오페라 극장으로 적합하게 사용된다. 잔향시간은 비교적 낮은 편으로, 1.4~1.5초(s)에 달하며 이 또한 보컬 음악에 적절한 수준이다.[19]

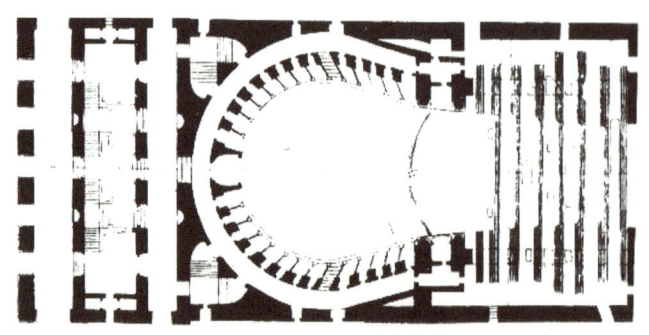

:: 이탈리아 나폴리의 산 카를로 극장과 아레쪼의 페트라르카 극장

콘서트홀의 유형: 부채꼴 모양 홀

Type of Concert Halls: Fan-shaped Hall

근대 콘서트홀의 트렌드는 더 많은 관객을 수용하고자 하는 방향으로 나아갔다. 그 결과 부채꼴 모양의 홀(Fan-shaped Hall)이 등장하기 시

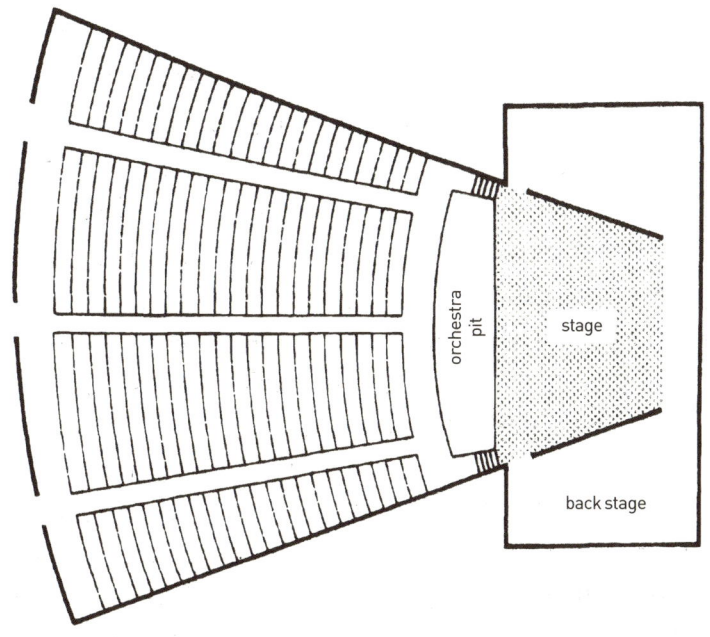

:: 부채꼴 모양의 콘서트 홀 설
계도와 캐나다의 Northern
Alberta Jubilee di Edmonton-
Aula Magna di Caracas

작했다. 부채꼴 모양의 홀은 무대를 중심으로 관객석이 부채꼴로 펼쳐져 있는 형태이다. 이 홀의 가장 큰 특징은 많은 수의 관객이 무대를 볼 수 있는 시야를 유지하면서도 무대의 맨 뒤까지 음향이 도달할 수 있도록 설계되어 관객의 수용력을 최대화했다는 점이다. 부채꼴 모양의 홀은 대부분 음향학이 아직 발달하지 못했던 시기인, 2차 세계대전 이후에 설계되었으므로, 반사의 중요성을 잘 알지 못하여 적용하지 못한 점이 단점이 될 수 있다. 따라서 이 유형의 홀은 음향학적으로 다양한 한계가 있을 수밖에 없다. 이에 콘서트홀의 트렌드는 다시금 19세기의 직사각형의 홀로 돌아가는 듯하다.[20]

콘서트홀의 음향연구

Concert Hall Acoustics Research

콘서트홀에 따른 음향적 차이

좋은 음악을 잘 전달할 수 있는 콘서트홀을 판단할 때 그 판단의 기준은 잔향시간과 같은 수치로 분석할 수 있는 기준이 분명 존재하고는 있지만, 이러한 수치가 모든 면을 말해 준다고 볼 수는 없다. 좋은 콘서트홀의 조건에는 여러 변수가 존재하고 있기 때문이다. 예를 들어, 좋은 연주는 연주자에 따라 달라지며 연주자가 내는 소리에 맞는 정도와, 듣는 사람이 소리를 받아들이는 정도와 같은 여러 조건에 따라 달라진다. 이러한 면을 고려하여 과거에는 듣는 사람의 관점에서 소리를 연구하는 방법이 사용되었다. 구체적인 연구 방법 중 하나는 사람의 두상을 본뜬 모형(Dummy Head)을 만들어 실험하는 것이었다. 사람의 두상을 만들어 실험하는 까닭은 우리가 양 귀로부터 듣게 되는 소리에 따라 음향을 느끼는 방식이 달라지기 때문이다. 즉 이는 우리 두상의 양 귀에서 다르게 듣게 되는 면을 세심하게 관찰하고자 한 의도였다고 볼 수 있다. 실제로 연구의 결과 중에서는 인간의 양 귀로 들려오는 소리가 다를수록 더 좋은 소리를 듣게 된다는 주장이 나오기도 했다.

두상 모형으로는 다양한 콘서트홀의 조건에서 귀에 들어오는 소리 실험이 진행되었다.[21] 연구에서는 BBC 오케스트라가 무향실에서 연주되는 모차르트의 주피터 교향곡(Symphony No. 41, K. 551 'Jupiter', 1788)의 음향 테이프를 유럽에 있는 다양한 콘서트홀의 무대 위 스피

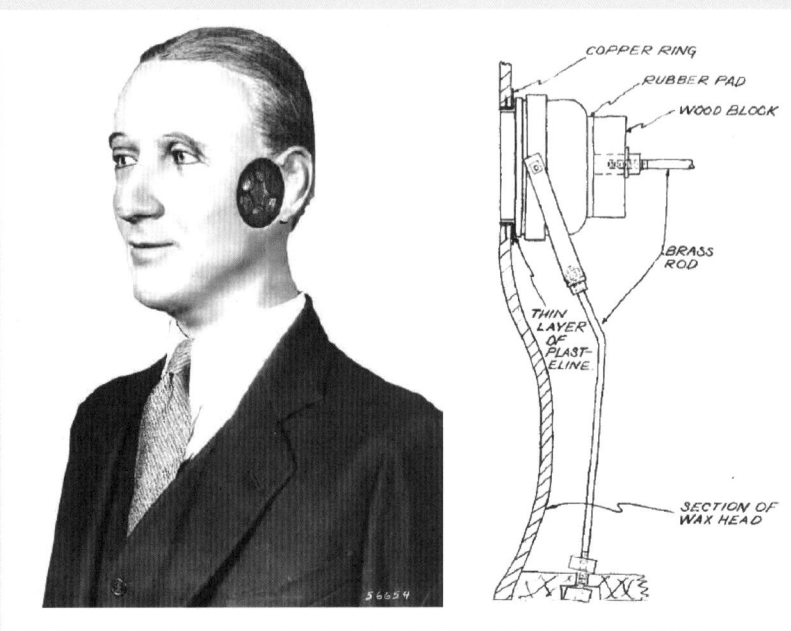

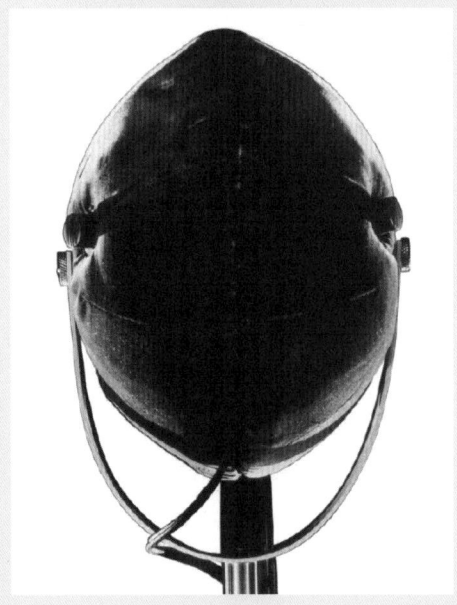

:: 벨 연구소의 플레쳐가 만든 오스카
(Oscar)와 프랑스의 머리의 모형(La
Tête Charlin)
by Fletcher, 1932년 and 1965년

커를 통해 듣게 하는 과정으로 이루어졌다. 이러한 머리 모형을 만들어 진행된 실험은 콘서트홀뿐만 아니라 오래전부터 다양한 학자들의 소리 실험에 사용되었다.[22]

VII

소리는 어떻게 분석되는가?

우리는 앞서 다양한 경로를 통하여 소리가 어떻게 우리에게 전달되는지를 살펴보았다. 그렇다면 이러한 소리는 어떻게 분석될 수 있는가? 이 장에서는 과거부터 오늘날까지 소리는 어떻게 분석될 수 있었는지를 함께 살펴보려고 한다.

푸리에 스펙트럼 분석
Fourier Spectrum Analysis

우리가 듣는 거의 모든 음악적 음은 합성음(合成音, Composite Tone)으로 이루어져 있다. 합성음은 주파수가 다른 둘 이상의 정현파형(正弦波形)의 순음이 합성된 소리이다. 이는 다른 말로 합성음이 여러 개의 정현파로 나누어서 분석될 수 있다는 의미이다. 이 분석 방법론을 최초로 발견한 인물은 프랑스의 수학자이자 물리학자였던 장 바티스트 요제프 푸리에(Jean-Baptiste Joseph Fourier, 1768~1830)였다. 푸리에는 어떠한 소리이든지 소리가 주기적인 성향을 지니고 있다면, 음의 강도, 주파수, 위상(位相, Phase)을 가진 정현파를 합성하여 해당 소리를 만들어낼 수 있다고 주장했다. 그는 소리를 정현파의 합으로 설명할 수 있다는 것을 증명했고, 역으로 음악을 이로 분석하는 수학적 분석 방법론을 고안했다.[1]

물론 그가 이러한 분석 방법론을 제안할 수 있었던 것은, 정현파가 가진 주파수의 성격을 잘 파악하고 있었기 때문이었다. 그가 밝혀낸 바에 따르면, 모든 정현파의 주파수는 기본음의 자연수 배로 형성되어 있으

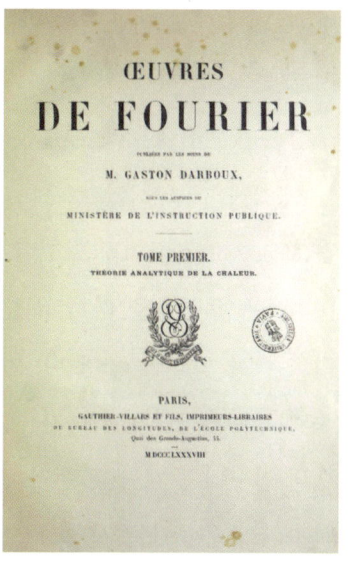

:: 장 바티스트 요제프 푸리에

며, 이를 사용하여 합성파(合成波, Composite Wave)는 정현파로 분석해 낼 수 있다. 이 이론을 우리는 푸리에 스펙트럼 분석(Fourier Spectrum Analysis)이라고 한다. 푸리에가 이 방법론을 발표한 이후, 소리에 대한 분석은 푸리에 스펙트럼 분석 이론이 기본이 되었고 오늘날까지 소리 분석에 그의 방법론이 사용되고 있다.[2]

배음

Harmonics

푸리에 스펙트럼 분석을 이해하고자 한다면, 가장 먼저 배음(倍音, Harmonics)의 개념을 알아야 한다. 먼저 여러 진동의 합성으로 이루어져 있는 소리 하나가 있다고 가정을 해보자. 이 합성음의 소리는 이를 구성하는 기음(基音, Fundamental)과 여러 개의 서로 다른 주파수를 지닌 에너지의 구성음들로 나뉘어져 있다. 이러한 구성음을 우리는 부분음(部分音, Partial)이라고 한다.

기음과 부분음을 더 쉽게 이해해 보기 위해서는 현악기에서 나는 소리의 예를 살펴볼 수 있다. 현악기에서 현은 어떻게 동시에 여러 다른 주파수로 진동하게 되는가?에 대한 문제는 17~18세기에 활발하게 진행된 연구의 주제였다. 현악기에서 현을 연주하면, 기음과 함께 여러 주파수의 배음들이 동시에 소리 나게 되는데, 수많은 수학자와 음악가들은 이 문제에 대해 고민했고 여러 해석을 내놓았다. 그중에는 마랑 메르센, 다니엘 베르누이(Daniel Bernoulli, 1700~1782), 바흐의 가족, 장 바티스트 르 롱 달랑베르(Jean-Baptiste Le Rond d'Alembert, 1717~1783), 레온하르트 오일러(Leonhard Euler, 1707~1783), 그리고 푸리에가 있었다.[3] 그 내용을 살펴보면 다음과 같다.

현악기에서 개방현(開放弦, Open String)이 진동하는 소리는 기음이 된다. 그리고 이 개방현의 울림에는 기음과 이것의 자연수 배수(예:2, 3배수)가 되는 음들이 존재하고 있다. 이러한 음을 배음이라고 한다.[4] 현의 진동이 만드는 소리 파동의 최소 주파수를 기음인 f_0이라고 한다면, 나머지의 음들은 기본 주파수의 정수배인 nf_0($n = 2, 3, 4\cdots$)인 음을 생성한다고 말할 수 있다. 가령 $n=2$일 때, 기본 주파수는 2차 배음, 혹은 제2 부분음이라고 한다. 그리고 $n=2, 3\cdots$에 해당하는 주파수들은 오버톤(Overtone)이라고 할 수 있다. 다음은 배음의 개념을 설명하는 용어를 정리한 표와, 바이올린의 A 현의 특정 비율의 위치에서 현을 눌렀을 때 발생하는 주파수와 그 배음들을 나타낸 그림이다.

주파수(Frequency)	하모닉(Harmonics)	오버톤(Overtones)	부분음(Partials)
f_0	기음(Fundamental)	기음(Fundamental)	기음(Fundamental)
$2f_0$	제2 하모닉 (Second Harmonic)	제2 오버톤 (Second Overtone)	제2 부분음 (Second Partial)
$3f_0$	제3 하모닉 (Third Harmonic)	제3 오버톤 (Third Overtone)	제3 부분음 (Third Partial)
$4f_0$	제4 하모닉 (Fourth Harmonic)	제4 오버톤 (Fourth Overtone)	제4 부분음 (Fourth Partial)

:: 하모닉, 오버톤, 부분음의 개념

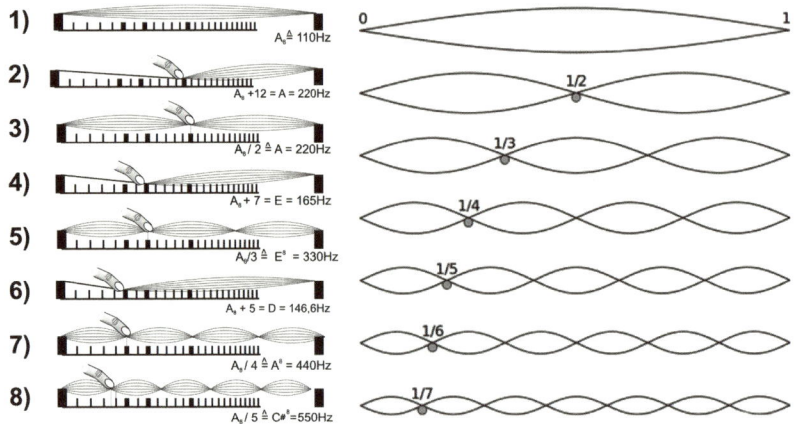

:: 현악기에서의 배음들

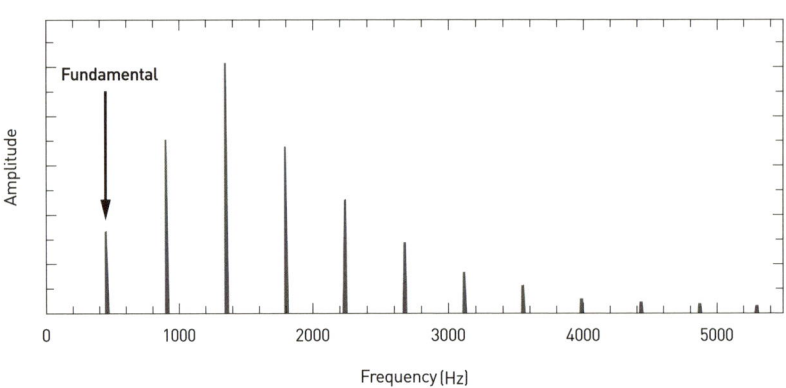

:: 트럼펫 소리의 푸리에 변환 그래프

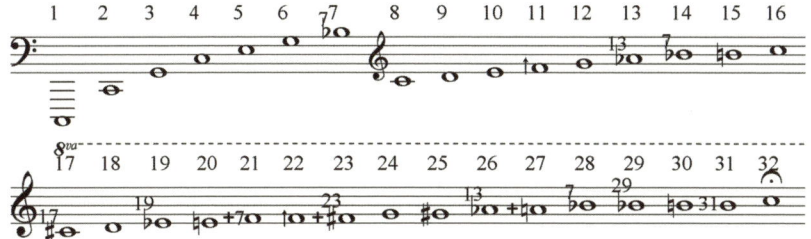

:: C 음의 배음렬

표와 그림에서 보듯, 가장 낮은 주파수는 항상 기음이 되고 그다음 등장하는 주파수는 제 2 부분음($2f$o)이 되어 다음 부분음들은 계속 이어진다. 정현파의 합은 모든 소리에 사용될 수 있다.[5] 앞의 그림은 트럼펫의 소리를 푸리에 변환으로 나타낸 것이다. 첫 번째로 나타난 선이 음의 높이를 결정하는 기음이며 그다음으로 부분음들이 등장하는 것을 볼 수 있다.[6]

위의 그림은 C 음에 대한 배음렬(Harmonic Series)을 악보로 나타낸 것이다. 배음렬에서 C 음은 기음이 되고, 그 이후에는 자연수의 배수가 되는 부분음들이 나열되는 것을 볼 수 있다. 음정 위에 기재된 숫자들은 기음에 대한 진동수의 비율을 나타낸다. 따라서 C 음을 분석하면, 기음에 대한 진동수의 비율별로 부분음들이 합성되어 있다는 사실을 알 수 있다.

다음은 배음렬을 곡선으로 나타낸 그래프이다.

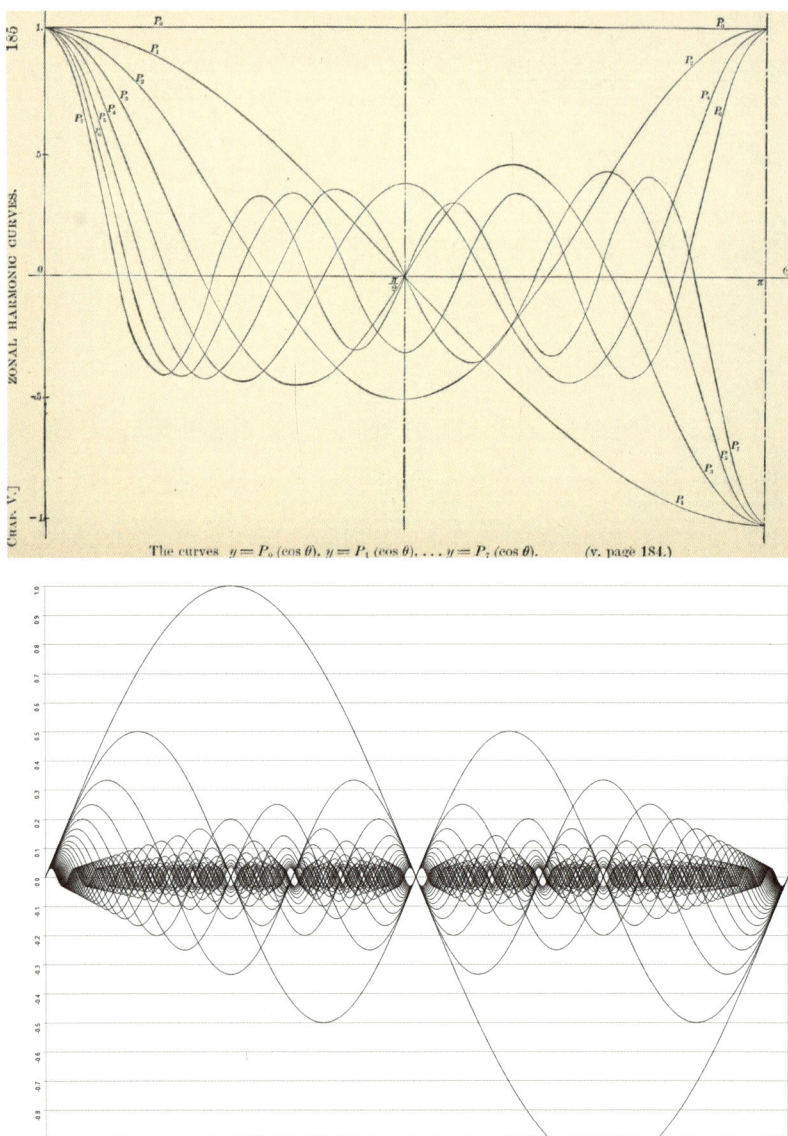

The curves $y = P_0 (\cos\theta)$, $y = P_1 (\cos\theta)$, ... $y = P_7 (\cos\theta)$.   (v. page 184.)

:: 배음렬 그래프

배음과 음고

Harmonics and Pitch

제2차 세계대전 직후, 네덜란드의 아인트호벤(Eindhoven) 연구실에서는 흥미로운 실험이 진행되었다. 물리학자인 얀 프레데릭 슈텐(Jan Frederik Schouten, 1910~1980)은 다양한 파형의 소리를 생성할 수 있는 일종의 광학 사이렌(Optical Siren)을 만들었다. 그는 이를 사용하여 f_0, $2f_0$, $3f_0$, $4f_0$ 등의 부분음이 있는 소리를 생성한 다음, 조정을 통해 기본 주파수 f_0를 제거할 수 있었다. 이 과정에서 나는 소리를 들으면, 기본 주파수가 왔다 갔다 하는 것을 들을 수 있었지만 소리의 음고는 전혀 변하지 않았다. 어떤 방식으로든 인간의 귀는 기본파의 주파수

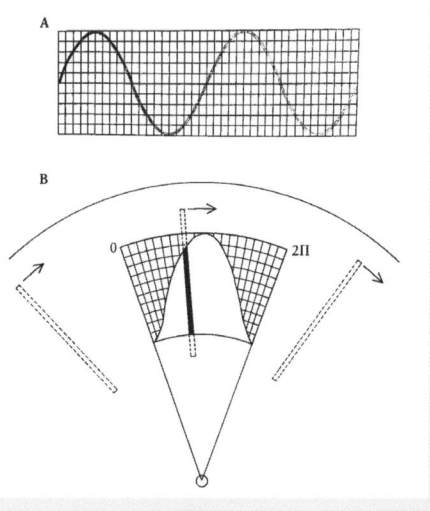

:: 슈텐과 사이렌 파형

fo에 의한 배음과 분리된 고조파로부터 적절한 음조를 추론할 수 있었기 때문이었다. 슈텐 이후의 연구에서는 우리가 기본 배음뿐만 아니라 여러 개의 낮은 배음이 누락된 경우에도 연속 배음 사이의 주파수 차이에 해당하는 음고를 듣게 된다는 사실이 밝혀졌다.[7]

공명
Resonance

주기적 소리에 배음이 있다면 기계가 없었던 과거에는 이를 어떻게 측정할 수 있었을까? 과거에는 배음의 존재와 배음이 얼마만큼의 에너지를 지니고 있는지를 알아내기 위해서 공명이론이 적용된 공명기(共鳴器, Resonator)가 사용되었다.[8] 공명(共鳴, Resonance)이란 주파수가 일치하는 두 개의 진동체가 있을 때 이 둘의 진동체가 동시에 울리게 되는 현상을 말한다. 즉, 공명은 하나의 진동체가 진동할 때, 다른 진동체로 그 에너지를 전달하는 것을 의미한다. 예를 들어, 현악기가 있고 그 주변에 현악기의 개방현과 같은 주파수의 음이 진동하면, 해당 개방현은 함께 진동하면서 소리가 울리게 된다. 현이 진동하게 되면 기음과 자연수의 배가 되는 주파수를 지닌 복합음의 소리를 내게 되는데, 이러한

:: 현에서 같은 오버톤이 나타나는 위치를 색상으로 나타낸 배음표

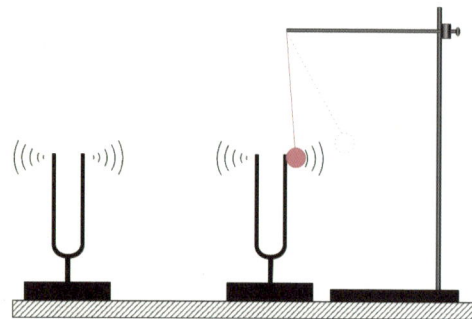

:: 두 개의 소리굽쇠에 대한 공명 실험

배음이 함께 울리는 것도 공명현상이다.

또한, 진동수가 같은 소리굽쇠를 서로 가까이 접근시키면 한쪽의 진동에 대해 다른 소리굽쇠가 같은 진동수로 반응하게 되는데 이 또한 공명현상이다. 큰 소리만으로 유리가 깨지는 현상도 공명현상으로 볼 수 있는데, 이는 소리가 유리의 진동수 중 하나에 해당하는 진동수를 갖는 큰 소리를 내게 되면 유리에 큰 진폭의 진동이 형성되어 깨지게 되는 원리로 인한 것이다.

헬름홀츠의 공명기

Helmholtz Resonator

공명기는 19세기 독일의 물리학자, 철학자, 생리학자였던 헤르만 루트비히 페르디난트 폰 헬름홀츠(Hermann Ludwig Ferdinand von Helmholtz, 1821~1894)가 소리를 연구하기 위해 발명해 낸 장치였다.

:: 헬름홀츠

    이른바 '헬름홀츠 공명기(Helmholtz Resonator)'라고 불리는 공명기로는 소리의 주파수를 측정하며 배음을 확인할 수 있었다. 헬름홀츠 공명기는 다음 그림과 같이 동그랗고 볼록한 형태를 지니고 있었다.

    헬름홀츠 공명기의 사용법은 간단했다. 공명기에는 작은 구멍이 나 있는데, 구멍의 한쪽 끝에 귀를 갖다 대고, 한쪽 끝에 주기성을 지닌 소리에 갖다 댄다. 만약 주기성을 지닌 소리가 공명기 안에서 공명하

FIG. 16a.

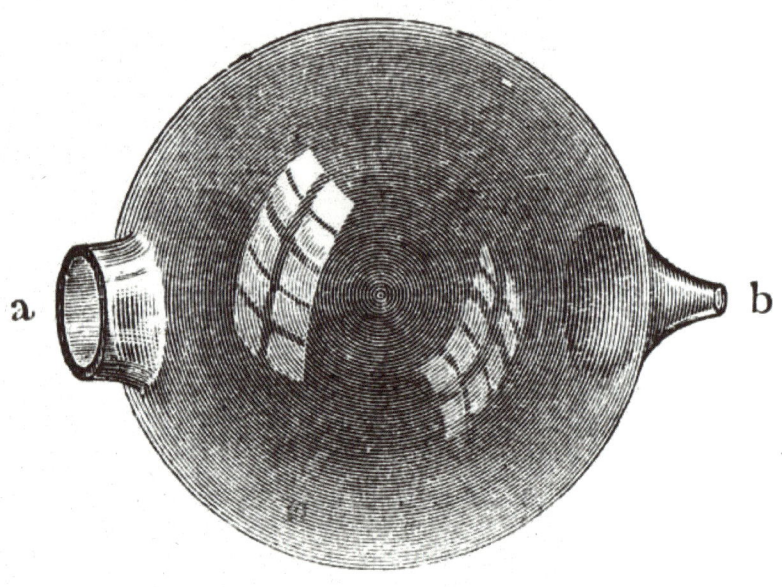

a   b

:: **헬름홀츠의 공명기**
약 1890~1900, Physics Dept, Case Western Reserve University

는 주파수와 일치하거나 유사한 자연수의 배음을 포함하고 있다면 우리는 그 소리를 공명기로 확인할 수 있게 된다. 헬름홀츠는 이 과정에서 여러 개의 공명기를 사용하여 소리의 배음을 찾아내는 작업과 연구를 진행했다. 또한 그는 이 과정에서 배음의 강도와 배음이 아닌 (Nonharmonic) 부분음들의 주파수도 찾아낼 수 있었다.[9]

우리는 헬름홀츠의 배음 이론과 원리를 피아노로도 경험할 수 있다. 일반적으로 피아노에는 페달이 달려 있다. 피아노의 오른쪽에 위치하는 댐퍼 페달(Damper Pedal)은 현을 누르고 있는 댐퍼가 일제히 현에서

:: 헬름홀츠의 공명기
Catalogue des appareils d'acoustique construits by Rudolph Koenig, 1865~1891
프랑스 파리, 하버드 대학교 소장(Harvard University)

떨어져 돌아오지 않도록 한 것으로, 건반을 친 후 손가락을 떼어도 현
의 진동이 지속되도록 한 장치이다. 우리가 피아노의 오른쪽 페달을 밟
으면서 피아노의 현 가까이에서 휘파람을 분다고 가정을 해보자. 이 조
건에서 휘파람을 분 후 시간이 지나게 되면 그 휘파람의 소리가 계속
지속되는 현상을 경험하게 될 것이다. 이 소리는 곧 사라지게 되는데,
이것이 바로 휘파람 소리에 피아노가 공명하는 현상이다. 피아노 현은
공명기 역할을 한 것이며, 휘파람이 가지는 배음들과 일치하는 주파수
에 따라 피아노의 현들이 진동하는 현상을 일으킨 것이다.

헬름홀츠의 사운드 신시사이저

Helmholtz Sound Synthesizer

헬름홀츠는 배음의 효과를 분석할 수 있는 실험 장치도 개발했다. 이는 사운드 신시사이저(Sound Synthesizer)로, 복합음의 개념을 적용한 장치였다. 독일의 악기 개발사인 Max Kohl AG에서는 이를 악기로 출시했다. 이는 여러 개의 소리굽쇠로부터 나는 배음을 작은 피아노 건반과 결합하여 소리가 나는 원리로 작동했다. 이 악기는 전자석에 의하여 진동하며 매우 맑은 순음들을 만들어 낼 수 있었다. 헬름홀츠는 악기의 원리를 통하여 소리를 증폭시켰고 배음을 더욱 선명하게 들을 수 있게 했다. 또한 악기에는 배음을 필터링하는 부분도 있었다. 안타깝게도 이 악기 개발사는 제 2차 세계대전 중 파괴되어 없어져 버렸고, 헬름홀츠가 설계한 악기를 포함한 남은 장치들은 소련으로 보내지게 된다.

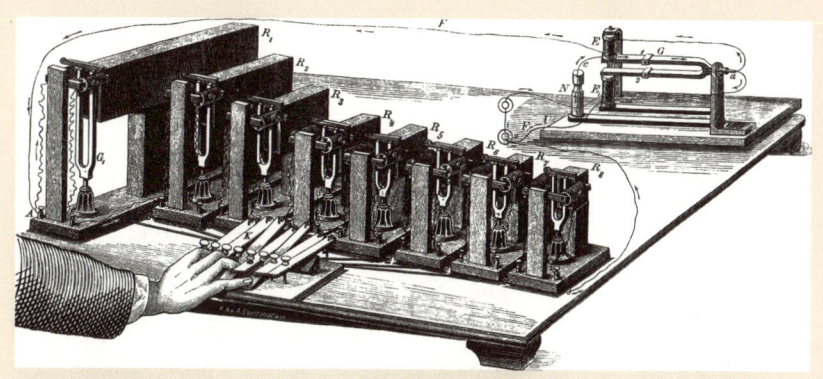

:: 헬름홀츠의 사운드 신시사이저

:: 비올라 다모레, early 18. century, 비올라 바스타르다, 바리톤, ca. 1720

일부 악기에는 물리적 공진기가 사용된다. 공진기가 있으면 더 좋은 소리를 만들어 낼 수 있기 때문이다. 예를 들어, 실로폰과 마림바의 경우, 나무 막대 아래에 있는 금속관이 있으며, 가믈란(Gamelan)의 황동 막대 아래에는 대나무 관과 같은 부분이 음의 부분을 강화하고 음을 지속시키는 공명기 역할을 한다. 비올라 다모레(Viola d'Amore), 비올라 바스타르다(Viola Bastarda), 바리톤(Baryton)과 같은 다양한 고악기에도 공명기가 사용되었다.[10]

이러한 고악기들에는 공명현(共鳴絃, Sympathetic String)이라는 악기에 맨 끝에는 철사가 있다. 이는 현을 활로 그을 때 발생하는 부분음들의 강도에 영향을 주어 공명하도록 하면서 소리를 증대하는 작용을 했다. 또한 이는 활을 멈추거나 운지법을 변경한 후에도 지속적인 음색을 내는 역할을 했다.

현악기뿐만 아니라 금관 악기의 긴 관도 공명한다. 관악기를 연주할 때 연주자가 입술을 어떻게 오므리느냐에 따라 공명 소리는 달라진다. 목관악기의 관형 구조는 여러 손가락으로 여닫는 구멍에 따라 주파수가 제어되는 공명기 구조라고 할 수 있다. 사람의 목소리에도 성대(聲帶, Vocal Cord)의 진동으로부터 생성되는 소리의 다양한 주파수 범위를 강조하는 여러 공명 부분이 있다. 우리는 성대의 모양을 변경함으로써 우리가 생성하는 모음의 소리를 결정짓는 공명 주파수를 변경하게 된다.

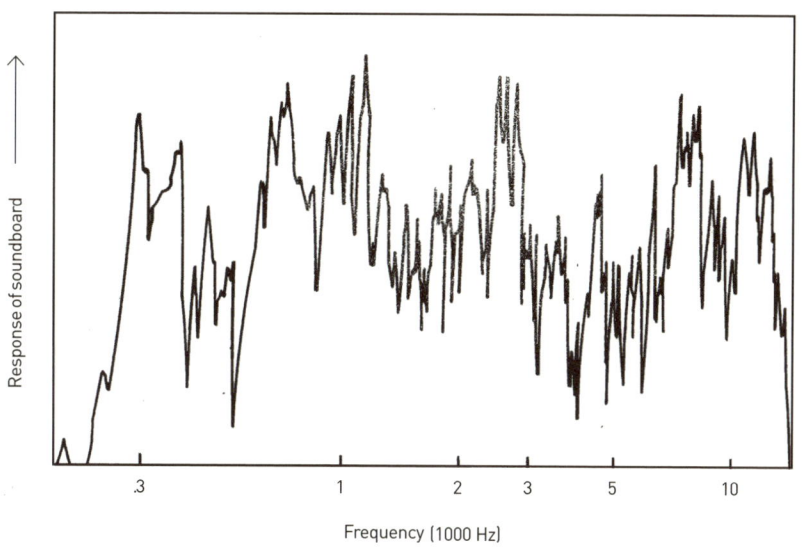

:: **구아르네리우스 바이올린 소리의 분석**

공명은 악기의 음색에 큰 영향을 미침으로 악기에서의 공명은 중요 요소로 작용한다. 예를 들어, 바이올린 사운드보드(Soundboard)의 공명은 음색에 큰 영향을 미친다. 앞의 그래프는 좋은 바이올린에서 방출되는 소리와 현을 그음으로써 발생하는 브릿지의 움직임의 비율을 주파수 함수로 보여 준다. 이는 17~18세기 이탈리아의 구아르네리(Guarneri) 집안 사람이 만든 구아르네리우스(Guarnerius) 바이올린을 연주한 후 브릿지를 진동하게 하여 분석한 결과이다. 상승하고 하강하는 곡선은 소리 강도의 증가와 감소를 나타낸다. 여기서 주파수의 일부 부분음들을 필터링으로 억제하는 과정은 좋은 바이올린 음색을 좌우하는 역할을 한다. 좋지 못한 바이올린 소리는 그래프에서와 같이 곡선이 그다지 뚜렷하게 오르락내리락하지 않으며, 거친 소리가 나는 원인이 된다.[11]

카리용의 배음과 공명

Harmonics Resonance in Carillon

　배음과 공명에 대한 발견은 17세기의 카리용이라는 악기에서 적용한 흔적이 남아 있다. 카리용은 유럽 네덜란드와 벨기에, 그리고 북부 프랑스 지역에서 주로 종교음악을 연주했던 악기이다. 이는 틀에 고정된 23개 이상의 청동 종이 화음을 형성하며 연주되는 악기이다. 이 악기는 제작의 단계에서 정교한 처리과정이 필요했다. 피터 에모니(Pierre Hemony, 1619~1680)와 그의 형제, 프랑수아 에모니(François Hemony, c.1609~1667)는 카리용(Carillon) 종을 발전시킨 인물로, 벨기에와 네

:: 반 아이크와 에모니 형제, 1875년 그리고 카리용 연주자, 1612년
from De Campanis Commentarius (1612) by Angelo Rocca

덜란드 역사상 가장 유명한 주종사(鑄鐘師)였다. 이들은 야콥 반 아이크 (Jacob van Eyck, c.1590~1657)와의 긴밀한 협력을 통해 1644년 최초의 조율된 카리용을 주조함으로써 카리용을 완전한 음악 악기로 발전시키게 된다.

우트레흐트 시의 카리용 연주자로 임명된 반 아이크는 당시 현의 진동과 고조파를 연구한 메르센이 속한 클럽에서 활동하고 있었고, 곧 조율된 종의 음향에 메르센의 연구를 적용하게 된다.[12] 반 아이크는 종에 공명을 일으켜 종으로부터 부분음들을 구분해 냄으로써 당시 르네 데카르트(René Descarte, 1596~1650)를 비롯한 주요 과학자들의 주목을 받은 바 있다. 종을 치면, 종은 여러 부분음을 생성하게 되는데, 정확하게 조율되지 않으면 불쾌한 소리를 만들었고 다른 종들과 조화롭게 울릴 수 없었다. 이 문제를 해결하기 위해 반 아이크는 종의 형태를 변경함으로써 소리가 서로 조화롭게 조율될 수 있다고 주장했고, 이 주장에 따라 에모니 형제는 종의 두께를 두껍게 만든 다음, 내부를 다듬어 종의 음을 조율했다. 이렇게 조율된 종은 표준이 되었으며 유럽 전역에서 사용되었다.[13]

기계를 사용한 소리 분석

Sound Analysis using Machine

    19세기 이후에는 앞서 언급된 오실로스코프('Ⅳ. 소리는 무엇으로 구성되는가?' 참조)뿐만 아니라, 소리의 스펙트럼을 분석할 수 있는 기계가 발명되었다. 이 시기부터 소리는 주파수 분석기(周波數分析器, Frequency Analyzer)인 스펙트럼 분석기(Spectrum Analyzer)를 통해 분석될 수 있었다. 스펙트럼 분석(Spectrum Analysis)은 신호에 포함된 정현파의 선분과 진폭을 판별하는 과정이다. 이 분석기는 소리의 강도를 높이로, 주파수를 거리로 보여 주는 곡선을 화면에 출력한다. 이 그래프를 라인 스펙트럼(Line Spectrum)이라고 한다. 기계는 마이크로폰(Microphone)으로 소리를 추출하여 전기필터(Electric Filter) 혹은 컴퓨터 프로그램으로 소리가 어떠한 배음으로 이루어져 있는지와 같은 소리의 스펙트럼을 분석한다. 이 기계를 사용하면 우리가 복잡하다고 여겼던 신호가 단순한

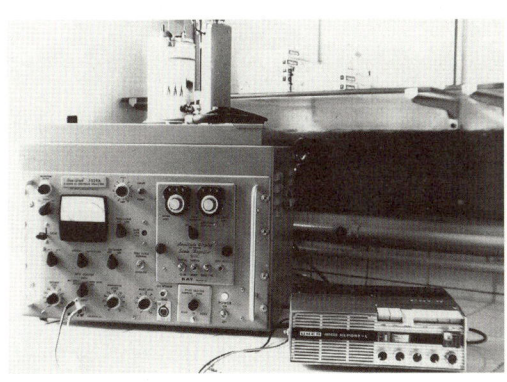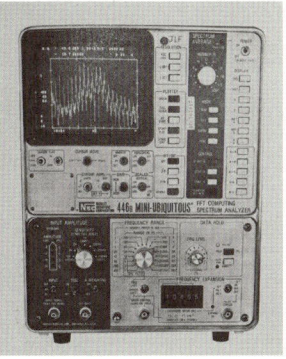

:: 스펙트럼 분석기

모양으로 표시되고 이를 해석하고 분석할 수 있다.

스펙트럼 분석기는 전자 신호에 대해 주파수 영역에서 신호의 세기를 측정하는 전자 계측기라고 할 수 있다. 이는 주어진 신호에 대해 주파수 축에서 신호의 주파수 성분인 파워(dBm)를 측정하게 된다. 그렇게 되면, 주파수에서의 강도 분석을 통해, 일그러짐(Distortion), 배음(Harmonics), 대역폭(Bandwidth), 또는 스펙트럼의 요소를 시각적 데이터로 파악할 수 있게 된다. 분석기의 화면에는 곡선이 나타나고, 각 특정 주파수에 해당하는 여러 개의 개별 피크(Peaks)를 관찰할 수 있다. 이러한 그래프를 선 스펙트럼(Line Spectrum)이라고 부른다. 각 피크는 라인으로 분석되고 개별 주파수를 나타낸다.

그렇다면 이쯤에서 오실로스코프와 스펙트럼 분석기의 차이는 무엇인가가 궁금해질 수 있다. 오실로스코프는 전기의 신호 현상에 대하여 시간적 특성을 화면에 나타내 주는 것이며, 스펙트럼 분석기는 전기의 신호 현상에 대하여 진동수의 특성을 화면에 표시해 주는 기계라는 점에서 차이가 있다. 또한 오실로스코프는 입력된 신호를 증폭시켜 화면으로 즉시 보여 주지만, 스펙트럼 분석기는 시간의 영역의 입력 신호를 수학적 방법론으로 변환한 후, 진동수 영역의 특성을 보여 주도록 설계된 기계이다. 즉 오실로스코프는 시간의 영역을, 스펙트럼 분석기는 진동수의 영역을 담당하며 이 둘은 상호 보완적이다. 이 중 하나의 해석을 알면 다른 것을 유도해 낼 수도 있다.

음악적 소리에서, 다양한 부분음들의 강도는 시간에 따라 달라질 수 있다. 이러한 변화는 분석기를 통해 다음의 그림과 같이 묘사될 수 있다. 1)

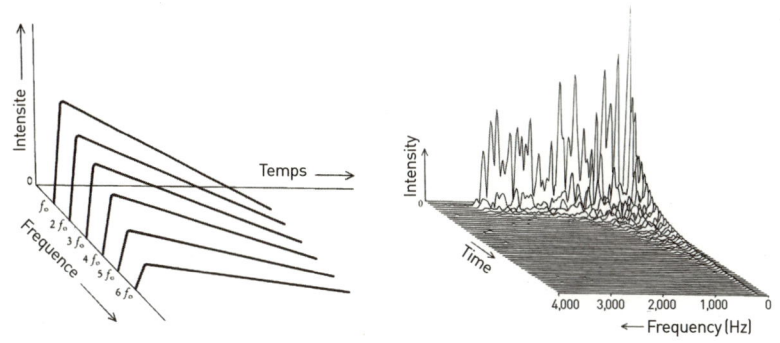

:: 1) 여섯 부분음을 가진 소리의 투시도, 2) 탐탐의 스펙트럼

기음으로부터 여섯 개의 배음을 가진 소리를 분석해 낸 결과를 투시도(透視圖, Perspective Drawing)로 그려 낸 것과 2)탐탐(Tom-Tom)이라는 악기의 스펙트럼을 나타낸 그림이다. 우리는 그림을 통해 주파수의 분포와 강도를 알 수 있다. 각 부분음의 강도(Intensity)는 가장 큰 소리가 나는 부분으로부터 점점 낮아진다. 가장 높은 부분음들은 낮은 부분음들보다 소리의 강도가 가장 셀 때, 낮은 강도를 지니고 있음을 보여 준다.

다음 그림은 3)소노그래프(Sonograph) 장치를 통해 인간의 목소리를 분석한 소노그램(Sonogram)분석의 결과를 나타낸 것이다. 소노그래프에서는 소리의 주파수가 세로, 시간이 가로, 강도가 밝음과 어두움을 나타내는 음영(陰影)으로 표현되어 분석된다. 소노그래프를 보면, 수평과 수직으로 이어진 띠와 같은 형태로 소리 분석이 시각화된 것을 확인할 수 있다. 이러한 형태의 모양은 사람의 목소리에서 울리는 주파수 대역을 나타낸 것이다. 그리고 이는 우리가 말할 때 빠름과 느림의 정도에 따라 형태가 다

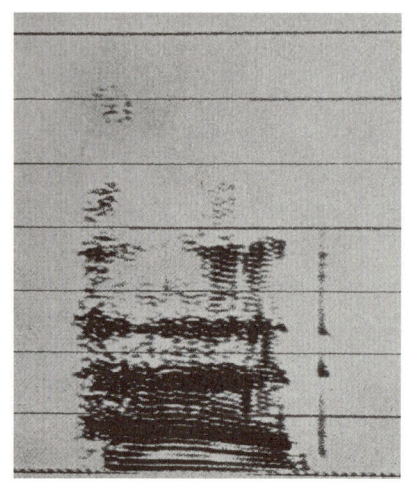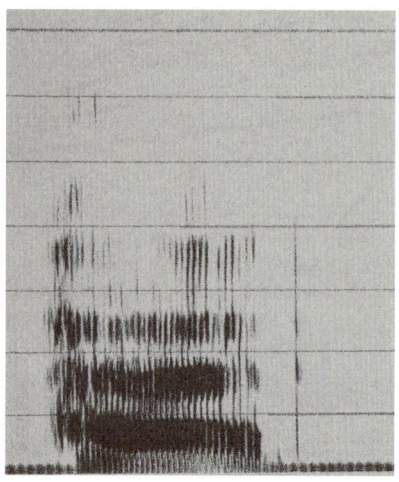

:: 3) 인간이 'had'의 'a' 소리를 냈을 때의 소노그램

르게 나타나는 것을 확인할 수 있다.

소노그램을 자세히 보면 첫 번째에서는 수평 줄무늬가 보인다. 이는 음성의 개별 부분음들을 나타내며 음의 주파수와 연관된다. 두 번째에서는 수직 줄무늬를 볼 수 있다. 이는 목소리에서 성대의 진동주기에 대한 시간으로 분리된 것이다. 첫 번째 소노그램은 협대역 필터(狹帶域, Narrow Band Filter)로 만들어져 개별 부분음을 보여 준 것이다. 이 필터는 음압의 급격한 변화에 반응할 수 없어, 개별 음고 주기와 관련된 수직 무늬를 볼 수 없다. 두 번째 소노그램은 한 번에 여러 고조파에 반응하는 광대역 필터(廣帶域, Broader Band Filter)로 만들어져, 개별 음고 주기들과 관련된 수직 무늬를 볼 수 있는 것이다. 이러한 필터를 사용하여 소리를 분석한다는 것은 주파수를 세밀하게 묘사하면 시간은 세밀하게 묘사할 수 없고, 시간을 세밀하게 묘사하면 주파수를 세밀하게 묘사할 수 없다는 것을 의미한다. 따라서 상대적으로 기음으로부터 여섯 개의 배음을 가진 소리를 분석해 낸 투시도와 같은 그래프가 소리의 질적인 면에서는 더 정확한 정보를 제공한다고 말할 수 있다. 왜냐하면 이 같은 그래프는 주파수와 시간이라는 두 요소를 모두 정확하게 보여 주기 때문이다.

거듭 말하지만, 음악적 소리도 영원히 변하지 않고 주기적으로 지속되는 것은 아니지만, 대부분의 음악적 소리는 주기적이라고 할 수 있다. 이러한 주기성은 상당히 적은 수의 사인파에 의해 근사화될 수 있으며, 그것들은 연속적으로 변화하는 선 스펙트럼으로 표현될 수 있다. 예를 들어, 피아노 현의 진동은 천천히 사라지게 된다. 이에 대한 선 스펙트럼을 보면, 소리 강도가 감소함에 따라 다양한 부분음을 나타내는 피크의 높이도 감소하는 것을 관찰할 수 있다. 종이나 징과 같은 악기는 주기적인 소리를 생성하지는 않지만, 소리가 사라지면서 진폭이 점차 감소하는 선 스펙트럼을 보여 준다.

소음의 분석

Sound Analysis of Noise

스펙트럼 분석기로 소음을 분석하면 완만한 형태의 곡선을 볼 수 있게 된다. 음악적 소리의 스펙트럼에서 선과 같은 뾰족한 부분들을 볼 수 있었다면, 소음 스펙트럼에서는 하나의 영역에서 무수한 주파수가 분포되

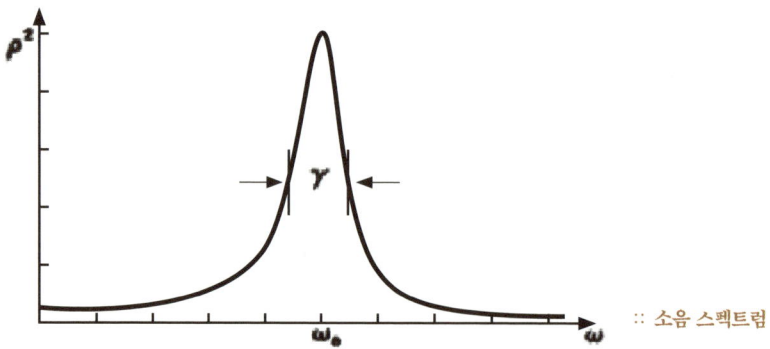

:: 소음 스펙트럼

어 있는 것을 확인할 수 있다. 소음 스펙트럼이 분포되는 영역에 따라 우리는 이를 협대역 소음(Narrow Band Noise)과 광대역 소음으로 구분할 수 있다. 광대역 소음(Broad Band Noise)의 곡선은 완만하며 음고를 잘 느낄 수 없는 소음이다. 스펙트럼에 피크가 없어 범위 내의 모든 주파수가 동일하게 나타나는 경우, 우리는 이를 백색소음이라고 한다. 앞의 그래프와 같이 소음에서 스펙트럼 피크의 폭을 점차 좁히면 피크의 주파수에 해당하는 음고의 감각이 점점 더 뚜렷해진다. 피크가 아주 좁아지면 소음은 더 이상 시끄럽게 들리지 않게 되며 흔들리는 사인파처럼 들리게 된다.

연속적인 스펙트럼을 갖는 소리가 반드시 소음이라고는 할 수 없다. 모든 정현파 주파수 성분의 위상이 같아, 동일한 순간에 정점에 도달하거나 위상이 주파수에 따라 느리고 부드럽게 변하는 경우에는, 혼란스럽고 지속적인 소음이 아닌 단일 펄스를 얻게 된다.[14] 미국 컴퓨터 음악의 선구자였던 맥스 매튜스(Max Vernon Mathews, 1926~2011)를 비롯한 학자들은 컴퓨터를 사용하여 이러한 다양한 종류의 소음을 만들어 분석 연구를 진행한 바 있다.

코니그의 소리 분석기

Koenig's Sound Analyzer

코니그는 화염 분석기의 발명 이후, 1865년부터 1872년까지 65개의 음의 범위로 소리를 분석해 낼 수 있는 소리 분석기를 발명했다. 이 분석기는 1920년대 런던의 물리학 교육에 사용되었고, 19세기 말에는 캐나다의 학교 교육의 현장에서 사용되었다. 미국의 모든 대학에서도 이 기기를 프랑스 파리로부터 구매했다고 전해진다. 당시 과학자들은 이 장치를 소리 연구와 교육의 필수 장치로 지정했다. 1870년대 초, 알렉산더 그레이엄 벨(Alexander Graham Bell, 1847~1922)도 MIT에서 자신의 연구를 위해 코니그의 기기를 사용했다는 기록이 있다.

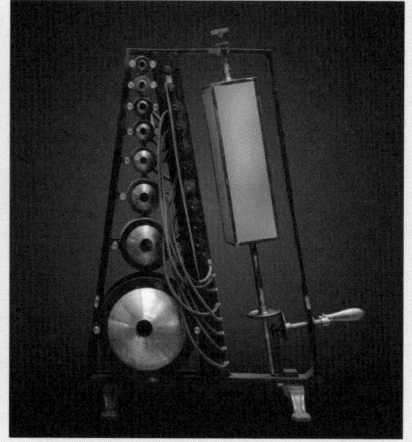

:: 코니그의 소리 분석기

Ⅷ

우리는 소리를 어떻게 귀로 듣게 되는가?

모든 소리는 인간의 귀가 소리를 듣는 원리와 귀와 뇌를 연결하는 신경(Nerves)을 통해 뇌에 도달하게 된다. 귀의 구조와 귀에서 뇌까지의 신경 경로에 대해서는 이미 많은 부분이 연구를 통해 밝혀졌지만, 사실 우리가 소리를 어떻게 듣고 받아들이는가에 대하여는 부분적으로만 이해되고 있을 뿐이다.[1] 그럼에도 인간의 귀의 구조와 인지의 과정에 따라서는 듣게 되는 소리가 달라지므로 이 원리를 면밀하게 살피는 과정은 소리의 이해에 도움을 줄 것이 분명하다.

인간의 청신경은 대단히 민감하다. 공기 중의 매우 적은 파동마저도 귀의 청신경은 자극을 받아 소리를 감지해 낼 수 있다. 우리의 귀는 소리를 들었을 때, 주파수, 강도, 그리고 음색을 구별해 내는 능력이 있다. 어떤 조건에서는 매우 약한 진폭의 파동만으로도 뇌에 청각 신호를 보낼 수도 있다. 사실 소리 파동에 의해 생산되는 압력의 변화는 대기 전체 압력의 십억분의 일 미만 정도로 미세한데, 그럼에도 우리는 이 미세한 변화를 귀로 감지하게 된다. 즉, 인간의 귀는 세상에 존재하는 그 어떤 기압계(氣壓計, Barometer)보다도 훨씬 더 섬세하고 민감하게 반응한다고 볼 수 있다.[2]

그렇다면 이토록 섬세하고도 민감한 귀로 우리는 소리를 어떻게 듣게 되는 것일까? 이를 알아보기 위해서는 인간의 귀의 구조와 소리가 귀를 통해 인지되는 과정을 살펴볼 필요가 있다. 이 장에서는 귀의 해부학적 자료를 통해 인간의 귀의 형태, 구조, 청각과 청취의 과정, 그리고 소리가 전달되는 과정을 살펴봄으로써, 소리를 귀로 듣게 되는 과정을 함께 알아보려고 한다.

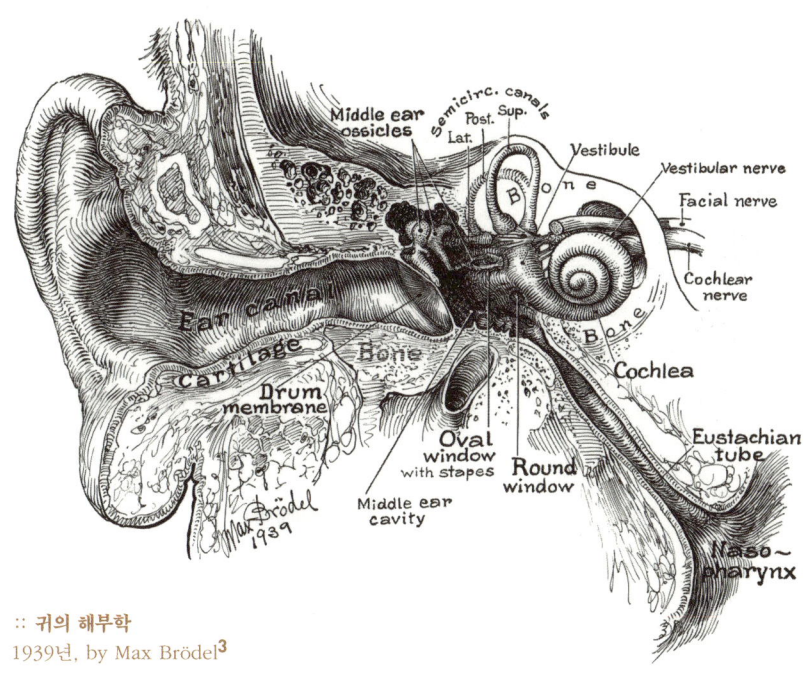

:: **귀의 해부학**
1939년, by Max Brödel[3]

인간의 귀

The Ear

인간이 소리를 듣는 과정은 귀의 해부학적 구조와 밀접한 관련이 있다. 인간의 귀가 어떻게 작동하는지 살펴보는 과정은 우리가 음악과 소리를 듣는 방식을 이해하는 데 많은 도움을 준다. 무엇보다 먼저 우리가 소리를 어떻게 듣게 되는지를 알아보기 위해서, 인간의 귀의 형태와 구조를 살펴볼 수 있다. 인간의 귀는 외부에서 볼 수 있는 부분과 내부의 부분이 있다. 더욱 정확히 말하면 귀는 외이(External Ear), 중이(Middle Ear), 내이(Inner Ear)라는 세 부분으로 나뉘어져 있다.[4]

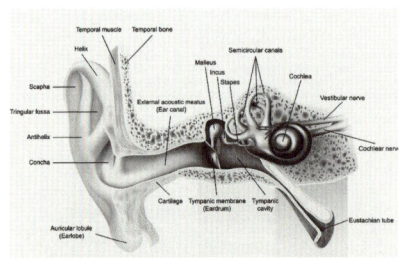

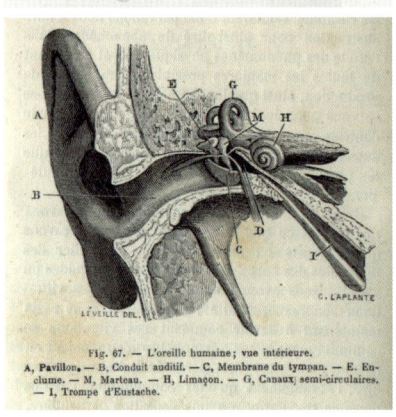

:: ▲ 귀의 구조 ▼ 귀의 해부학 삽화
Le Son: notions d'acoustique physique et musicale by Guillemin Amédée Victor, 19세기 프랑스[5]

인간의 귀—외이

The Ear-External Ear

외이는 인간의 머리에 돌출된 귓바퀴(Pinna or Auricle)와 바깥귀로 구성된다. 외이는 고막을 포함한 중이를 보호하고 소리를 모아 고막까지 전달하는 역할을 한다. 귓바퀴는 탄력 연골로 구성되어 있으며 이 구조적 특성은 소리를 모으는 데 효과적이다. 수년 동안 청력을 연구했던 학자들 사이에서는 귓바퀴가 그다지 중요하지 않다고 생각하고 있는 이도 있었다. 그러나 음향 공학자였던 드와이트 웨인 바토(Dwight Wayne Batteau, D.Sc, 1916~1967)에 의해서 그 생각은 바뀌게 된다. 그는 인간의 귓바퀴가 소리를 듣는 면에서 매우 중요하며 그 모양이 방향성 청력을 제공한다는 것을 입증했다. 1961년 바토는 인간의 외이가 단순히 소리를 확대하는 것만이 아니며, 소리가 나는 방향을 찾는 능력이 단지 좌우 고막의 도달 시간 차이에서 비롯되는 것이 아님을 밝혔다.

외이는 길이와 공명이 다른 4개의 경로로 소리를 전달하기 때문에 각 소리는 고막에 4번 도달하며, 소리의 미세한 차이는 귀 사이의 도달 시간 차이보다 훨씬 더 많은 방향성을 제공한다. 이 경로는 한쪽 귀로만 듣는 사람들이 방향 감각에 어려움을 겪는 이유를 설명해 준다.[6] 예를 들어, 우리가 귀를 접고서 눈을 감고 열쇠가 짤랑거리는 소리를 듣는다고 가정해 보자. 그러면 우리는 소리의 높이와 위치를 판단할 수 없다는 것을 알게 될 것이다. 이 소리가 나는 곳이 앞이든지, 뒤든지, 혹은 위나 아래라는 위치를 알아내는 일은 귓바퀴를 접고서는 불가능한

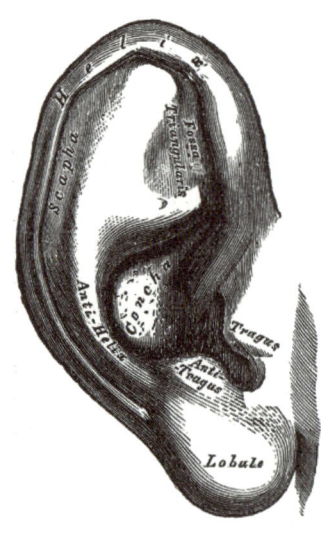

:: 귓바퀴
Gray's Anatomy, 1858[7]

것이다. 또한 귓바퀴로 인해 매우 높은 주파수 소리에 대한 귀의 민감
도는 음원의 방향과 소리 주파수에 따라 현저하게 변하게 된다. 즉 우
리는 귓바퀴를 통해 소리 음원이 생성되는 위치를 판단할 수 있게 되는
것이다.[8]

　귓바퀴를 지나면 외이도(外耳道, Ear Canal, External Acoustic Meatus,
Meatus)가 나타난다. 외이도는 외이공(外耳孔, External Acoustic Pore)으
로부터 고막(鼓膜, Eardrum, Tympanic Membrane)에 이르기까지 지름
1cm에 대략 2.5~3cm의 길이의 관으로 된 터널이다. 이는 인간이 지
닌 일종의 광대역 공명기라고도 할 수 있다. 밖으로부터 생성된 소리는
외이도로 보내지고, 원뿔형 모양의 고막에 다다른다.[9]

　외이도는 고막을 보호하는 역할을 한다. 그리고 고막은 외이와 중이
를 분리하는 역할을 한다. 외이가 있는 까닭은 고막이 매우 섬세하고

연약하여 부서지기 쉬운 부분이기에 이를 보호할 필요가 있기 때문이다. 고막으로 이어지는 통로인 외이도의 길이는 그리 길지 않은데, 그 이유도 있다. 우리가 소리를 듣기 위해서는 외이도 밖의 압력이 고막에서의 압력과 같아져야 하며, 이를 위해서는 시간이 걸리기 때문에 통로의 길이가 너무 길어서는 안 되기 때문이다. 외이도의 길이는 대략 2cm 정도이다. 인간의 고막은 안전히 보호받기 위해 머리 깊숙한 위치에 있으며, 소리의 질을 유지하기 위해 세밀하게 설계되어 있다고 볼 수 있다.

인간의 귀 – 중이
The Ear – Middle Ear

중이는 공기로 채워진 공간이다. 중이의 공기관은 우리가 신체 내부의 소리를 듣지 못하게 하며, 외부의 소리를 들을 수 있게 하는 역할을 담당하기도 한다. 중이는 고막, 고실(鼓室, Tympanic Cavity), 이소골(聽小骨, Auditory Ossicles)로 이루어져 있다. 또한 중이는 이관(耳管) 혹은 구씨관(歐氏管)이라고도 부르는 유스타키오관(Eustachian Tube)과 연결되어 있다.[10]

귀의 초입에 있는 고막은 두께 0.1mm, 가로 9mm, 세로 8mm가량의 타원형으로 된 은백색 섬유조직의 얇은 막으로 이루어져 있다. 고막은 바깥쪽의 피부층, 중간의 섬유층, 안쪽의 점막층인 세 겹으로 구성된다. 고막은 전체적으로 원뿔형 모양으로 형성되어 있고 뾰족한 부분이

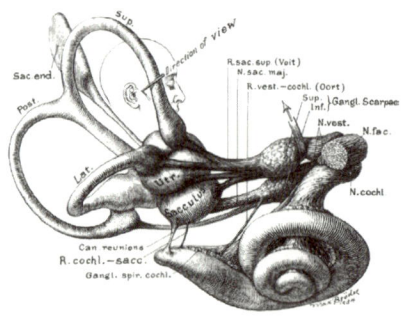

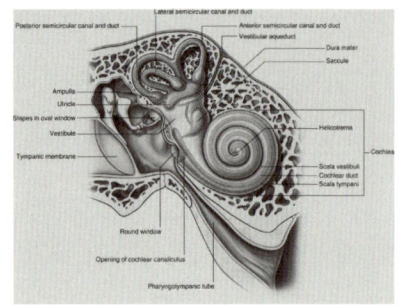

:: ◀ 전정 및 달팽이관, 1934년, 브뢰델 ▶ 중이의 구조

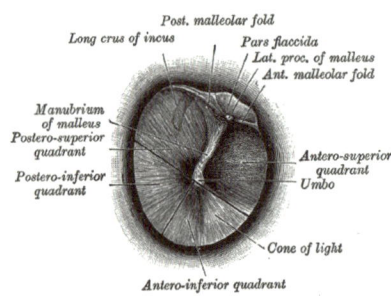

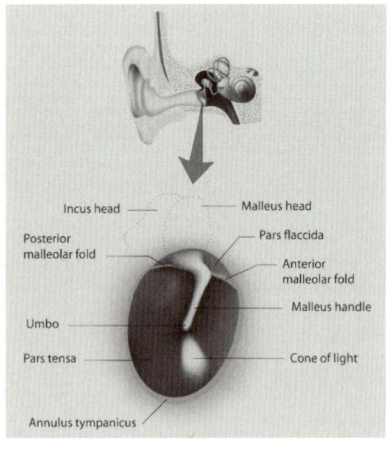

:: ◀ 고막, 1858년, 그레이의 해부학
▶ 고막의 구성

중이의 안쪽으로 향하며 외이도의 끝부분에 있다.

고막은 외이와 중이 사이를 구분하며, 외이도를 통해 전달된 음파를 진동시키는 진동판 역할을 한다. 고막에서는 소리를 구성하는 압력의 변형들을 감지하게 된다. 중이는 외이도와 고막으로 봉인되어 있어 외부의 공기가 들어오거나 막는 역할을 한다. 소리가 들어오면 고막을 통해 다른 압력을 만들어 내기에 고막 부분의 압력은 기본적으로 변함이 없다. 이때 고막은 미세하게 움직이게 된다. 예를 들어, 만약 고막 외부의 압력이 내부보다 더 높으면, 고막은 내부로 휘게 되며, 그와 반대로 내부의 압력이 외부보다 더 높으면, 고막은 외부로 휘게 된다. 따라서 고막은 소리의 압력을 측정하는 위치에 있으므로, 귀가 소리를 탐색하는 구조라고 할 수 있다. 다시 말해, 귀의 구조는 공기의 속도나 이동, 혹은 소리의 에너지나 질보다는 압력 변화에 민감하고 섬세하게 반응하도록 설계되었다고 말할 수 있다. 이러한 연유로 우리가 파형을 논할 때는 압력 변화에 가장 초점을 맞추게 되는 것이다.

들어오는 소리에 따라 고막이 움직이게 된다고 언급했는데, 이 고막의 움직임은 무척이나 미세하다. 더 자세히 말하면, 소리 파형을 만들어 내는 압력 변화에 따른 고막의 움직임은 나노미터(Nanometer, 10억분의 1 m) 이하이다. 그리고 이러한 극도의 미세한 움직임을 감지하며 고막의 진동을 내이로 전달하는 역할을 하는 부분은 이소골이라고도 하는 귓속뼈이다.

이소골은 세 개의 매우 작은 뼈로 구성되어 있다. 세 개의 뼈는 추골(椎骨, Hammer, Malleus), 침골(針骨, Anvil, Incus), 등골(鐙骨, Stirrup, Stapes)로 이루어진다.(때로 등골은 라틴어로 Malleus, Incus, Strapes이라고 불린다.) 이 뼈들은 고막과 내이의 작은 구멍을 덮고 있는 막인 난원창(卵圓窓, Oval Window)을 연결하는 역할을 한다. 추골은 고막에 붙어 있으며 고막의 진동을 내이로 전달하고, 침골은 고막의 진동을 달팽이관으로 전달하며, 등골은 침골과 난원창 사이를 연결한다.

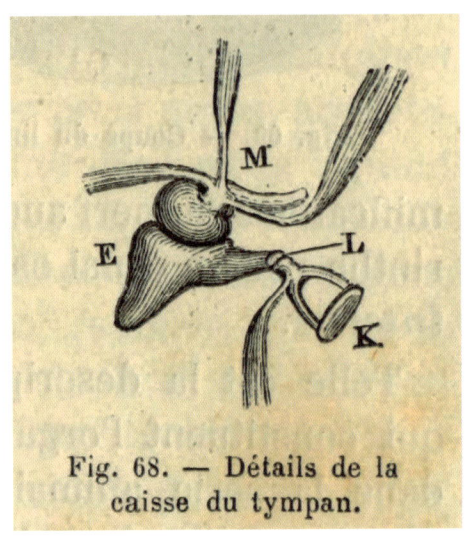

Fig. 68. — Détails de la
caisse du tympan.

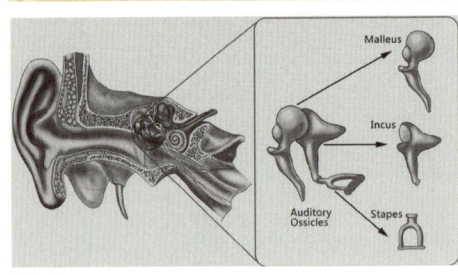

:: 이소골의 삽화와 구조

    이 세 개의 뼈는 진동을 증폭시키는 역할을 담당한다. 대부분의 힘은 등골이 내이와 연결된 부분으로 집중된다. 그렇지만 이소골이 진동을 전달하기만 하는 것은 아니다. 이 뼈들은 진동의 크기를 축소하기도 한다. 등골의 움직임은 고막의 움직임의 약 70%밖에 되지 않지만, 난원창에 약 30%의 힘을 더 가하게 된다. 따라서 고막으로부터 추골에 전달되는 힘의 대략 1.3배가량의 힘이 등골을 통해 난원창에 전달된다. 그와 동시에 고막보다 23배 작은 난원창에 힘이 가해지면서 더 큰 압력의 결과가 나타난다. 이는 힘이 작은 부분에 가해질수록 받는 압력이 더 커지는 원리 때문이다.

이소골이라는 뼈가 있어야만 하는 까닭은 중이를 넘어 내이로 들어가면, 내이가 액체로 형성되어 있기 때문이다. 이소골의 최종 목적은 소리의 진동을 이 액체로 전달하는 것이다. 이소골은 내이의 달팽이관(Cochlea)으로 소리의 진동을 전달하는 역할을 담당한다. 그렇지만 이 액체는 공기처럼 압축할 수 없기에, 진동은 더욱 큰 힘과 더욱 작은 움직임의 형태로 잘 전달된다. 만약 소리가 바로 난원창으로 들어간다면, 거의 모든 소리는 반사되고 내이에 도달하지 못하게 될 것이다. 왜냐하면 난원창은 유연성이 없어 소리를 반사하기 때문이다. 이소골이 존재함으로 인하여 이러한 문제 없이 소리를 전달할 수 있게 되는 것이다. 이소골의 구조 자체도 내이로 들어온 진동이 역으로 돌아오지 못하도록 형성되어 있다. 이소골의 세 개의 뼈는 연결되어 있지만 완전하게 고정되어 있지 않다. 안으로부터의 소리가 반사되어 진동하지 못하도록 섬세하게 설계된 것이다. 그렇지 않으면 진동의 울림이 생겨 새로운 소리를 받아들여야만 하는 목적을 방해하게 될 것이다.

이소골의 또 다른 목적도 있다. 바로 큰 소리로부터 연약한 내이를 보호하는 역할이다. 이소골에는 고막장근(鼓膜張筋, Tensor Tympani)과 등골근(鐙骨筋, Stapedius Muscle)이라 불리는 두 개의 작은 근육이 각각 추골과 등골에 붙어 있어 근육을 수축하면서 이소골의 움직임과 소리가 내이로 전달되는 것을 막을 수 있다. 이러한 근육의 수축은 우리가 90dB 이상의 소리를 들을 때 매우 빠르게 자동으로 일어나게 된다.

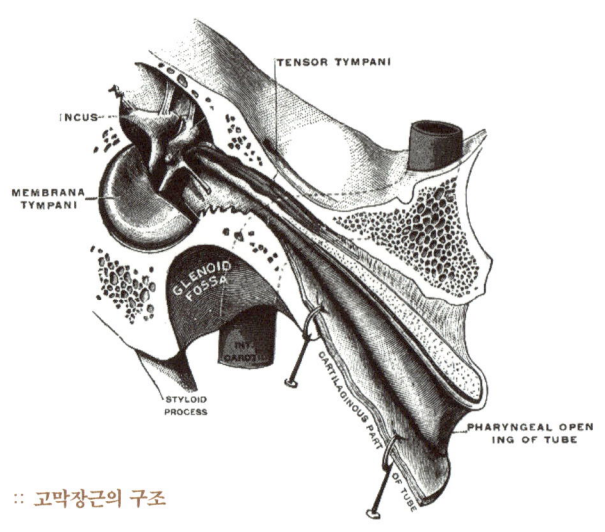

:: 고막장근의 구조

인간의 귀 – 내이

The Ear~Inner Ear

　내이는 난원창을 기준으로 귀의 가장 안쪽에 위치한다. 내이는 인간
의 청각과 평형 감각을 담당한다. 내이는 크게 두 부분으로 구성되어
있는데, 이 두 부분은 골성미로(骨性迷路, Osseous Labyrinth)와 막미로
(膜迷路, Membranous Labyrinth)이다. 막미로는 골성미로 안에 있다. 그
리고 골성미로는 전정기관(前庭器官, Vestibule), 반고리관(Semicircualr
Canals), 달팽이관으로 이루어져 있다. 막미로에는 내이의 신경 섬유가
분포되어 있어 감각기관으로써 중요한 역할을 한다. 막미로의 반고리
관(Semicircular Duct)은 반고리뼈 관 안의 세계의 관으로 구성되며, 전

정기관의 위편과 뒤편에 있다. 그 안에는 림프(Lymph)가 있어 평형 감각을 유지할 수 있게 한다.

달팽이관은 전정기관의 앞편 말미에 있다. 달팽이관의 길이는 약 3cm이며, 안쪽으로 갈수록 그 넓이가 좁아지는 구조이다. 바깥쪽의 지름은 0.9cm, 안쪽의 지름은 0.3cm 정도이다. 달팽이관은 이름 그대로 달팽이 껍데기와 같은 소용돌이 모양을 취하고 있어 이러한 이름이 붙여졌다. 달팽이관은 중이를 거쳐 들어오는 소리 진동을 내이에 전달하는 역할을 담당한다. 이는 소리를 신경세포로 전달하기 전, 주파수별로 분리해 내는 역할을 한다. 다음의 오른쪽 그림과 같이 달팽이관을 펼쳐 보면, 말미에 난원창이 있는 긴 길이의 튜브 형태로 되어 있다는 것을 알 수 있다.[11]

달팽이관은 세 개의 부분으로 나뉜다. 이 부분은 외림프액(外lymph 液, Perilymph)이라고 하는 액체로 채워져 있다. 중앙에는 와우관(蝸牛 管, Scala Media)이라고 하는 부분에 외림프보다 더 점성이 큰 내림프 액(Endolymph)이라고 하는 액체가 채워져 있다. 그리고 기저막(基底膜,

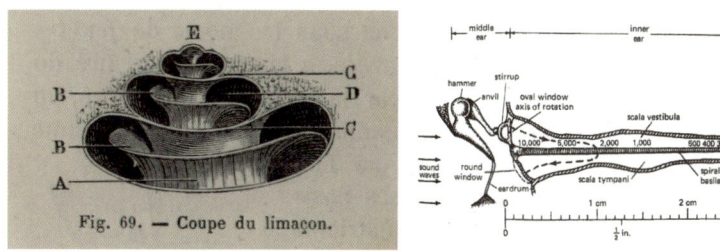

Fig. 69. — Coupe du limaçon.

:: 달팽이관의 구조

Membrana Basilaris)이라고 부르는 평평한 장벽이 그 안에 길게 들어 있다. 이 막은 우리가 음정을 감별할 수 있도록 하는 데 중심 역할을 담당한다. 특히 기저막은 협화음이나 불협화음을 구별하거나 음정을 구별하는 결정적인 역할을 한다. 따라서 기저막에 대한 이해는 인간이 음악을 듣는 방식에 대한 많은 부분을 설명한다고 볼 수 있다.

달팽이관은 기저막에 의해서 전정계(前庭階, Scala Vestibuli), 중간계(Scala Media), 고실계(鼓室階, Scala Tympani, Tympanic Scale)로 나뉜다. 중이에서 전달된 소리는 전정계, 고실계의 액체 진동을 일으키고, 중간계의 기저막을 진동시켜 코르티 기관(Organ of Corti)을 자극한다. 마지막으로 달팽이관을 통해 우리가 소리를 인지하는 경로를 정리해 보면 다음과 같다. 먼저 소리는 물리적 진동으로, 고막을 통해 진동이 내이로 전달된다. 진동은 내이 내부의 외림프액과 내림프액의 움직임을 만들어 낸다. 외림프 액과 내림프액의 움직임은 다시금 기저막을 움직이

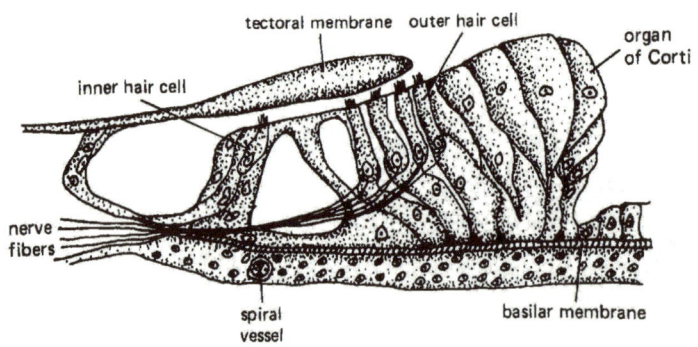

:: 코르티기관의 구조

게 하고, 이러한 진동들은 기저막의 신경세포에 전달된다. 기저막은 약 3.5cm가량의 길이로 대략 20,000~3,000개의 유모세포(Hair Cell)로 형성되어 있는 말초 신경이 연결되어 있다. 유모세포는 소리를 신경세포로 전달하는 역할을 하게 되는데, 유모세포의 진동이 우리의 청신경 안의 각각의 섬유에 신호를 주게 되면 우리가 소리를 인지하게 되는 것이다.[12]

기저막과 이론

Basilar Membrane and Theory

앞서 기저막은 음정을 구별하는 결정적인 역할을 한다고 언급했다. 그렇다면 기저막으로 우리는 어떻게 소리를 구별할 수 있는 것일까? 현재까지의 이론에 의하면 인간의 귀가 음고를 구별할 수 있는 이유는 두 가지로 설명될 수 있다. 하나는 기저막에서 어느 부위가 자극이 가해져서 음정을 구분한다는 이론인 위치이론(位置理論, Place Theory)이고 다른 하나는 인간의 귀가 소리가 박동하는 주기를 느껴 음정을 구분한다는 이론인 주기성 감지이론(週期性 感知理論)이다.

먼저 위치이론부터 살펴보도록 하자. 과거부터 주파수를 감지하는 기능이 내이에 속한 와우각 내에 있다는 사실이 알려져 있었다. 이것은 19세기에야 이르러 헬름홀츠에 의해 이론화된 것이다. 헬름홀츠는 자신이 개발한 공명기를 사용하여 소리를 낸 후, 실험한 끝에 인간의 귓

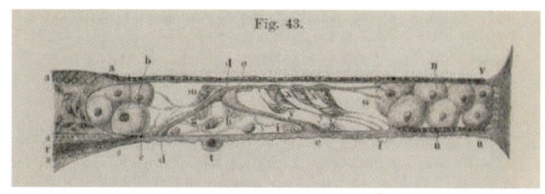

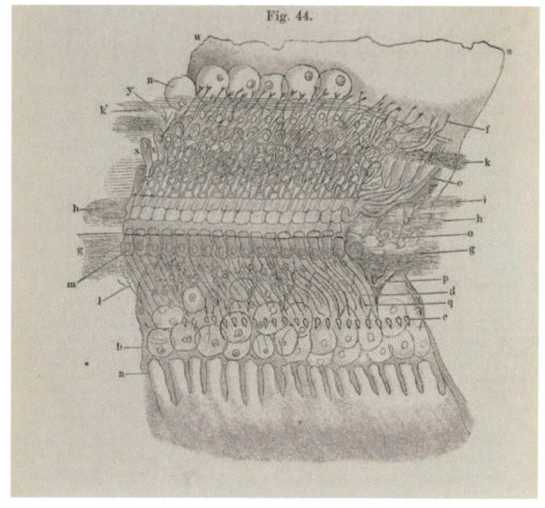

:: 헬름홀츠의 기저막과 유모세포

Die Lehre von den Tonempfindungen by Helmholtz, 1963

속 기저막의 유모세포가 반응하는 각각의 주파수의 영역이 있다고 주
장하게 된다. 기저막에는 수많은 유모세포가 존재하고 있는데, 각각의
위치에는 들어오는 소리 주파수가 주는 진동 자극에 따라 반응하는 부
분이 있어, 이 주파수의 영역에 따라 우리가 음고를 구분할 수 있다는
주장이었다. 물론 이 과정에서는 신경 섬유들이 받은 자극을 매우 복잡
한 과정을 통해 뇌에 전달하는 과정이 포함된다.[13]

그렇다면 한번 등자뼈가 왼쪽으로부터 오른쪽으로 주파수 f에 해당

하는 사인곡선으로 움직인다고 가정해 보자. 그럼, 파동이 기저막을 따라 오른쪽으로 이동하는 속도는 이 주파수 f에 따라 달라지게 될 것이다. 이는 기저막 위와 아래에 있는 유체의 단위 길이당 질량(Mass), 기저막의 단위 길이당 질량, 기저막의 강성(Stiffness)에 따라서도 달라진다. 이에 달팽이관의 단면적(Cross Section), 기저막의 폭(Width)은 달팽이관에 따른 거리에 의해 달라진다. 따라서 주어진 주파수의 파동이 기저막을 따라 이동하는 속도는 왼쪽(Basel) 끝에서 멀어짐에 따라 감소한다. 실제로 달팽이관의 어느 지점에서는 파동의 속도가 0이 되기도 한다. 이 지점의 부근에서 기저막은 매우 강하게 위아래로 진동하여 파가 멈추고 에너지가 흡수되는 현상이 일어난다.[14]

우리는 이러한 위치이론을 기저막의 상하 이동 운동을 시각화한 그림을 살펴보며 이해해 볼 수 있다. 아래의 그림은 달팽이관을 따라 왼쪽에서 오른쪽으로 이동하는 파동의 움직임을 보여 준다.

그림에서 A, B, C는 오른쪽으로 이동하는 같은 파동을 그려 낸 것이

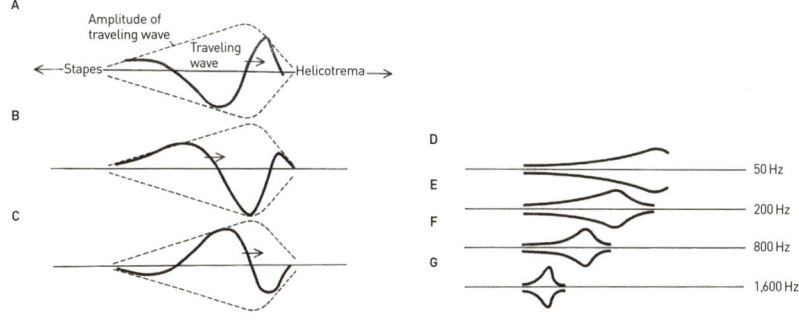

:: 기저막에서 파의 이동

다. 점선은 파동의 포락선(Envelope)을 의미한다. 즉, 파동이 해당 지점을 지나 이동할 때 각 지점에서 기저막이 위아래로 가장 크게 움직이는 폭을 보여 주는 것이다. D부터 G까지는 네 개의 서로 다른 주파수에 대한 기저막에서 일어나는 파동의 포락선을 보여 준다. 이를 살펴보면, 낮은 주파수의 경우 가장 큰 움직임이 일어나는 지점은 달팽이관의 말미에 더 가깝고, 높은 주파수의 경우 가장 큰 움직임이 일어나는 지점은 기저부에 더 가깝다. 즉, 정현파 소리에 반응하는 기저막의 가장 큰 진동은 주파수에 따라 달라지며, 이는 특정 위치에서 달라진다.

이러한 과정을 통해 우리는 주파수와 관련된 위치이론의 원리를 이해해 볼 수 있다. 바로 기저막의 움직임이 가장 큰 주파수를 음고로 감지하게 되는 원리이다. 서로 다른 주파수의 사인파는 서로 다른 신경섬유를 따라 뇌에 메시지를 보내게 되며, 뇌는 어떤 특정 섬유가 뇌에 메시지를 전달하는지를 알게 되어, 파동의 높이를 판단할 수 있게 되는 것이다.[15] 그러나 인간의 귀가 음고를 구별할 때는 기저막에만 의존하

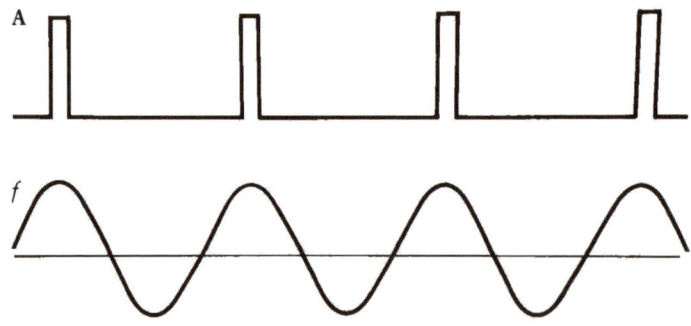

:: 주기적 박동의 소리: 압력의 상승 패턴

지는 않는다. 소리는 고막에 들어오는 주기성을 감지하여 음고를 지각하기도 한다. 이것이 바로 주기성 감지이론이다. 이제는 우리가 앞의 A 그림과 같은 짧은 시간 동안에 큰 진폭을 내는 소리를 듣는다고 가정해 보자.

이 소리가 귀에 들어오면 순간적인 기압의 변화로 인해 고막이 움직이게 될 것이다. 압력이 증가하는 시점에서 고막을 안으로 밀게 되면 박동은 갑자기 오르게 될 것이고, 압력이 감소하는 시점에서 고막을 바깥쪽으로 당기게 되면 박동은 내려갈 것이다. 이러한 짧은 박동이 빠르게 연속적으로 이루어질 경우, 인간의 귀는 이 속도를 감지할 수 있게 된다. 만약 이 속도가 감지할 수 없을 정도의 빠른 속도가 아니라면, 우리는 이 소리가 고막에 닿는 박동의 주기성(Pariodicity)을 감지해 낼 수 있게 된다. 따라서 이 주기성을 음고로 지각해 낸다는 것이 주기성 감지이론이다.

그런데 때로는 박동이 실어 나르는 속도가 달팽이관에서 이루어지는

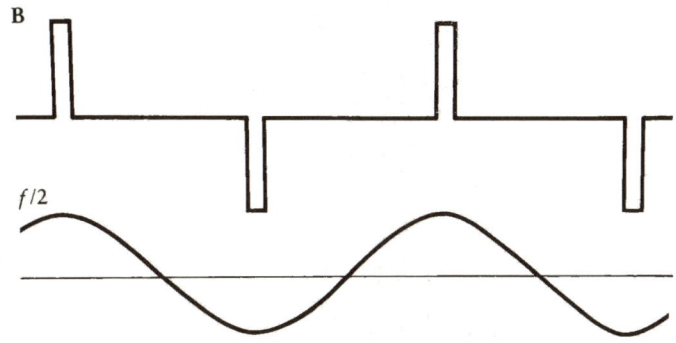

:: 주기적 박동의 소리: 압력의 상승과 하강 패턴

주파수의 분석을 토대로 한 주기성 감지이론과 상충하는 부분이 있을 수 있다. 예를 들어, A 그림과 같은 주기적 박동의 예시에서는 압력의 상승만을 보여 주는 것이다. 그러나 앞의 B와 같은 그림에서는 압력의 상승과 하강을 모두 보여 준다. 여기서 흥미로운 지점은 박동 주파수가 초당 100 펄스 이하에서 이 둘은 같은 음고의 소리를 듣게 된다는 사실이다.

그렇지만 A의 박동 속도가 더 높은 경우(예: 초당 200 펄스), B는 초당 400 펄스(Pulse)를 가져야만 A의 음고와 일치하게 된다. 이는 펄스 열 아래에 표시된 사인파의 기본음 주파수와 일치한다고 볼 수 있다. 한편 초당 100~200 펄스에 해당하는 중간 펄스 속도에서는 B에서 음고가 모호하게 들릴 수 있다. 다시 말해, 이 구간에서 B의 음높이는 다르게 들릴 수 있다는 의미이다. 이 지점에서 인간은 정현파의 기본음에 대한 음고의 판단과 박동이 반복적으로 가지는 음고의 판단이라는 두 개의 선택지 사이에서 어느 것을 받아들일지 경쟁하게 된다.

앞서 살펴본 바에 의하면 인간의 귀는 음고를 받아들이고 판단하는 면에 있어 두 가지 정보를 사용한다. 기저막에서의 위치 정보를 반영한 위치이론과 소리 박동의 빈도와 속력 정보를 기반으로 한 시간 정보가 그것이다. 그리고 그림 B를 통해서 알아보았듯, 초당 100 펄스 이하가 되면 시간 정보이론이 우위가 되며, 초당 100 펄스 이상이 되면, 위치 이론이 우위에 선다고 할 수 있다.[16]

베케시의 연구

Békésy's Research

헝가리 태생의 미국의 생리학자, 게오르그 폰 베케시(Georgvon Békésy, 1899~1972)는 달팽이관 자극에 대한 물리적 전달 기전에 관한 연구로 1961년 노벨 생리의학상을 받았으며, 그의 연구는 주파수가 내이에 관여하는 원리를 밝히는 데 기여하게 된다. 그는 인간의 시체에서 잘라 낸 달팽이관을 사용하여 소리 실험을 했는데, 이 과정에서 높은 주파수는 달팽이관의 기저부에 더 많은 진동을 일으키고 낮은 주파수는 정점에서 더 많은 진동을 일으킨다는 것을 발견하게 된다. 그는 기저막의 서로 다른 위치에 자극을 줌으로써 서로 다른 음의 주파수가 달팽이관으로부터 뇌로 연결되는 신경 섬유를 흥분하게 한다는 결론에

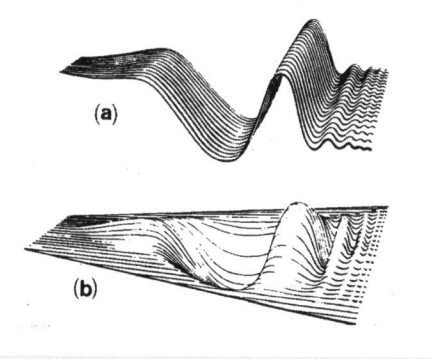

:: 실험실에서의 베케시와 그의 이론 삽화, 1960년

이르게 된다. 그는 이후 달팽이관에 대한 기계 모델을 고안해 기저막에
의한 주파수의 분포도를 확인하는 과정을 거치기도 했다.[17]

IX

우리는 소리를 어느 범위에서 어떻게 듣게 되는가?

우리가 무심코 생각할 때, 소리는 단순하게 들려지는 것만 같지만 사실은 전혀 그렇지 않다. '우리는 소리를 어느 범위에서 어떻게 듣게 되는가?'와 같은 주제는 '인간은 소리를 어떻게 인지하는가?'와 같은, 인간의 근본적인 인지의 영역에 접근해야 할 필요가 있다. 소리는 진동으로부터 우리의 귀에 들어오기까지 여러 과정을 거치게 되기도 하지만, 귀에 들어온 이후부터는 해석되고 색이 입혀지게 되는 더 복잡한 과정을 거치게 되기 때문이다. 이 과정에서 인간의 내면에서는 소리의 일부 측면이 강조되기도 하고, 숨겨져 재해석되기도 하면서 소리를 있는 그대로가 아닌 자신만의 방식으로 인지하게 되기도 한다. 심지어 어떠한 경우에는 소리에 존재하지도 않는 새로운 감각이나 감정을 재창조해 내기까지도 한다. 이처럼 우리는 소리 자체의 속성과 전달되는 과정, 인간의 귀가 일하는 방식, 그리고 인간이 이를 인지해 나가는 과정 사이의 미묘한 상호작용을 통한 복합적인 결과로 소리를 듣게 된다. 따라서 우리가 만약 '좋은 소리를 듣는다'라고 표현한다면, 그것은 소리 자체의 어떠한 근본적인 성격과 원칙에 의해서라고도 볼 수 있지만, 우리가 소리를 듣는 방식과 우리 안에서 작용하는 내면에 의해서라고도 해석할 수 있다.[1]

  우리는 다른 감각을 차단한 채로 소리를 듣기만 해도 그 속에서 많은 정보를 얻을 수 있다. 예를 들어, 우리는 눈을 감은 채로 소리의 근원이 무엇인지를 파악할 수 있다. 우리가 한번 눈을 감고 소리를 듣는다고 생각해 보자. 우리는 물이 흐르는 소리, 자동차의 엔진 소리, 사람들의 말소리, 아기의 울음소리 등을 눈을 감고도 쉽게 구별해 낼 수 있다. 우리는 소리만으로 소리를 내는 주체에 대한 특정 정보나 세밀한 요소를 구별해 낼 수 있다. 가령 사람의 말소리가 들린다고 한다면 그 소리를 내는 주체가 여성인지, 남성인지, 아이인지, 성인인지, 노인인지를 식별할 수 있다. 심지어 특정 인물의 목소리를 이미 알고 있다면 그 인물이 누구인지까지도 목소리만으로 구별해 낼 수 있을 것이다. 이뿐 아니라 우리는 소리가 어느 방향으로부터 시작되었고 어느 방향으로 이동하고 있는지까지도 실시간으로 파악할 수 있는 능력이 있어 소리의 움직임과 방향까지도 느낄 수 있다. 우리는 소리 파형을 물리적 요소를 통해 분석하는 과정에서 소리에 대한 많은 것을 알 수 있지만, 소리가 들리는 과정은 이러한 물리적인 것만으로는 완전한 해석이 어렵다. 우리가 듣는 소리는 인지의 영역과 관련되기에 이와 관련하여 복합적인 면에서 해석되어야 할 필요가 있는 것이다. 이 장에서는 우리가 소리를 어느 범위에서 어떻게 듣게 되는지를 살펴보려고 한다.

인간의 가청한계

Audible Range

이미 잘 알려져 있다시피 인간의 귀가 반응하는 주파수의 범위는 약 20Hz에서 20,000Hz 사이이다. 그리고 인간이 들을 수 있는 소리 세기의 범위는 0dB에서 130dB 사이이다. 이 범위를 넘어서면 귀의 기저막 안에서는 온전한 소리로써 받아들이지 못하고 우리는 소리로 듣지 못하게 된다. 만약 소리가 가진 주파수가 20Hz 이하라고 한다면, 우리는 소리 자체를 들을 수는 있겠으나 그 소리를 연속적인 음으로 듣지는 못할 것이다. 가청범위 아래의 소리 주파수를 듣게 되면 진동을 개별적으로 듣거나 희미한 진동의 연속으로 듣게 된다. 이러한 진동의 양상은 다음 그래프와 같이 표현된다.

만약 이러한 진동이 적당히 강하다면, 우리는 마치 클럽 안에서 베이스가 울리는 소리와 같은 진동을 몸으로 느낄 수 있게 되지만 음고는

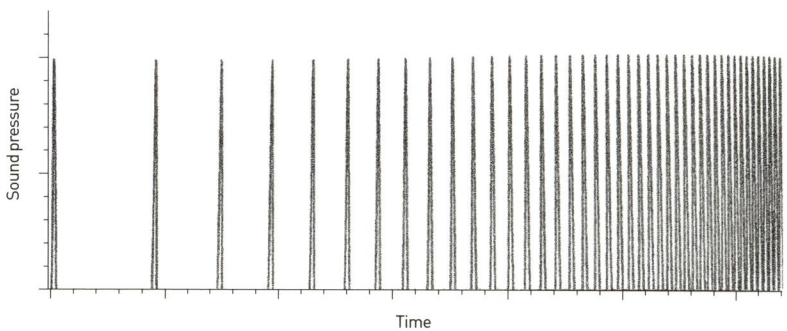

:: 20Hz 이하의 소리 진동

듣지 못한다. 또한 20,000Hz라는 가청한계를 넘어선 소리는 아무런 소리가 들리지 않는 상태인 정적(靜寂)으로 받아들이게 된다.

인간이 들을 수 있는 가청범위를 더 자세히 살펴보기 전에, 우리는 사람마다 소리의 주파수와 강도를 다르게 듣는다는 것을 염두에 둘 필요가 있다. 이는 사람마다 청각기관(Auditory Organ)을 통해 들을 수 있는 청각 능력이 다르기 때문이다. 어떤 사람은 아주 작은 소리도 민감하게 받아들이고, 어떤 사람은 어느 정도의 큰 소리도 잘 듣지 못한다. 그러나 아무리 청력이 뛰어난 사람이 있다고 할지라도 20,000Hz 이상의 주파수 소리를 들을 수 있는 사람은 그리 많지 않다. 더 정확히 말하자면 많은 사람의 경우, 17,000~18,000Hz가 들을 수 있는 소리 주파수의 마지노선이라고 할 수 있다. 더군다나 인간이 들을 수 있는 가청

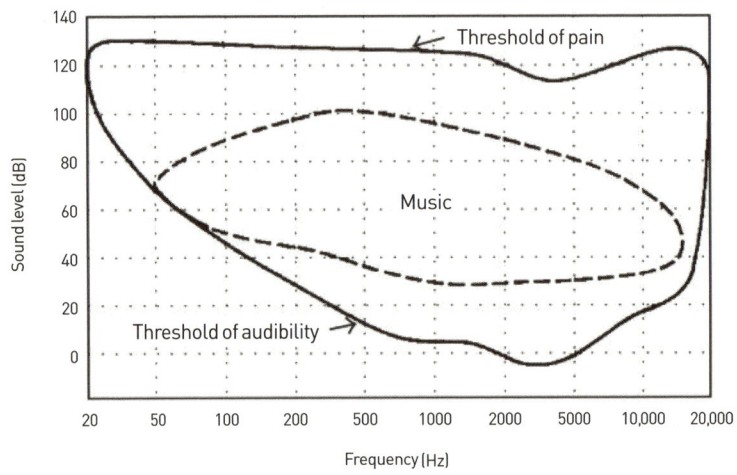

:: 주파수와 강도에 따른 인간의 가청범위

범위는 나이가 들면서 점차 줄어들게 된다. 여성은 남성보다 청력을 좀 덜 잃게 된다고 알려져 있다. 일반적으로 여성의 경우 60세가량이 되면 10,000Hz까지 밖에 듣지 못하게 되며 남성은 5,000Hz까지 그 범위가 더 낮다고 알려져 있다.[2]

앞의 그림은 일반 청력을 가진 사람이 주파수의 변화에 따라 정현파를 들을 수 있는 가청영역의 범위를 일반화하여 보여 주는 그래프이다.

그래프상에서 가장 큰 선의 안쪽은 주파수에 따른 인간의 가청영역을 표시한 것이다. 그리고 더 안쪽은 음악에서 사용되는 영역을 의미한다. 그래프를 통해서 확인할 수 있는 것은, 낮은 주파수의 소리일수록 큰 소리여야만 들리게 된다는 사실이다. 이는 같은 강도를 가진 소리이더라도 주파수의 높낮이에 따라서 들릴 수도 있고 들리지 않을 수도 있다는 의미이기도 하다. 이러한 가청범위는 물리적 법칙에 의한 것이 아니다. 이는 인간의 인지 영역을 나타낸 것이다. 우리의 귀가 왜 이렇게 듣게 되는지를 설명할 수 있는 원리와 이유는 이 세상에 존재하지 않는다. 일각에서는 아마도 인간의 청력이 인간의 목소리가 가진 주파수들에 맞게 진화되었으리라고 추측하고 있을 뿐이다.

반면 동물들이 들을 수 있는 주파수의 범위는 인간의 능력과 비교해보았을 때, 매우 광범위하다. 예를 들어, 돌고래와 박쥐는 100,000Hz 이상의 초음파를 들을 수 있으며, 고래 중 일부는 7Hz 이하의 초저주파를 감지할 수도 있다. 다음은 동물이 들을 수 있는 주파수의 범위를 나타낸 표이다.[3]

매	가청 주파수 범위(단위: Hz)
거북이	20~1000
금붕어	100~2000
닭	125~2000
개구리	100~3000
비둘기	200~10000
코끼리	17~10500
참새	250~12000
올빼미	200~12000
침팬지	100~20000
소	23~35000
말	55~33500
양	125~42500
토끼	300~45000
개	50~46000
고양이	30~50000
기니피그	150~50000
쥐	1000~60000
생쥐	1000~100000
박쥐	3000~120000
돌고래(병코 돌고래)	1000~130000

:: 동물들의 가청 주파수의 범위

소음의 레벨

Noise Levels

인간은 음고와 마찬가지로 음량도 내부적인 복잡한 방식으로 듣는다. 음고는 한 가지의 속성, 즉 음파의 주기성을 나타내는 주파수에 의해서 달리 들린다. 그런데 소리의 강도와 크기 사이의 관계는 이보다 더 복잡한 작용을 한다고 볼 수 있다. 음량을 듣는 면에 있어서 가장 먼저 고려해야 할 사항은 소음의 정도이다. 일반적으로 우리 주변은 시끄러운 소음이 존재하고 있기에 본래 소리가 나는 지점으로부터 전달되는 소리의 강도를 그대로 들을 수 없다. 예를 들어, 자동차가 다니는 거리의 소음 수준은 약 30dB이고 도시의 야간 소음은 약 40dB이다. 이러한 소음 사이에서 온전한 소리를 듣기란 어려운 일이다. 다음 표는 다양한 환경에서 나는 소음의 수준을 보여 준다.

소음이 나는 장소 혹은 상황	소음 레벨(단위: dBA)
귀에 고통을 주는 한계	130
망치로 판을 강타하는 상황	114
리벳을 박는 기계	97
공장들과 상점들	50~75
차량이 번잡한 도로	68
일반 대화	65
철도역	55~65

공항 터미널	55~65
경기장	55
큰 사무실	60~65
공장의 사무실	60~63
큰 상점	50~60
중간 크기의 상점	45~60
레스토랑과 식사 공간	45~55
중간 크기의 사무실	45~55
50mph 속도의 자동차	45~50
주차장	55
작은 상점	45~55
호텔	42
아파트	42
도시의 집	40
시골의 집	30
영화관	25~35(관객이 찰경우: 5~15를 더함)
빈 콘서트홀	25~35(관객이 찰경우: 5~15를 더함)
빈 교회	30(관객이 찰경우: 5~15를 더함)
빈 교실	30(관객이 찰경우: 5~15를 더함)
관객이 없는 방송 스튜디오	20~25
관객이 없는 TV 스튜디오	25~35
관객이 있는 TV 스튜디오	30~40

영화 촬영 스테이지	20~35
녹음 스튜디오	20~30
평균 속삭임	15~20
작은 속삭임	10~15
가청한계	0~5

:: 다양한 환경에서의 소음레벨

표에서 보듯, 현대 사회에서 소음의 방해가 없는 장소로 가고 싶다면, 스튜디오나 콘서트홀이 적절할 것이다. 비교적 조용한 청중이 있는 콘서트홀의 평균 소음 수준은 약 40dB이며, 비어 있는 홀의 소음 수준은 35dB이 초과하지 않도록 설계된다.

등청감 곡선

Equal Loudness Contour

인간이 느끼는 음량의 정도를 라우드니스(Loudness)라고 한다. 인간의 귀는 물리적으로 같은 크기의 소리라도 주파수에 따라 다르게 느끼게 된다. 그래서 인간이 들을 수 있는 가청범위를 알기 위해서는 같은 크기의 소리에서 들리는 주파수별 음압 수준을 알아야 할 필요가 있다. 이를 함축적으로 보여 주는 그래프로는 등청감 곡선(Equal Loudness

Contour)이 있다. 등청감 곡선은 1933년 하비 플레처(Harvey Fletcher, 1884~1981)와 먼슨(Munson Wilden A. 1902~1982)에 의해 개발된 곡선으로, 플레처 먼슨 곡선(Fletcher-Munson Curve)이라고도 부른다. 1933년 플레처와 먼슨은 인간의 귀가 서로 다른 소리 레벨에서 주파수를 어떻게 인식하는지에 관한 연구를 했다. 이들은 청각 장애가 없는 젊은 청자가 같은 음의 세기로 느끼는 점을 곡선으로 연결하여 가청 주파수에 대한 음의 세기와 크기를 나타냈다. 이후, 이 곡선은 로빈슨 더드슨(Robinson-Dudson)이 발전시켜서 국제 표준화 기구(ISO)에서 국제적으

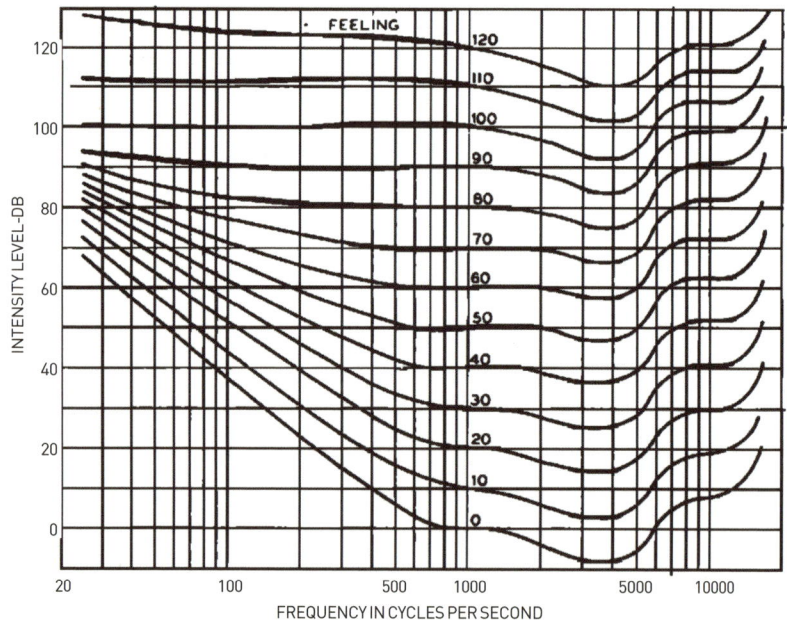

:: 플레처·먼슨 곡선

로 사용되는 등청감 곡선으로 채택되었다.[4] 앞의 그래프를 보면, 인간의 귀에 같은 음량으로 인식되는 각 주파수의 세기(dB)를 이은 곡선들을 확인할 수 있다. 각 곡선의 중앙에 표기된 숫자는 음량을 폰(Phons) 단위로 나타낸 것이다.

그래프의 곡선은 인간의 귀로 지각할 수 있는 가장 낮은 주파수(16~20Hz)부터 초음파에 가까운 주파수(16,000~40,000Hz)까지 가청 주파수에 대한 음의 세기와 크기의 관계를 보여 준다. 가장 아래에 있는 곡선은 인간이 들을 수 있는 가청범위의 한계를 나타내며, 가장 위의 곡선은 인간의 귀가 통증을 느낄 정도의 소리 크기의 한계를 의미한다.[5] 곡선을 보면 인간의 귀는 3,000~5,000Hz 범위에서 가장 쉽게 소리를 인지한다는 것을 알 수 있다. 그러나 이 구간에서는 소리의 세기를 듣는 인지능력은 감소한다는 것 또한 확인할 수 있다.

플레처 먼슨 곡선에서 위쪽의 곡선들은 아래쪽의 곡선보다 하락하는 정도가 낮다. 아주 큰 소리의 범위에서는 주파수에 따른 크기의 변화가 거의 없지만, 아주 약한 소리의 범위에서는 소리 크기의 변화가 상대적으로 크다. 이는 같은 강도를 지닌 소리가 있다고 한다면, 주파수에 따라서 큰 소리보다 작은 소리의 음량 변화가 크다는 것을 의미한다. 그래프의 모든 선은 아래로 움푹 들어간 곡선의 형태를 취하고 있는데, 이 부분은 1,000~6,000Hz 정도의 음역이다. 이를 통해, 주파수 1,000Hz를 기점으로, 저음으로 내려갈수록 더욱 큰 강도를 가진 소리여야 같은 음량의 소리가 난다는 사실을 확인할 수 있다.[6]

하비 플레처

Harvey Fletcher, 1884~1981

  미국의 물리학자 하비 플레처는 '스테레오 사운드의 아버지(Father of Stereophonic Sound)'로 알려져 있다. 그는 청력계와 초기 전자 보청기의 발명에 기여한 인물로 언어와 청각의 본질에 관해 연구했다. 이외에도 음향학, 전기 공학, 의학, 원자 물리학에 기여했다.

  그는 벨 연구소에서 전기 음향 녹음(Electrical Sound Recording) 연구를 감독했다. 이 과정에서는 최초의 성공적인 스테레오 녹음 작업을 했으며, 실시간 스테레오 음향 전송(Stereo Sound Transmission), 축음기의 레코드판(vinyl recording)이 제작되었다. 이 모든 작업은 필라델피아 오케스트라(Philadelphia Orchestra)의 지휘자인 레오폴드 스토코프스키

:: 하비 플레처

:: 실험 중인 플레처와 스토코프스키

(Leopold Anthony Stokowski, 1882~1977)의 도움으로 1931년부터 1932
년까지 이루어졌다. 그의 연구의 대부분은 많은 주목을 받았으며, 저서
로는 『음성과 청각』(*Speech and Hearing*, 1929)이 있고, 『소통으로서의
음성과 청각』(*Speech and Hearing in Communication*, 1953)은 주목할 만
한 논문들 중 하나로 남아 있다.

마스킹 효과

Masking Effect

　우리는 여러 상황에 따라 소리를 다르게 듣게 된다. 지금부터는 우리가 여러 상황에 따라 소리를 달리 듣는 다양한 효과를 알아보도록 하자. 먼저 우리는 이미 경험을 통해 작은 소리가 큰 소리에 묻혀 버린다는 사실을 잘 알고 있다. 예를 들어, 우리는 새벽 아침에 참새가 지저귀는 소리나 곤충이 우는 소리를 들을 수 있는데, 이것은 낮에는 잘 듣지 못하는 소리이다. 그것은 더 큰 소리 때문에 상대적으로 작은 소리가 가려지기 때문이다. 또 비행기가 이착륙하는 공항에서는 주변의 소리가 들리지 않게 되는 것도 이와 유사한 예이다. 이처럼 큰 소리로 인하여 듣고자 하는 작은 소리가 잘 들리지 않게 되는 현상을 마스킹 효과(Masking Effect)라고 한다. 이때 작은 소리를 듣는 것을 방해하는 큰 소리는 마스커(Masker)라고 하고, 파묻혀 버리는 작은 소리는 마스키(Maskee)라고 한다.

　그럼 마스킹 효과를 조금 더 자세하게 살펴보도록 하자. 예를 들어, 우리가 1,000Hz와 같은 큰 소리의 음과 그보다 18dB 적은 1,100Hz의 음을 동시에 듣게 된다고 가정해 보자. 그렇게 된다면, 우리는 1,100Hz 음은 듣지 못하게 될 것이다. 1,100Hz 음은 1,000Hz와 같은 큰 소리에 의해 가려져 버리게 될 것이기 때문이다. 상대적으로 큰 소리인 마스커가 더욱 강할수록 마스키의 가청 강도의 역치(Threshold)는 올라간다. 그리고 어떤 음이든지 마스커가 더 강해질수록 마스키의 음은 가려져 버릴 수밖에 없다. 마스킹에 대한 최초의 체계적인 연구는

1924년 벨 연구소(Bell Laboratories)에서 수행되었었는데, 이러한 연구에서는 마스커에 대한 마스키의 역치의 변화(Thereshold Shift) 등에 관한 내용을 담고 있다.[7]

마스킹 효과는 음악에서 매우 중요하게 작용한다. 사실 잡음이 음악을 마스킹하는 경우는 많지 않다고 볼 수 있다. 실제 연주에서 더욱 고려되어야 할 상황은 연주의 소리가 다른 연주 소리를 마스킹하게 되는 경우이다. 예를 들어, 1894년, 미국의 물리학자였던 알프레드 메이어(Alfred Marshall Mayer, 1836~1897)는 한 연주회장에서 바이올린 소리가 관악기의 소리로 덮혀 버리는 상황을 비난한 바 있다. 그는 낮은음의 강한 소리가 약한 고음의 소리를 가릴 수는 있지만 높은음의 소리가 낮은음의 소리를 가릴 수 없다는 점을 알고 있었고, 소리 편성을 잘못한 지휘자들이 이러한 소리를 묻히게 한 원인을 제공했다고 비난했다. 이처럼 관악기가 상대적으로 작은 악기 소리를 가리게 되면 연주자는 자신의 연주조차 들을 수 없으며, 이 소리는 당연히 관객에게도 전달될 수 없게 된다. 따라서 많은 악기가 동시에 연주되는 상황에서는 악기의 편성과 음향효과를 세심하게 조절해야 할 필요가 있다.

칵테일파티 효과

Cocktail Party Effect

칵테일파티 효과(Cocktail Party Effect)는 파티에서 사람들이 무척이나 시끄러운 주변 소음이 있는 공간에서 대화를 나누고 있음에도 불구하고 서로의 말소리를 잘 들을 수 있는 현상으로부터 유래한 단어이다. 이러한 소리를 들을 수 있는 이유는 인간의 귀가 소음이 있음에도 소리를 선택하여 집중해서 받아들이는 능력이 있기 때문이다. 주변 환경과 상관 없이 자신에게 의미 있는 정보만을 선택적으로 듣게 되는 심리학적 현상을 우리는 선택적 지각(Selective Perception)이라고 하며, 다른 말로 자기 관련 효과(Self-Referential Effect)라고도 한다.

영국의 인지과학자였던 에드워드 콜린 체리(Edward Colin Cherry, 1914~1979)는 오늘날 칵테일파티 효과라고 알려진 현상을 최초로 연구한 인물이다.[8] 칵테일파티 효과에 관한 초기 연구의 목적은 1950년대 초기 항공관제사의 직무를 위한 것이었다. 당시 항공관제사들은 조종사의 음성 메시지를 확성기로 들었는데, 많은 조종사가 근접해 있으면 하나의 중앙 확성기를 통해 많은 목소리를 동시에 들어야만 했기에 항공관제사들이 직무를 수행하기에 어려움이 있었다. 이를 해결하고자 하는 방안으로 관련 연구가 시작된 것이었다. 이후 시간이 지나서 2012년, 미국의 연구팀은 칵테일파티 효과가 인간의 두뇌 움직임과 관련이 있다는 증거를 입증하였다. 이에 따라 칵테일 효과는 인간의 뇌가 듣고 싶은 소리를 선택하여 처리하기 때문이라는 사실을 알게 된 것이다. 그 후 두뇌의 움직임을 스펙트로그램(Spectrogram)으로 바꾸어 데이터화하는 방식으로 이 효과가 연구되었고, '인간은 듣고 싶은 말만 듣는다'라는 가정이 사실로 입증되었다.

양이 효과

Binaural Effect

생물학적으로 인간의 귀는 양쪽의 좌우에 있다. 이 때문에 동일한 소리를 듣게 되더라도 양쪽 귀에 전달되는 음압의 세기, 위상, 시간 등을 받아들이는 정도는 서로 달라질 수 있다. 따라서 우리가 양쪽 귀로 듣는 소리와 한쪽 귀로만 듣는 소리는 다르다는 것을 알 수 있다. 어떠한 음을 한쪽 귀로만 듣게 되면 우리는 그 소리의 정보만을 들을 수 있으나, 양쪽 귀로 동시에 듣게 된다면 우리는 음원이 나오는 방향이나 그 음원이 발생하는 위치가 어느 정도 떨어져 있는지와 같은 더 많은 정보를 알 수 있다. 이것을 우리는 양이 효과(兩耳效果, Binaural Effect)라고 한다.

하스 효과

Hass Effect

우리가 사람이 있는 위치로부터 일정 간격으로 떨어져 있는 두 지점에 스피커를 배치하고, 이 스피커에서 같은 음이 나온다고 가정해 보자. 그렇게 되면 우리는 스피커의 중앙에서 음이 나오는 것처럼 들리게 될 것이다. 우리는 이것을 '음상이 정위(定位) 되었다'라고 표현한다. 즉, 이는 하나의 소리를 다른 방향에 있는 같은 음량으로 울렸을 때, 인간의 귀에 도달한 소리의 음원 방향에서 소리의 정위가 한쪽으로 치우쳐져 들리는 효과이다. 이때 한쪽 편의 스피커의 지연 시작을 늘리게 되면, 지연이 없는 스피커로 음악은 이동한다. 실험에서는 도달하는 시간 차이가 1~30초(s)의 범위 안에서 발생하는데, 50밀리초(ms) 이상이 되면 두 개의 소리는 마치 분리된 것과 같이 들리게 된다. 이 현상을 우리는 하스 효과(Haas Effect) 또는 선행음 효과라고 한다.

협화음과 불협화음

The Consonance and Dissonance

   그렇다면 음악 안에서는 우리가 소리를 어떻게 인지하게 될까? 먼저 음악에는 소리가 내포한 음고가 길이나 리듬과 어울려 나타나는 흐름을 의미하는 선율(旋律, Melody)이 존재한다. 또 음악에는 여러 성부가 동시에 울리는 음향의 시간적 흐름을 의미하는 화성(和聲, Harmony)이라는 개념도 있다. 화성을 완성하는 것은 음고가 다른 두 개 이상의 음이 동시에 울려서 만들어지는 화음(和音, Chord)의 조합이다. 화음은 악장이나 악구로서 기능하는 음조 간의 잘 알려진 화음 진행(Harmonic Progression)이나 변조(變調)와 연관된다.[9]
   이러한 구성으로 이루어진 음악 작곡의 긴 역사에서는 이 화음 간의 진행이 특별한 감정을 불러일으킨다는 전제하에 많은 연구가 이루어졌다. 화음에 있어 무엇보다 중요한 지점은 어떠한 음 간격을 사용하여 음악이 어떻게 들리도록 유도할 것이며, 그것을 청자가 어떻게 받아들일 수 있느냐에 있다고 할 수 있다. 역사적으로 학자들은 오랜 시대를 거쳐 이러한 문제를 협화음과 불협화음으로 나누어 논의해 왔다. 이에 협화음과 불협화음에 대해서는 여러 견해가 있어 왔고, 그 논란의 중심에는 감정을 불러일으키는 협화음과 불협화음의 요인이 과연 무엇인가에 대한 의문이 존재하고 있었다.

협화음과 불협화음에 관련된 이러한 논의는 크게 두 가지로 정리될 수 있다. 첫 번째로는 협화음과 불협화음에서 어울림의 정도를 결정짓는 음 관계가 '물리적인 속성(Physical Properties)'에서 비롯되었다는 견해이며, 두 번째는 협화음과 불협화음에서 어울림의 정도를 결정짓는 음 관계가 '듣는 대상'에 따라 달라진다는 견해이다. 첫 번째에는 물리적 속성이 인간의 규칙과 관습을 형성했다는 전제가 담겨 있다. 따라서 이는 잘 어울리는 화음을 정의하는 면에 좀 더 주안점을 둔 견해라고 할 수 있다. 두 번째에는 협화음과 불협화음을 청자의 주관적 판단에 초점을 두어 해석한 것이라고 할 수 있다. 이는 생리학과 심리학적 속성을 통하여 이론화한 흔적을 남겼다. 이제부터는 우리가 협화음과 불협화음을 어떻게 듣는지 알아보기 위해 두 견해를 바탕으로 이루어진 논의를 살펴보도록 하자.

협화음과 불협화음의 역사

The History of Consonance and Dissonance

기원후 9세기까지, 고대 그리스의 음악에는 오늘날과 같은 의미의 화음, 즉 서로 다른 높이의 음이 동시적으로 울리는 것을 의미하는 개념은 존재하지 않았다. 당시의 화음이란, 선율 상에서 나타나는 음 관계만을 의미했고, 음계를 만들어 내는 수단일 뿐이었다.

약 900년부터 1300년경 사이, 다성음악(Polyphony)이 처음으로 만들어지던 시기의 화음이란, 음악적인 맥락을 만들어 내는 화음의 개념과는 거리가 있었다. 이 시기에는 협화음과 불협화음을 구분하는 기준만이 존재하고 있었다. 예를 들어, 옥타브, 5도, 4도, 옥타브와 5도, 옥타브와 4도와 같은 단 6개의 음정을 협화음으로, 3도와 6도는 불협화음으로 보았다. 이와 같은 협화음과 불협화음은 피타고라스의 음계이론으로부터 비롯된 것이었다. 1300년부터 1700년까지, 대위법(對位法, Counterpoint)과 통주저음(通奏低音, Basso Continuo)이 사용되는 시점에 이르러서야 화음은 음악적인 맥락을 만들어 내는 개념으로 전환된다. 이 시기의 화음은, 음악적 맥락 속에서 음이 어떠한 집합적인 요소를 통해 해석되는 경향을 보였다. 예를 들어, 같은 음은 어떠한 맥락 안에서는 협화음으로, 어떠한 맥락 안에서는 불협화음으로 해석될 수 있었다. 이때, 협화음으로 해석되는 음 관계에는 3도와 6도가 포함되었다. 16세기부터 17세기 사이, 음고에 따른 주파수의 관계는 갈릴레오 갈릴레이와 마랑 메르센에 의해서 연구되었다.

18세기에 이르자 바로크 시대의 프랑스 음악가, 장 필립 라모(Jean Philippe Rameau, 1683~1764)는 저서, 『화성법』(*Traité de l'harmonie*, 1722)을 출판하여 화음의 개념에 관해 논했다. 당시의 화음은 통주저음에서 베이스의 위나 아래에다 숫자로 음을 지시하는 숫자 저음(Figured Bass)이라는 형태로 그 개념을 반영하고 있었지만, 라모의 화성법이 출판되기 전까지는 그리 널리 인정되어 사용되고 있지는 않았다. 라모는 저서에서 근음(根音, Fundamental Root)의 개념을 음악에 도입하여 화음의 해석 방법을 제시했다. 근음은 3도로 된 음정의 세 음이 3화음을 이루고 있을 때 가장 낮은음을 지정함으로써, 화음을 음표로 표현하고 이름을 지정할 수 있다는 개념이다. 따라서 이때부터 화음의 개별 음들은

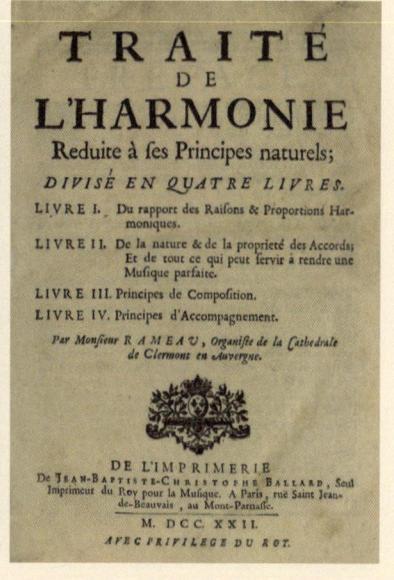

:: 라모와 『화성법』

근음과의 관계로 비교할 수 있었고, 이에 따라 협화음이나 불협화음을 논할 수 있었다.

물리적 속성

Physical Properties

협화음과 불협화음에서 어울림의 정도를 결정짓는 음 관계가 물리적인 속성으로부터 비롯되었다는 주장은 음 간격의 주파수 비율과 관련이 있다. 피타고라스는 음계를 완성하는 과정에서 '단순한 비율이 듣기 좋은 소리를 낸다'라고 주장했지만, 엄밀히 말하면, 그의 이론에서는 '비율의 어디까지를 단순하다고 볼 수 있을 것인가?'에 대한 문제가 남아 있었다. 또한, 피타고라스의 비율이론에는 '조율에 따라 변하는 비율을 어떻게 해석할 것인가?'에 대한 문제도 있었다. 우리가 잘 알다시피 조율의 방식에 따라서 주파수와 음 간격은 조금씩 달라질 수 있고, 이에 따라 인간이 느끼는 음 간격의 어울림의 정도는 달라질 수 있기 때문이다.

시간이 흘러 17세기에 나타난 더욱 발전된 음향학은 피타고라스의 비율이론에 더 많은 의문을 불러일으켰다. 이 시기에는 음악적 소리를 형성하는 배음의 존재가 발견되었기 때문이다. 배음의 존재는 사람들에게 기본음에 대한 비율만으로 어울림을 논한다는 것에 무리가 있다는 사실을 깨닫게 해주었다. 더불어 같은 시기에는 현악기나 관악기의 음이 기본음의 정수배가 되는 부분음을 가지고 있다는 사실이 증명되었는데, 18세기에 이르러 사람들은 이를 협화음과 불협화음을 결정짓는 특성으로 보기 시작했다.

물리적 속성: 맥놀이 현상

Physical Properties: Beats

19세기의 협화음과 불협화음에 대한 이론을 이전보다 좀 더 과학적으로 다룬 인물은 헬름홀츠이다. 그는 협화음과 불협화음의 문제를 전적으로 맥놀이(Beats) 현상의 관점에서 설명하고자 했다. 그는 대부분 음의 주파수는 지각되지 않는 낮은 주파수의 배수로 이루어지며, 이것이 음색을 형성한다고 보았다. 그리고 두 개의 진동이 비슷한 주파수로 일어날 때, 이들은 서로 번갈아 가며 진동수가 커졌다 작아졌다가 하는 맥놀이라고 불리는 가청 리듬을 형성한다고 주장했다.

헬름홀츠는 소리의 음에서 부분음의 주파수 간격이 작으면 맥놀이를 듣게 되고, 간격이 크면 맥놀이가 '거칠기(Roughness)'로 변한다고 설명했다. 그는 또한 두 개의 서로 다른 주파수가 있는 음에서, 두 음의 간격이 30~40Hz가 될 때, 가장 거친 음을 형성한다고 보았다. 이때, 두 음 간격 주파수의 크기가 더욱 커지게 되면, 거칠기는 사라지며 협화음의 느낌이 나는 소리로 다시금 들리게 된다고 설명했다.

헬름홀츠는 '거칠기'라고 부르는 구간의 음 간격을 구체적으로 명시하고자 했다. 그는 특정 주파수에서 진동이 특히 불쾌하게 느껴진다는 것을 발견하여, 이를 수학적으로 가정했고 부분음들 사이에서 형성되는 맥놀이의 수에 따른 거칠기의 양을 계산했다. 계산 결과는 숫자로 나타났고, 곧 그는 이러한 결과를 더욱 직관적으로 이해할 수 있도록 그림으로 제시했다. 다음은 순정률을 형성하는 음 간격에서 거칠기가

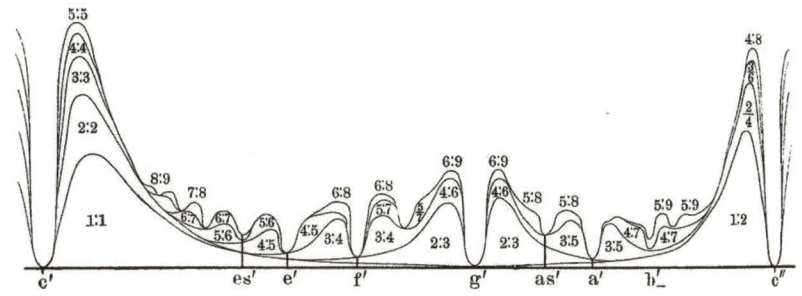

:: **헬름홀츠의 거칠기 구간**

어떠한지를 보여 주는 헬름홀츠의 그래프이다.[10]

그래프에 나타난 두 개의 숫자는 헬름홀츠의 관점에서 '불쾌감'을 유발하는 부분을 의미한다. 순정률을 형성하는 음 간격 구간에서는 거칠기가 아주 낮게 나타났지만, 순정률의 음 간격을 벗어날 때는 거칠기가 높게 나타남을 확인할 수 있다.[11]

이와 같은 설명을 간단히 정리해 보자면, 헬름홀츠는 두 음이 있고, 그 음의 부분음 간에 맥놀이가 없거나, 적게 존재하고 있다면, 두 음 간의 음 간격이 조화로운 소리를 낸다고 보았다. 반면 그는 불협화음의 경우, 서로 다른 음의 부분음들 사이의 주파수가 너무 가까이 위치하게 되어, 그 사이에 맥놀이가 형성되고, 그 맥놀이로 인해 우리가 불협화음을 지각하게 된다고 본 것이다.[12]

생리학적 속성: 임계대역폭
Physiological Properties: Critical Bandwidth

    19세기 헬름홀츠의 이론은 발표될 당시에 매우 높은 수준의 물리적이고 수학적인 사고를 보여 주었다는 평가를 받았다. 그렇지만 1960년대에 이르러 발표된 플롬프와 리벨트(Plomp and Levelt, 1965)의 임계대역폭에 대한 연구에 이르러서는 헬름홀츠의 주장이 너무나 단순한 견해인 것이 증명되고야 말았다.[13] 임계대역폭을 최초로 주장한 사람은 독일의 음향학과 교수였던 칼 지비커(Karl Eberhard Zwicker, 1924~1990)였다. 지비커 교수는 주파수마다의 임계대역폭을 측정했고 이를 모델링하여 제시했는데, 이후 플롬프와 리벨트의 연구로 인해 인간의 귀의 생리학적 속성을 더 정밀하게 알게 된 것이다. 무엇보다 인간은 느린 맥놀이에서는 불협화음을 느낄 수 없었다. 더군다나 느린 맥놀이에서는 진폭의 상승과 하락만을 나타내는 단순한 트레몰로(Tremolo) 현상만이 나타날 뿐이었다. 더 나아가 이는 두 개의 정형파나 순음의 주파수를 천천히 분리하게 되면, 두 음의 주파수가 멀리 떨어져 있다고 하더라도, 맥놀이가 들리지 않을 정도로 불쾌한 '거칠기' 음을 듣게 된다는 헬름홀츠의 주장도 무색하게 만들었다. 이렇게 우리가 맥놀이나 거칠기를 듣는 주파수의 범위를 임계대역폭(Critical Bandwidth)이라고 한다. 이와 관련하여 플롬프와 리벨트는 다양한 음고의 정형파로 협화음과 불협화음에 대한 실험과 연구를 진행했고, 협화음과 불협화음을 수치화하여 그래프로 나타내게 된다. 이 실험은 사람들이 소리를 들을 때

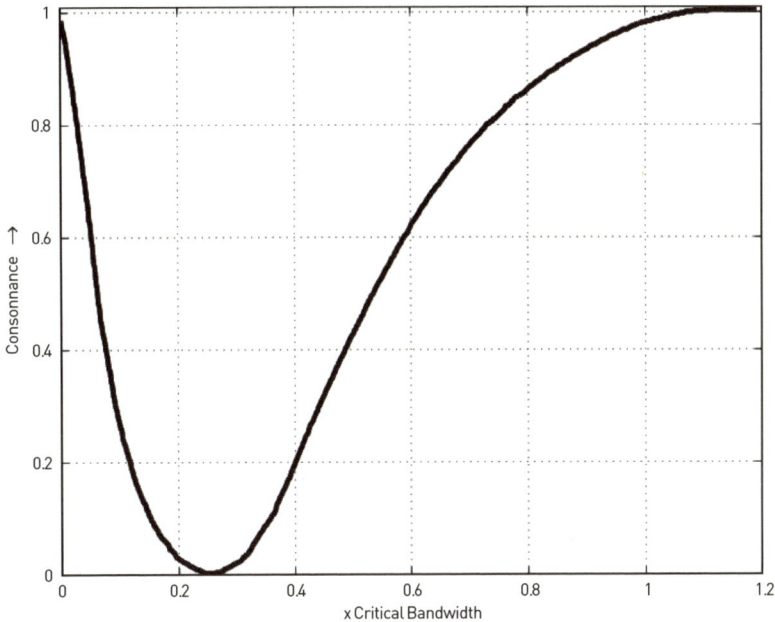

:: 플롬프와 리벨트의 그래프

껄끄러운 정도를 조사하여 수치화해 내는 과정으로 이루어졌다. 실험의 대상은 음악을 배우지 않은 사람들을 대상으로 하였는데, 결과는 불협화음을 0으로, 또 협화음을 1로 두어 앞과 같은 그래프가 제시되었다.[14]

그래프를 보면 임계대역폭과 협화음 간의 관계를 확인할 수 있다. 그래프의 가로축은 임계대역폭의 배수를 가리키며 세로축은 협화음의 정도를 의미한다. 그래프 선의 1/4 지점쯤에서는 최대치의 불협화음이 감지되고, 이후 주파수의 간격이 더욱 벌어질 경우, 협화음은 증가하며,

대략 1 임계대역폭 이상에서는 협화음이 나타난다. 전체적으로 두 음의 주파수 간격 차이가 벌어지게 되면 어울림 정도가 높아지며, 특정 지점에 다다르면, 그래프가 평평한 모양을 보이는 플래토 현상(Plateau, 現象)이 나타나 협화음을 낸다는 것을 알 수 있다. 이러한 결과는 인간의 청각에 대한 중요한 발견이었다고 볼 수 있었다. 주파수 성분이 임계대역폭보다 더 분리되게 되면 인간의 귀가 이를 개별적으로 들을 수 있는 능력이 있다는 사실을 알게 된 것이기 때문이다. 또 임계대역폭 범위상에 존재하는 주파수 성분은 상호작용을 하여 우리의 귀에 맥놀이, 거칠기, 소음을 일으키게 된다는 사실도 알아낸 셈이다. 즉 임계대역폭은 인간의 귀가 주파수를 분해하는 방식으로부터 나타난 결과이다.

플롬프와 레벨트 이론의 핵심이라 할 수 있는 부분은 임계대역폭의 결과를 인간의 생리학과 연관시켰다는 점이다. 우리는 앞서 귀의 달팽이관 속의 기저막을 통해서 인간이 음고를 인지한다는 사실을 살펴보았다. 기저막 안에 있는 말초 신경 섬모 중 어느 섬모가 진동으로 자극되었는가에 의해서 우리는 음의 높이를 식별할 수 있게 된다는 사실을 말이다. 플롬프와 레벨트는 바로 이점을 임계대역폭의 결과와 연관시켰다. 예를 들어, 동떨어져 있는 두 음은 거칠기를 만들어 내지 않는다. 그러나 C 음과 C#음과 같은 근접한 음은 인간의 귀의 달팽이관 속에 있는 기저막 상에서 같은 영역에 자리 잡고 있어 거칠기를 만들어 내고, 결국 우리는 두음을 불협화음으로 감지하게 된다. 다시 말해, 이 말은 인간의 기저막이 임계대역폭의 플래토 지점과 일치한다는 것을 의미한다. 플롬프와 레벨트는 다음과 같이 복합음이 가지는 협화도를 측

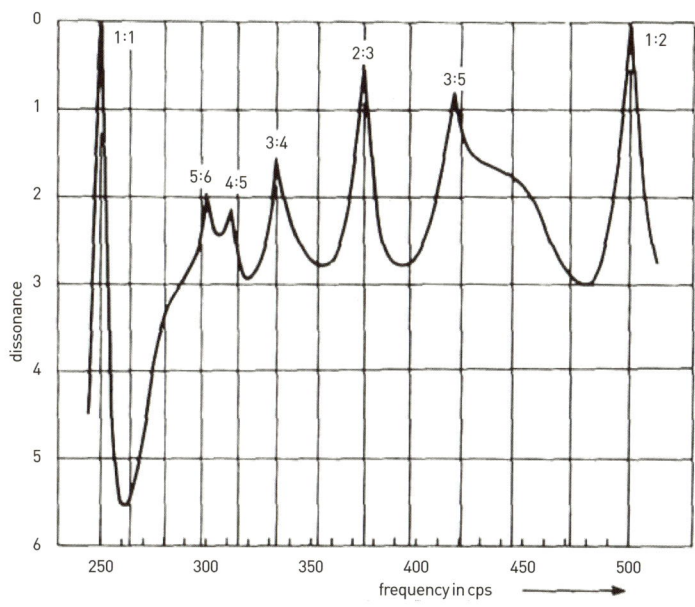

:: 플롬프와 리벨트의 협화도 그래프

정하여 그래프로 나타내기도 했다.

　그래프를 보면, 같은 음(1:1)과 옥타브 음(1:2)은 불협화음 수치가 0 으로, 충돌하지 않는 것을 볼 수 있다. 그러나 다른 음들은 불협화음 수 치가 다양하게 나타나는 것을 확인할 수 있다. 즉 음악에서는 악보 위 의 음정을 통해 협화음과 불협화음을 가늠하지만, 사실상 현대의 음향 학에서는 현재 제공되는 소리의 기본음과 배음들을 고려하여 귀에 들 리는 것을 수치로 계산할 수 있다. 따라서 협화도의 판정은 악보상으로 하기보다는 현재 제공된 음의 성분 간의 협화와 비협화를 수량으로 누 적 계산해서 협화도를 측정하는 게 적절하다고 볼 수 있다.

현대의 시점에서 플롬프와 레벨트의 임계대역폭 이론과 헬름홀츠의 맥놀이 현상의 이론을 비교해 보면, 공통점과 차이점을 발견할 수 있다. 이 두 이론 모두는 두 음이 존재하고 있을 때, 음 간격이 서로 가까우면 서로 부딪히는 음으로 거칠게 느껴지며, 음 간격이 넓은 음은 조화를 이루어 부드럽게 들리게 된다는 점을 발견한 지점은 공통된 의견이다. 그렇지만 임계대역폭 이론에 이르러서는 특정 경계에서 어떠한 주파수가 부드럽거나 거친 음을 들려주어 협화음과 불협화음을 만들어 내는지를 밝혀냈다는 점에서 큰 차이가 있다고 말할 수 있다.

결론적으로 협화음과 불협화음은 물리학적 개념과 심리학적 개념이 복합된 개념이라고 할 수 있다. 물리학적 개념을 바탕으로 할지라도, 사람에 따라 협화음이나 불협화음을 결정짓는 것은 그 사람의 청력이나 음악적 경험과 교육의 유무 혹은 개인적 취향에 따라 분명히 달라질 수 있다. 협화음과 불협화음을 구분하는 인간의 절대 음감(絶對音感, Absolute Pitch)도 선천성과 후천성(後天性, Training)의 영향을 모두 받을 수 있다고 알려져 있다. 따라서 협화음과 불협화음은 물리학자, 생리학자, 심리학자들의 업적에 따른 다양한 의견을 종합하여도 결코 단순하게 다룰 수 있는 문제가 아니라고 할 수 있다. 오늘날까지도 이 모든 분야를 종합하여도 협화음과 불협화음에 대한 문제는 여전히 복잡하고도 뚜렷이 풀리지 않는 문제로 남아 있는 것이 사실이다. 여전히 이 문제에는 물리학적 관점에서 증명되는 협화음이나 불협화음의 요소가 있으며, 동시에 인간의 경험과 지각으로 받아들일 수밖에 없는 협화음이나 불협화음을 판단하는 지각적, 심리학적 작용의 영향이 있는 것으로 여겨진다. 이는 여러 요소가 얽히고설켜 있는 복잡한 주제이다. 즉 협화음과 불협화음에 이원론적 정의와 해석이 성립되기에 무리가 있는 것은 분명한 사실이다. 역사적으로도 독일의 작곡가 파울 힌데미트가 언급했듯, "협화음과 불협화음이라는 두 개의 개념은 완전히 설명된 적이 없으며, 수천 년 동안, 이 정의들은 다양하게 표현되어 왔다."[15] 결국 우리가 '협화음과 불협화음을 어떻게 듣는가?'에 대한 주제는 물리학, 생리학, 심리학을 모두 동원해도 뚜렷이 밝혀지지 못한 것으로, 현재에도 진행되고 있는 연구를 계속해서 주목해 보아야 할 필요가 있다.

X

소리가 음악이 되는 음계는 어떻게 만들어졌는가?

설령 아무런 음악교육을 받지 않은 사람이라고 할지라도, 귀에 주기적 소리 파형이 들어오면, 음정의 같음과 다름 혹은 음의 높음과 낮음의 차이는 어느 정도 구분하여 낼 수 있다. 그리고 어느 수준의 음악교육을 받은 사람이라면 귀에 들어오는 소리의 음고를 정확한 음이름으로 표현하거나 악보에 옮겨 적을 수도 있을 것이다. 즉 우리는 음계라는 체계를 학습한 뒤, 소리를 들으면 그 소리를 음계 속의 음정으로 식별해 내어 들을 수 있다. 물론 이 과정은 이미 음계라는 체계 자체가 존재하고 있기에 가능한 것이라고 말할 수 있을 것이다. 그렇다면 음계란 무엇인가? 음계를 이해하려 들 때는 한 음을 기준으로 기본음에 대한 음높이의 계단을 만든다고 상상하면 이해하기가 쉬울 것이다. 이는 소리에서 특정 음과 음 사이(Interval)를 특정 간격으로 나누어 낸 개념이다. 그렇다면 이러한 음계는 과연 언제, 어떻게 만들어져 오늘날과 같은 모습에 이른 것일까?

음계의 생성 역사를 알아보기 위해서는 가장 먼저 음계를 이루고 있는 음률(音律, Temperament)을 살펴볼 필요가 있다. 음률은 음악에서 사용되는 음고의 상대적 관계를 물리적이고 음악적으로 규정한 것이다. 이는 곧 음 간격의 시스템을 맞춘 것을 의미한다.[1]

음률은 크게 두 가지로 나뉠 수 있다. 바로 순정률(純正律, Just Intonation)과 평균율(平均律, Equal Temperament)이다. 현재 우리가 서양 음악에서 주로 사용하고 있는 음률은 한 옥타브를 12등분 하여 만들어 낸 평균율이다. 그리고 현재 거의 모든 건반악기는 평균율로 조율된다. 그러나 엄밀히 말하면, 평균율은 오늘날까지 많은 학자에 의해 제안되어 온 여러 변화의 단계를 거쳐, 가장 합리적이라고 여겨진 하나의 음률이 채택되어 사용되고 있는 것일 뿐이다. 음률은 역사적으로 피타고라스의 음률로부터 그 결함을 일부 수정한 순정률, 피타고라스의 음률과 순정률의 한계를 보완한 가온음률(Mean-Tone Temperament), 그리고 모든 음관계를 동등한 반음으로 나눈 평균율까지의 변화를 거쳤다. 그리고 이 과정에서 나타난 각 음률은 각자가 가지는 장단점이 있다. 이 때문에 오늘날에도 여전히 조금씩 다른 개념의 음률과 음계 체계에 관한 다양한 주장들이 공존하고 있는 것이 사실이다. 이 장에서는 과거부터 오늘날까지, 음률과 음계가 어떻게 변화했는지를 함께 살펴보려고 한다.

피타고라스의 음률

Pythagoras' Temperament

이 책의 앞부분에서 비율이론을 통해 살펴보았듯이('ⅠI.수학적 음악과 과학' 피타고라스의 비율 부분 참조) 피타고라스는 옥타브를 기본음 간격으로 삼고, 이를 더 작은 비율로 세분화하여 음률과 음계를 구성했다. 그는 현의 길이를 다양한 비율로 실험한 결과로 조화로운 소리(협화음, 協和音, Consonance)와 조화롭지 못한 소리(불협화음, 不協和音, Dissonance)의 차이를 만드는 비율을 발견했고, 소리를 정돈된 숫자 체계를 사용한 음계로 구성하려는 최초의 시도를 했다. 그의 음계는 두 음 사이의 진동수 비율이 단순한 정수비로 나타날 때, 조화로운 소리가 난다는 사실에 근거하며, 완전 8도와 완전 5도를 기본으로 설계되었다. 가장 먼저 피타고라스는 특정 음에서 5도를 올리고, 그 음으로부터 4도를 더 올리면 시작 음보다 한 옥타브 위의 음에 이르게 된다는 사실을 발견했다. 다음 단계로 그는 완전 5도의 비율이 2:3을 이룬다는 원리를 적용하여 5도 위의 음을 연속적으로 나열하면서 음계를 구성했다.

피타고라스 음계의 한계

The Limitation of Pythagoras' Scale

결론적으로 피타고라스의 음계는 이론적으로 결함이 있는 음계라고 할 수 있었다. 기본적으로 그의 음계는 2:3이라는 하나의 비율을 거듭 제곱하여 사용한 단순한 방법으로 형성된 것으로, 이 방법은 사실상 속 임수에 불과했다고 볼 수 있다. 기본음으로부터 음역을 넓혀 오도권(五 度圈, Circle of Fifths)을 사용해서 계속 확장해 나가다 보면, 피타고라스 의 음계가 가진 한계에 부딪히게 되어 결국 문제점을 발견하게 된다.

오도권은 어떤 음을 기준으로 5도 위나 아래 음을 연속해서 찾아 나 가는 방법이다. 다음 장의 그림에서 보듯, 이는 특정 음으로부터 위나 아래로 완전 5도의 음으로 계속 나아가게 되는데 이렇게 진행되면, 12 음 전부를 일순해서 출발한 음과 이명동음(異名同音, Enharmonic)으로 돌아오게 되는 원리이다.

예를 들어, 오도권에서 C 음을 기준으로 상위로 5도씩 계속 나아간다 고 가정해 본다면, G, D, A, E, B, F#, C#, G#, D#, A#, E#과 같은 음이 나열되고, C 음으로 돌아오게 된다. 즉, 오도권에서 특정 음으로부터 5 도씩 올라가 12번을 거치게 되면, 7옥타브 더 높은 본래의 음으로 돌아 오게 되는 것이다. 따라서 C 음을 기준으로 상위 5도씩 나아가면, 온음 계를 포함한 반음계까지 12개의 음계가 모두 등장하게 된다.

그런데 여기서 문제는 피타고라스의 음계로는 이 과정을 모두 거칠 수 없다는 사실에 있다. 예를 들어, 오도권에서 가장 낮은 C 음에서 5도 씩 올라가 12번을 거치게 되면, 7옥타브 더 높은 본래의 음으로 돌아 오게 되므로 2^7이 가장 높은 C음이 된다. 그리고 피타고라스의 음계에 서는 가장 낮은 C 음의 진동수 $\frac{4}{4}$를 1로 가정하고, 2:3이라는 비율을 가진 완전 5도를 높이려면 진동수를 $\frac{3}{2}$배를 해야 하므로, 가장 높은 C

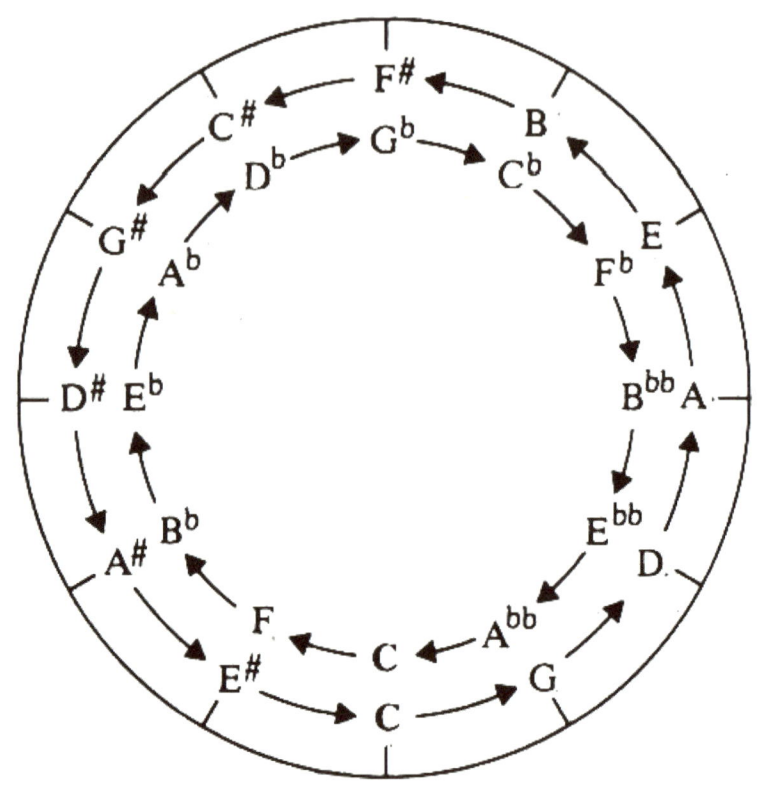

음의 진동수는 첫 음의 $(\frac{3}{2})^{12}$배가 된다. 이론상으로 오도권과 피타고라스의 비율이론을 견주어 보았을 때, 이 둘은 일치하여야 하지만 계산을 해보면 오도권은 주파수가 가장 낮은 C 음의 531,441배이며, 피타고라스의 것은 524,288배가 된다. 따라서 이 둘의 비율은 $\frac{531441}{524288}=1.013643264\cdots$ 가 되어 오차가 생기게 된다.[2]

피타고라스의 음계에서 나타나는 이러한 일치하지 않는 음의 두 비율을 두고 우리는 피타고라스의 콤마(Pythagorian Comma)라고 부른다.

현재 피타고라스의 콤마를 센트(Cent) 단위로 해석해 보면 차이를 더욱 쉽게 이해할 수 있다. 예를 들어, E♭ 음이 있다고 한다면, 이 음에서 시작하여 12번씩 상위 5도로 나아가면 D#음이 된다. 그런데 이 D#과 E♭ 음 사이에는 23.46 Cent 정도의 차이가 나게 되는데, 이는 엄밀히 말하면 E♭ 과는 다른 음이라고 볼 수 있다. 이는 반음의 ¼에 해당하는 차이로, 피타고라스의 음률에서 이 정도의 차이는 이명동음 사이의 간격을 의미하는 것이었다.

에우클레이데스

Eulid, fl. 300 BC

피타고라스의 콤마를 통해 피타고라스 음률의 모순을 밝혀낸 최초의
인물은 에우클레이데스(영어: Eulid, 그리스어: Εὐκλείδης, 300 BC)였다.[3]

에우클레이데스는 고대 그리스의 수학자이자 소설가였다. 그가 어느
나라의 수학자였는지 정확하게 밝혀진 기록은 남아 있지 않다. 그는 프
톨레마이오스 1세 소테르(Πτολεμαῖος Σωτήρ)의 재위 기간(BC 323년
~BC 283년) 동안 소테르의 부탁으로 최초의 대학이자 도서관, 박물관이
었던 알렉산드리아(Alexandria) 대학에서 활동하였다. 그는 기하학의 원

:: 1630~1635년경의 에우클레이데스와 에우클레이데스의 원론

본이라고도 불리며 정수론과 기하학을 체계적으로 정리한 총 13권으로 구성된 『에우클레이데스의 원론』(Στοιχεῖα, Elements of Geometry)을 집대성한 업적으로 높게 평가받는다.

『에우클레이데스의 원론』은 수학사의 고전이 되었는데, 그 이유는 일정한 공리에서부터 결과를 끌어내는 논리적인 전개 때문이었다. 이 책에는 자신의 독창적인 내용들은 별로 없었지만, 그 형태가 단순하고 논리적으로 연결되어 있다는 점이 특징이라고 할 수 있었다. 이러한 논리 체계를 가진 에우클레이데스는 피타고라스의 음률에서 결함을 발견했고, 그것을 피타고라스의 콤마라는 모순으로 정의할 수 있었던 것이었다.

우리는 이 책의 'I. 수학적 음악과 과학'에서 라파엘이 그린 〈아테네 학당〉에 등장한 피타고라스의 흥미로운 서판과 비율이론에 대한 묘사를 보았는데, 이 그림 한편에서는 에우클레이데스가 기하학적인 도형을 그려 내는 모습을 묘사한 부분도 발견된다. 이 묘사를 통해서도 우리는 에우클레이데스만의 개성을 엿볼 수 있다. 아래는 〈아테네 학당〉의 오른쪽 아래에서 발견할 수 있는 에우클레이데스가 컴퍼스를 들고 기하학적 그림을 그리고 있는 모습이다.

에우클레이데스의 업적 중에는 이외에도 반사광학(Catoptrics)과 카논의 구분(Sectio Canonis) 등의 단편적으로 보존된 논고들이 남아 있다.

:: 아테네 학당에서 에우클레이데스의 모습

센트

Cent

로그 스케일로 된 음정의 단위

센트(Cent)는 음고를 측정하는 로그 스케일(Logarithmic Scale)의 작은 단위이다. 이는 미세한 음정 변화나 다양한 음색을 비교할 때 유용하게 사용될 수 있다. 센트는 19세기 중반, 알렉산더 존 엘리스(Alexander John Ellis FRS, 1814~1890)의 연구에서 제안되었다. 그의 연구는 헬름홀츠의 저서, 『톤의 감각에 대하여』(*On the Sensations of Tone*, 1863)에서 공개되었는데, 예를 들어 1,200 Cent는 한 옥타브이며, 이는 주파수가 두 배인 상태를 의미한다. 그리고 평균율에서 반음은 100 Cent로 나타낼 수 있다. 따라서 1 Cent의 차이는 주파수 비율에서 아주 작은 변화를 나타낼 뿐이다. 센트를 사용하면 다양한 음정 체계 간의 음률을 비교할 수 있다는 장점이 있다. 예를 들어, 순정률에서의 완전 5도는 약 702 Cent로 나타낼 수 있지만, 평균율에서는 700 Cent로 표시될 수 있어 이 미세한 차이를 비교할 수 있는 것이다. 그러나 이 두 음정 사이의 미세한 차이는 대부분 사람이 귀로는 구별하지 못하는 차이이기도 하다. 인간의 귀는 약 6 Cent 정도의 차이를 구별할 수 있을 뿐이다. 이러한 미세한 차이는 실제 연주나 청취에 있어서는 아무런 영향을 미치지 않는다.

한편 피타고라스 음률에서 24 Cent 정도의 차이로 구성된 장 7도 음정은 순정률과 평균율에서의 장 7도 음정보다 크다. 이러한 8도와 피타고라스의 장 7도와의 차이는 림마(Limma)라고 불렸다. 림마는 디시스(Diesis)라고 부르기도 하는데, 피타고라스 음률에서의 반음, 즉 완전 4도 안에서 장 3도(반음 2개)를 제외한 것을 의미한다. 피타고라스 음률에서는 온음과 림마와의 차이를 아포토메(Apotome)라고 칭했으며, 이는 압톰(Aptome)이라고도 불렸다. 즉, 단 3도에서 온음을 빼면 디시스 혹은 림마(32:27-9:8=256:243)라고 할 수 있다. 온음에서 디시스나 림마를 빼면 압톰(9:8-256:243=2187:2048)이 남게 된다. 마지막으로 압톰에서 디시스를 빼면 피타고라스 콤마(2187:2048-256:243=531441:524288)가 남는다.

실질적으로 피타고라스의 음계는 모든 악기에 의해 생성된 자연스러운 배음이나 오버톤(高調波, Overtones)의 개념과도 어긋난다. 악기의 현이 진동할 때, 오버톤의 주파수는 항상 현의 가장 낮은 기본 주파수의 정수배로 구성되어 울리게 된다. 그러므로 1, 2, 3이라는 순서를 따르게 된다. 그렇지만 피타고라스의 음계는 오로지 2:3의 비율에만 기반을 두고 있어, 4:5와 5:6과 같은 중요한 비율을 포함한 나머지 조화음은 모두 생략된다. 따라서 피타고라스의 음계는 오늘날의 음향적(音響的) 법칙과도 일치하지 않는다고 말할 수 있다.

무엇보다 피타고라스는 음계가 완전한 조화를 이루는 숫자로 표현되어야 한다는 신념을 가지고는 있었지만 정작 그의 음계에서 등장한 음 간격은 일치감(一致感)을 형성하고 있지 못했다. 또한 피타고라스

Longitudines chordarum.	Intervalla concinna vel quasi.	In notis usitatis.
Supra. 1 0 8 0		
	Semitonium.	
1 1 5 2		
	Limma.	
1 2 1 5		
	Semitonium.	
1 2 9 6		
	Diesis.	
1 3 5 0		
	Semitonium.	
1 4 4 0		
	Semitonium.	
1 5 3 6		
	Limma.	
1 6 2 0		
	Semitonium.	
1 7 2 8		
	Diesis.	
1 8 0 0		
	Semitonium.	
1 9 2 0		
	Semitonium.	
2 0 4 8		
	Limma.	
Infra. 2 1 6 0		

:: 17세기 케플러의 저서에서 등장한 림마와 디시스

는 모든 수가 정수의 비, 즉 분수로 표현될 수 있다고 주장했는데, 그는 소수점 이하의 수들이 순환하며, 규칙이 없는 무리수(無理數, Irrational Number)는 존재하지 않는다고 확언했음이 전해진다.[4]

하지만 피타고라스 음률을 통해서도 확인할 수 있듯, 음 간격 간의 진동수의 비율은 지수 형태로 나타나고, 그 진동수의 비율이 균일하기 위해서는 지수들이 균등하게 나타나야 하므로, 음 간격 간의 진동수는 유리수(有理數, Rational Number)가 아닌 무리수가 되어야만 한다. 현의 길이를 $\frac{1}{2}$배하면 완전 8도의 높은음이 난다는 것을 전제로 한다면, 완전 5도의 비율은 결코 유리수가 될 수 없는 것이다. 이로 인해 결국 피타고라스의 음률과 음계는 물리적 현실과 단절된 순수한 수학적 창조물이었다고 결론지을 수밖에 없다. 그의 음계는 음악에 수학적 규칙을 부과한 최초의 시도였지만, 우리가 현재 정의하고 있는 음계와 비율에 완전히 다다르기 위해서는 다음 단계가 필요했다.

순정률
Just Intonation

순정률(純正律, Just Intonation)은 각 음 사이가 단순한 정수비로 조율된 음률을 갖는 조율체계로, 모든 음은 순정 5도와 3도의 비율로 구성된다.[5]

피타고라스가 비율이론으로 음률과 음계를 제시한 이후, 여러 다른 학자들은 새로운 음계 체계를 제시했다. 당시 등장한 음계들은 일반적으로 3화음을 중요시하는 순정률과 같은 특성을 보이고 있었으며, 단순한 정수비를 추구한 경향이 있었다. 순정률은 으뜸음이 있으면, 그보다 5도 아래의 음(Subdominant, 버금딸림음)과 5도 위의 음(Dominant, 딸림음)에 순정 5도와 3도를 쌓아 가면서 만든 음계였다. 따라서 순정률에서는 주요 3화음에 모든 음계가 있게 되며, 장 3화음의 비율은 4:5:6이 된다.

고대 그리스의 수학자, 천문학자, 지리학자, 점성학자였던 클라우디오스 프톨레마이오스(Claudius Ptolemaeus, AD c.100~c.170)는 오늘날 우리가 순정률이라고 부르는 음정 체계를 제안한 인물 중 하나이다. 그는 음악이론과 화성학 분야에서도 많은 업적을 남겼다. 그는 『하모닉스』(*Harmonics, Harmonikon*)라는 세 권으로 구성된 저서에서 음악이론과 음계에 내포된 수학에 관해 설명하면서 선조들의 접근 방식을 비판하기도 했다.[6]

그중에는, 피타고라스의 음계에 대하여 논한 부분도 있다. 이 부분을 살펴보면 피타고라스가 2:3이라는 특정 비율에 기반하여 음계를 제시했다면, 프톨레마이오스는 테트라코드(Tetrachord)와 옥타브(Octave)로 음계를 구성했음을 알 수 있다.[7]

프톨레마이오스는 기존에 있던 피타고라스의 음계를 더 단순한 비율로 바꾸는 과정을 통해 오늘날 우리가 순정률이라고 부르는 음정 체계를 만들었다. 프톨레마이오스의 순정률에서 듣기 좋은 화음을 이루는 현의 길이에 대한 비율은 1:2, 2:3, 3:4, 4:5였다. 이 때문에 순정률에서

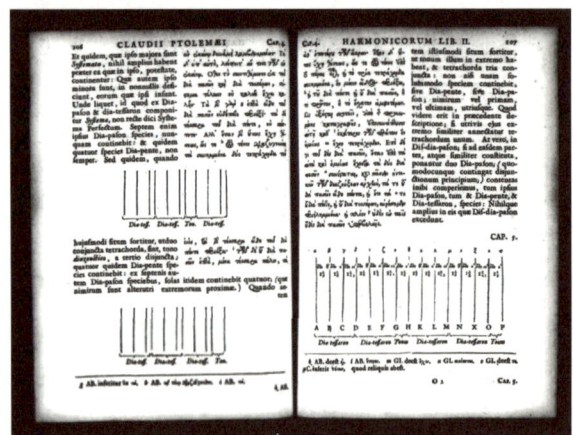

:: 프톨레마이오스의 『하모닉스』
by Justus van Gent, circa 1476, 루브르 박물관(Louvre Museum)

는 사용하고자 하는 음을 이전보다 더욱 간단히 얻어 낼 수 있다는 장점이 있었다. 순정률에서 완전 5도와 장 3도의 음정으로 음계를 만들면 피타고라스의 음계에서 음정을 만드는 방법보다 훨씬 수월했다. 예를 들어, C 음으로부터 B 음을 구하고자 할 때, 피타고라스 음계에서와 같이 완전 5도를 5번씩 쌓는 대신, 순정률에서는 완전 5도에다 장 3도를 쌓아 간단하게 음을 구할 수 있었다.

클라우디오스 프톨레마이오스

Claudius Ptolemaeus, AD c. 100~c. 170

프톨레마이오스는 『하모닉스』(그리스어: Ἁρμονικόν, *Harmonics, Harmonikon*)에서 음악이론과 수학에 관한 논의로 이루어진 세 권의 저서를 출판했다. 그는 이 저서에서 고전적인 음악이론의 정의로 시작하여 이론적 가정을 검증하기 위한 이성과 감각 인식 간의 관계에 대한 긴 논쟁을 다루었다. 그는 먼저 이전에 논의되었던 학자들의 접근법을 비판한 이후, 수학적 비율에 근거하여 계산된 음 간격으로 음률을 체계화하자고 주장했다.

프톨레마이오스는 피타고라스가 주장했던 음률이 2:3의 비율에 근거하여야 한다고 믿었던 부분을 자신만의 테트라코드와 옥타브의 분할 방법으로 제시했는데, 이는 피타고라스의 방식과 유사하게 모노코드

:: 하모닉스 Ⅲ:Claudii Ptolemæi *harmonicorum libri tres*, 1682

를 사용하며 설명되었다. 또한 이 저서는 피타고라스의 전개와 같이, 음악과 조화(Harmony), 음악과 영혼(Soul, Psyche), 음악과 우주의 행성들(Planets)과의 관계에 대해 더욱 깊이 파고들면서 피타고라스의 '천체의 음악'과 같은 추론적 논의로 마무리된다.[8]

프톨레마이오스의 『하모닉스』는 그의 지리학적인 영역만큼의 영향력을 미치지는 못했으나, 음악과 수학, 천문학적인 관계에 대한 많은 방법론적 사고를 담고 있다는 점에서 주목을 받았다. 이 저서는 르네상스 시대에 이르러, 케플러의 『세계의 조화』(*Harmonices Mundi*, 1619)의 집필에 영감을 주었다고 전해진다.

순정률의 한계
The Limitation of Just Intonation

사실상 순정률은 인간이 배음을 가장 자연스럽게 듣는 방법이라고도 할 수 있었다. 그러나 순정률도 피타고라스의 음계와 마찬가지로, 반음이 온음의 반절 비율이 되지 않으므로 음의 간격이 균일하지 못하다는 한계가 있었다. 어떤 이는 순정률로 음악을 만들었을 때, 더 직관적이며 풍부한 감정을 표현할 수 있다고 말하기도 하지만 순정률에서도 음악적인 면에서 분명한 단점이 존재하는 것은 마찬가지이다.[9]

또한 순정률에서는 완전 5도에서도 순수하지 못한 음정을 만들어 낸다. 이러한 음률상 비율의 불균형함으로 인해 순정률에서도 전조의 과정에서 음정과 화음이 조화를 이루지 못한다는 음악적 문제를 만들어 낸다. 우리가 실제 순정률로 조율된 악기를 연주하게 되면 이러한 전조 과정에서 화음이 이상하게 들리게 되는 현상을 쉽게 발견할 수 있다. 순정률로 조율된 악기로 연주하면 음의 차이를 귀로 극명하게 느낄 수 있는데, 이 차이는 인간의 귀가 불협화음으로 인식할 정도로 크다고 할 수 있다. 이에 순정률로 조율한 악기를 연주할 때는 전조를 할 때마다 다시금 조율해야만 하는 불편함이 수반된다.

이렇듯 당시 순정률에 음악적 한계가 분명히 존재하고 있었음에도, 순정률은 제시된 이후로부터 꽤 오랫동안 후대의 학자들에 의해 연구의 대상이 되었다. 라미스(Bartolomeus Ramis de Pareja, 1440~1522)[10], 에를랑겐(Erlangen), 포글리아노(Lodovico Fogliano, 1475~1542)[11], 아그리

콜라(Martin Agricola, 1486~1556)[12], 드 코(Salomon de Caus, 1576~1626)[13], 케플러(Johannes Kepler, 1571~1630), 메르센(Marin Mersenne, 1588~1648), 마르푸르그(Friedrich Wilhelm Marpurg, 1718~1795)[14], 말콤(Alexander Malcom, 1685~1763)[15], 오일러(Leonhard Euler, 1707~1783)[16], 몽발롱 (Andre Barrigue Montvallon, 1678~1769)[17], 로미유(Jean Baptiste Romieu, 1723~1766)[18], 키른베르거(Johann Phillip Kirnberger, 1721~1783)[19], 루소 (Jean Jacques Rousseau, 1712~1778)[20] 등에 의해 연구된 순정률 음계 체계들이 그 예시가 될 수 있다.[21]

가온음률

Mean-Tone Temperament

가온음률(Mean-Tone Temperament)은 1500년에서 1830년 사이 건반악기에서 많이 사용되던 음률이다. 이 음률은 피타고라스의 음률과 순정률의 특징을 유지하면서도 보완된 형태로 나타났다. 가온 음률은 피에트로 아론(Pietro Aron, 1489~1545)의 1523년 저서, 『고향 토스카나에 바치는 음악이론』(*Toscanello in Musica*, 1523)에서 최초로 등장했다.[22]

가온음률은 피타고라스의 음률에서 3도가 불안정했기에 이를 보완 하기 위해 5도를 조정한 결과였다. 다시 말해, 이는 피타고라스의 음계 에서의 넓은 장 3도와 좁은 단 3도의 문제를 해결하고자 한 것으로, 장

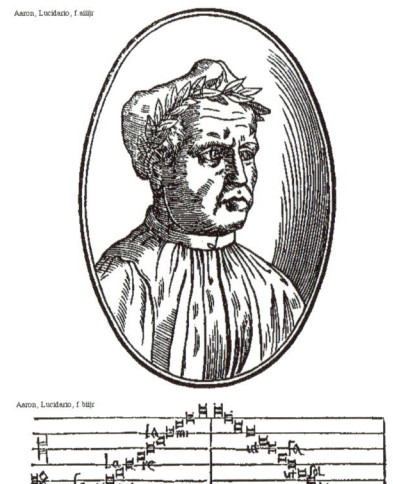

Aaron, Lucidario, f. siiiji

Aaron, Lucidario, f. biiiji

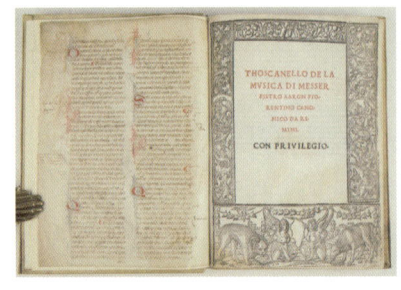

:: 피에트로 아론과 고향 토스카나에
바치는 음악이론
by Pietro Aaron, ca. 1480~ca. 1550

3도는 넓히고 단 3도는 좁히는 방법으로 가온음율이 형성되었다. 따라서 가온음률에서 5도는 완전 5도에 비해 좁은 것이 특징이었다(702 Cent가 아닌 약 697 Cent). 좁은 완전 5도를 4번 쌓게 되면 장 3도를 얻게 되는데, 완전 5도를 한 번 진행할 때마다 약 5.5 Cent씩 작게 만들어 이상적인 장 3도를 얻는 원리이다.

가온음률에서는 완전한 장 3도가 있고 거의 완전한 5도가 있기에, 이 조합으로 만들어진 장 3화음은 더 완벽하게 들리게 된다. 그렇지만 이 음계도 피타고라스와 순정률 음계와 같이 음 간격이 다르며 이명동음이 되지 않아, 전조를 할 수 없다는 것이 단점으로 작용했다.

가온음률에서 5도를 계속해서 반복하면 올림표가 붙은 음과 내림표가 붙은 음과의 차이가 벌어지게 된다. 예를 들어, G#과 Ab 은 42 Cent

라는 차이가 있다. 이 차이는 늑대가 울부짖는다는 소리가 난다는 의미에서 늑대음(Wolf Tone)이라고 불리기도 한다. 당시 가온음률을 사용하여 작곡가들이 곡을 쓸 때는 늑대 5도를 고려하여야만 했고, 16세기에는 이 음률을 위해 두 개의 건반이 있는 오르간이 사용되기도 했다. 이처럼 온음과 작은 반음이 합쳐진 단 3도와 늑대 5도를 포함한 가온음률에는 여러 문제가 있었지만 실제로 약 2세기 동안 바로크 음악에서의 건반악기 대부분은 이 음률로 조율되었다고 기록된다. 앞의 그림은 아론의 저서에 등장한 음계 구성에 관련된 삽화이다.[23]

물론 당시에도 가온음률에 만족하지 못한 음악가들이 분명히 있었다. 예를 들어, 이탈리아의 음악 이론가 주세페 차를리노(Gioseffo Zarlino, 1517~1590)는 가온음률에서 장 3도가 순정인 것에 비해 단 3도가 순정에 어긋난다는 지점을 문제시했다. 그는 이 둘의 순정도를 평균으로 놓아야 한다고 주장했다. 시간이 지날수록 조표(調標, Key Signature)는 더욱 복잡해졌고 전조가 필요한 음악이 만들어지기 시작했다. 그러자 가온음률이 아닌, 더 효율적인 음률 시스템에 대한 필요성이 제기되었다.

평균율
Equal Temperament

음률에 관심이 있었던 과거의 음악 이론가들은 '어떻게 하면 만족스러운 음악적 방식으로 옥타브를 나눌 수 있을 것인가?'에 대해 깊이 고민했다. 과거 피타고라스의 음계에는 결함이 있었고, 순정률과 가온음률은 한계를 지니고 있었다. 무엇보다 이전의 음계 체계들에서는 전조(轉調, Modulation)가 불가능하다는 분명한 단점이 있었다. 바이올린이나 트롬본과 같은 연속적인 음역을 가진 악기에서는 이 점에서 어떠한 문제가 발생하지 않았지만, 건반악기나 관악기가 사용되는 음악에서 전조가 되지 않는다는 사실은 치명적인 단점으로 작용할 수 있었다. 바로크 시대에는 이러한 문제를 해결하기 위해 세 개의 서로 다른 조성으로 구성된 악보가 출판되기도 했다. 물론 이러한 악보의 구성은 실제 연주를 더 복잡하고 어렵게 만들었고, 특정 조성 사이에서만 전조를 허용함으로써 불편함을 초래하기만 할 뿐이었다. 시간이 지날수록 작곡되는 음악은 점점 더 복잡해졌고, 음률에서 전조의 가능 여부는 더욱 까다로운 문제가 되었다.

해결 방안은 옥타브를 동일한 간격으로 나누는 아이디어를 통해 평균율이라는 새로운 음계의 설계를 통해 제시되었다. 평균율에서 옥타브는 12개의 동등한 반음으로 나누어졌으며, 각 음에 대한 $\sqrt[12]{2}:1$ 주파수 비율을 가진 음계가 만들어졌다. 이 값은 소수점으로 약 1.059463이므로, 정확한 음정의 반음인 16:15(~1.0667)와 0.67 퍼센트 이내에 있었다. 이는 실제 인간의 귀로 그 차이를 들을 수 있는 범위이기도 했지만, 음악가 대부분은 이를 감수할 만한 차이라고 여겼다. 예를 들어, 평균율에서 옥타브를 2로 두고, 이를 12개로 나누면 다음과 같은 배열이 만들어진다.

$$1, \sqrt[12]{2}, (\sqrt[12]{2})^2, \cdots, (\sqrt[12]{2})^{11}, (\sqrt[12]{2})^{12} = 2$$

$$\sqrt[12]{2} = 1.059463$$

음향학 연구의 시초를 이룬 영국의 물리학자 존 레일리가 물리학자 프리드리히 카를 자미너(Friedrich Georg Karl Zamminer, 1817~1858)의 저서를 인용하며 평균율의 비율을 소수점으로 정리한 내용은 아래 그림과 같다.[24]

이러한 배열을 통해 만들어진 평균율에서는 그 어떠한 조성에서도 모든 음이 같은 음정을 지니게 된다. 그렇기에 평균율에서는 전조가 자유롭다는 점이 분명한 장점으로 작용했다. 19세기 이후 평균율이 서양음악의 표준 음률로 자리 잡을 수 있게 된 것도 이러한 까닭에서다. 하지만 평균율에서는 완전 8도 이외의 어떠한 음정도 완전한 협화음이 되지 못한다는 단점도 있었다. 이러한 연유로 평균율이 순정률만큼 아름답게 들리지는 않는다고 주장을 하는 사람들도 있다. 그래서 현대에

Note.	Frequency.		Note.	Frequency.
c	$= 1 \cdot 00000$		f♯	$2^{\frac{6}{12}} = 1 \cdot 41421$
c♯	$2^{\frac{1}{12}} = 1 \cdot 05946$		g	$2^{\frac{7}{12}} = 1 \cdot 49831$
d	$2^{\frac{2}{12}} = 1 \cdot 12246$		g♯	$2^{\frac{8}{12}} = 1 \cdot 58740$
d♯	$2^{\frac{3}{12}} = 1 \cdot 18921$		a	$2^{\frac{9}{12}} = 1 \cdot 68179$
e	$2^{\frac{4}{12}} = 1 \cdot 25992$		a♯	$2^{\frac{10}{12}} = 1 \cdot 78180$
f	$2^{\frac{5}{12}} = 1 \cdot 33484$		b	$2^{\frac{11}{12}} = 1 \cdot 88775$

$$c' = 2 \cdot 000$$

:: 평균율의 비율

는 일부 연주자와 성악가들이 순정률로 조율하는 방법을 선택하여 연주하기도 한다.[25]

　이제껏 살펴본 바에 의하면 피타고라스의 음률, 순정률, 가온음률, 평균율에는 뚜렷한 차이가 있다. 반음만을 놓고 보더라도, 피타고라스의 반음은 256:243=90 Cent, 순정률의 반음은 16:15=112 Cent, 평균율의 반음은 $\sqrt[12]{2}:1$ =100 Cent로 확연한 차이가 난다. 이처럼 역사적으로 순정적 화음으로 음악을 만들어 내기에 적합한 음률을 찾아내고자 한 시도는 다양하게 나타났지만, 한편으로는 단순한 정수비의 순정적 화음은 이론적으로 아름답다고 여겨질 뿐, 실제로 인간의 귀는 약 20~30% 정도의 오차가 있는 음을 선호한다는 연구 결과도 있어, 이 과정이 모순으로 여겨지기도 한다. 그럼에도 평균율은 전조가 용이하다는 지점이 큰 장점으로 받아들여져 오늘날에까지 이른 것으로 해석될 수 있다.

　아래는 음정별로 쉽게 비교할 수 있도록 피타고라스의 음계, 순정률, 평균율의 음과 순정률과 평균율에서 음 간격별의 센트 차이를 표로 정리한 것이다.

	C5	D5	E5	F5	G5	A5	B5	C6
피타고라스	520	585	658	693	780	887	987	1040
순정률	520	585	693	693	780	867	975	1040
평균율	520	584	694	694	779	874	982	1040

:: 평균율의 비율

Interval Name	순정률	평균율
유니즌(Unison, C)	0	0
단 2도(Minor Second, Db)	111.73	100
장 2도(Major Second, D)	203.91	200
단 3도(Minor Third, Eb)	315.64	300
장 3도(Major Third, E)	386.31	400
완전 4도(Perfect Fourth, F)	498.04	500
트라이톤(Tritone, Gb)	609.78	600
완전 5도(Perfect Fifth, G)	701.96	700
단 6도(Minor Sixth, Ab)	813.69	800
장 6도(Major Sixth, A)	884.36	900
단 7도(Minor Seventh, Bb)	996.09	1000
장 7도(Major Seventh, B)	1088.27	1100
옥타브(Octave, C)	1200.00	1200

:: 순정률과 평균율에서의 센트 차이

평균율의 역사

The History of Equal Temperament

평균율은 1700년경 독일의 오르가니스트, 음악 이론가, 작곡가였던 안드레아스 베르크마이스터(Andreas Werckmeister, 1645~1706)가 고안한 것으로 알려져 있다. 그렇지만 1518년 독일의 수학자, 헨리쿠스 그라마테우스(Henricus Grammateus, 1495~1526)의 기록에서도 한 옥타브를 10개의 동등한 반음과 두 개의 좁은 반음으로 나눈 흔적이 있으며, 오르간 연주자, 아브라함 페어하이젠(Abraham Verheijen, 1565~1619)의 기록에는 평균율에 최초로 거의 완벽히 접근한 흔적이 남아 있기도 하다. 또한, 오르간 연주자, 작곡가, 음악 이론가였던 미카엘 프레토리오스(Michael Praetorius, 1571~1621)의 『데 오르가노그라피아』(*De Organographia*, 1618)에서도 평균율과 근접한 기록이 남아 있다.

16세기에는 이탈리아의 작곡가, 음악 이론가, 바이올린과 류트 연주자였던 빈첸초 갈릴레이(Vincenzo Galilei, 1520-1591)가 『고대 음악과 현대 음악에 대한 대화』(*Dialogo della musica antica e della moderna*, 1581)에서 옥타브를 12개의 균일한 반음으로 나눌 것을 제안했고, 이는 각 비율이 18:17~1.0588로, 오늘날의 평균율과 거의 일치한다. 같은 시기, 중국에서는 명나라의 왕자 주재우(Zhu Zaiyu, 1536~1611)가 음악이론에 관한 여러 논문에서 균일한 비율의 온음계를 제안한 바 있다.

또한, 네덜란드에서도 수학자였던 사이먼 스테빈(Simon Stevin, 1548~1620)이 5도가 $(\sqrt[12]{2})^7$~1.4983 비율을 지녀야 한다고 주장했다. 한

:: 베르크마이스의 *Orgelprobe*(1698)

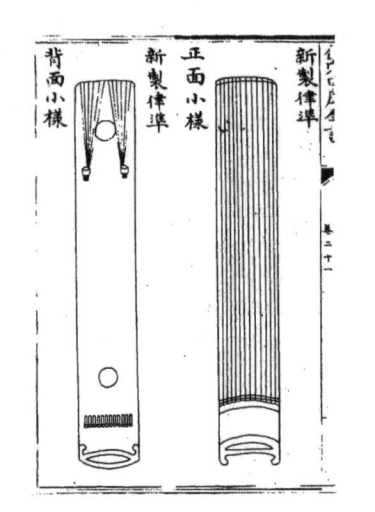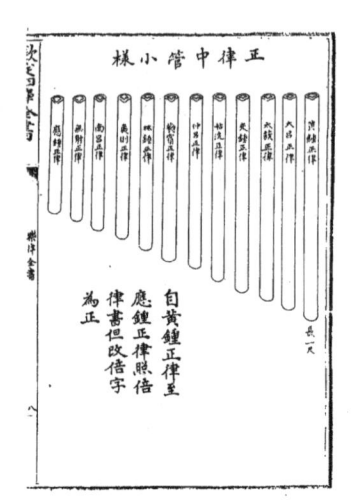

:: 주재우 왕자의 『12음 평균율 악기와 피치 파이프』

편 프랑스에서는 마랭 메르센(Marin Mersenne, 1588-1648)이 『일반 화성학』(*Harmonie Universelle*, 1636)에서 평균율에 대한 완전한 설명을 수학적 수치 계산과 함께 제시했다. 그는 이 과정에서 $\sqrt[3-\sqrt{2}]{2}$~1.0597이라는 비율을 제안하는데, 이것은 평균율에 대한 근삿값인, $\sqrt[12]{2}$~1.0595라고 할 수 있었다. 그렇지만 반음으로 구성된 옥타브는 2.0061로, 정확한 옥타브보다 약간 높았다.

18세기에 이르러 요한 제바스티안 바흐(Johann Sebastian Bach, 1685~1750)는 12개의 장조와 12개의 단조 음계로 구성된 〈평균율 클라비어 전곡〉(The Well-Tempered Clavier)을 작곡하여 동료 음악가들에게 평균율의 장점을 설득하고자 했다. 이후 영국의 음향학자였던 알렉산

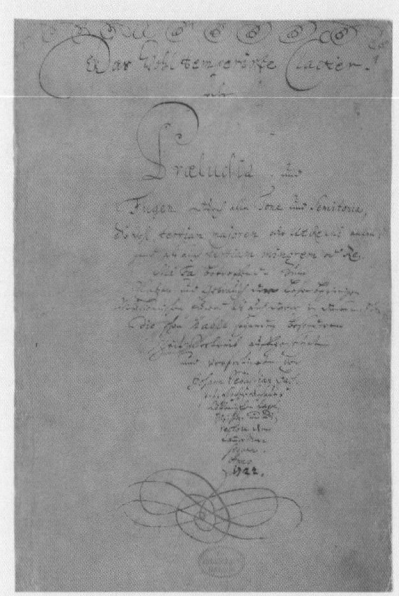

:: 바흐의 '평균율 클라비어곡집 1권'(1722)

더 존 앨리스(Alexander John Ellis, 1814~1890)는 반음 간격을 100 Cent
로 지정하여 한 옥타브를 1,200 Cent로 규정하는 방법을 제안했다.

　19세기 중반, 평균율은 서양 음악의 표준 조율 시스템으로 자리 잡게
된다. 하지만 모두가 평균율 음계에 만족하지는 않았다. 헬름홀츠는 평
균율이 성악에 좋지 못한 영향을 준다는 이유로 반대하기도 했다. 오늘
날에도 일부 현악기 연주자와 성악가들은 연주를 하거나 노래할 때, 악
기나 목소리를 순정률에 맞춰 조율하길 선호하기도 한다.

　이처럼 사실상 평균율의 확립은 매우 더디게 진행되었다고 볼 수 있
다. 평균율은 17세기 중반부터 사용되어 온 기록이 있지만, 유럽에서

는 19세기 중반 이후에 이르러서야 보편화가 이루어졌다고 볼 수 있다. 1800년까지도 평균율은 독일에서 보편화되지 못했을 뿐 아니라, 1850년까지 프랑스나 영국에서도 보편화되지 못한 채로 남아 있었다. 즉 우리가 사용하고 있는 평균율이 실제로 음악에 적용된 것은 생각보다 그리 오래되지 않았다.

마지막으로 다음은 음계 시스템을 찾기 위한 흔적이 담긴 학자들의 삽화들이다. (삽화의 설명에서는 주파수의 비율이 사용되었다.)

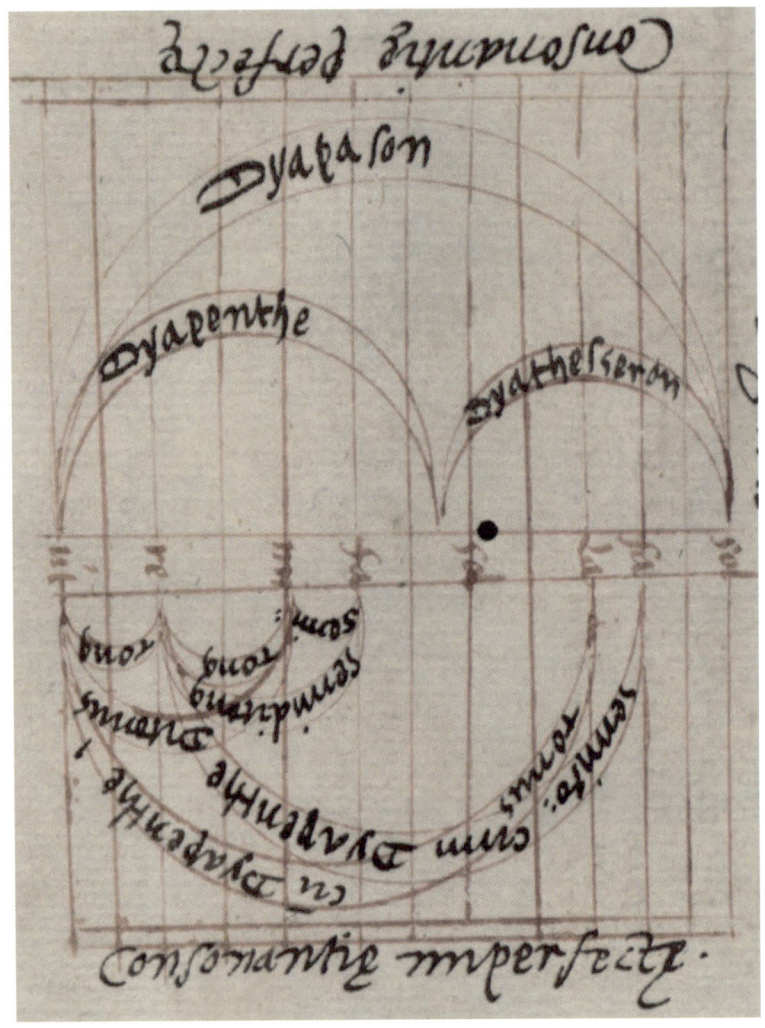

:: **헤리티우스 에라스무스의 음계(1498)**

헤리티우스 에라스무스(Erasmus Heritius, v. 1453~ v. 1518)는 독일의 수학자로 1503~1533년 빈 대학(University of Vienna)의 수학과 천문학 교수 및 의사로 활동했다. 그의 논문은 중세 음악 이론이 과학으로 발전한 과정을 전형적으로 보여 준다. 위의 삽화에는 다이아토닉 음계의 옥타브 내에서 완전 및 불완전한 음간격이 12개의 반음 사이에 표시되어 있다. 아크(Arcs) 형태로 된 5도(Dyapente)와 4도(Dyatesseron)는 G 음에서 만나게 되어 있다.[26]

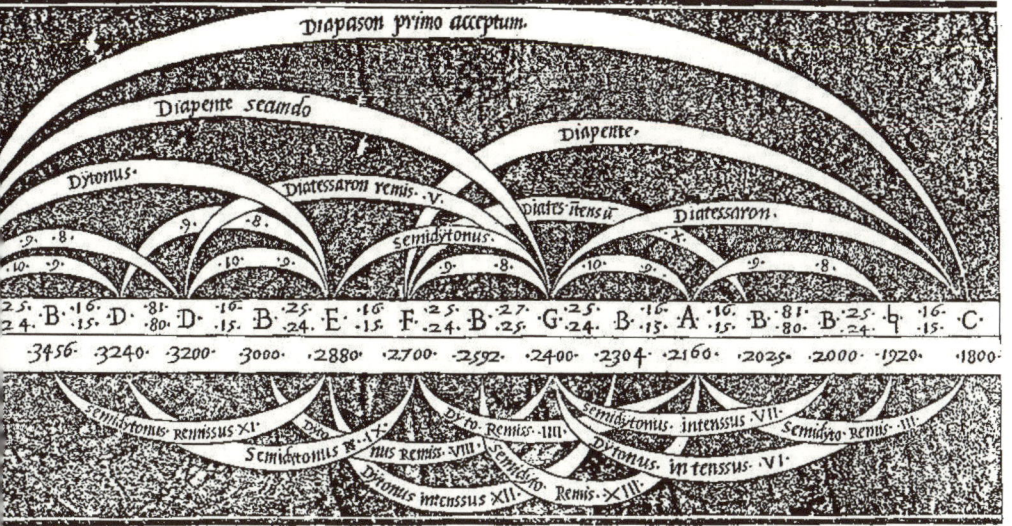

Monochordi in puris numeris rationi tantum subiecta: Diuisio.

:: **폴리아노 루도비코의 음계(1529)**

폴리아노 로도비코(Fogliano Lodovico, v. 1475~1542)는 모데나 대성당(Cathedral of Modena)의 성악가로 활동했으며 1513~1514년에는 로마 성 피에트로 교회(Giulia of St. Peter's in Rome)의 카펠라 줄리아의 사제이자 성악가였다. 그의 논문에서 크로마틱 음계 위의 아크는 B와 Bb를 포함한 신토닉 다이아토닉 음계(The Syntonic Diatonic Scale)를 나타내고 있다. 아래의 아크는 크로마틱 음계에서 다른 음들이 다이아토닉 음계의 음에 어떻게 도달할 수 있는지를 나타낸다.

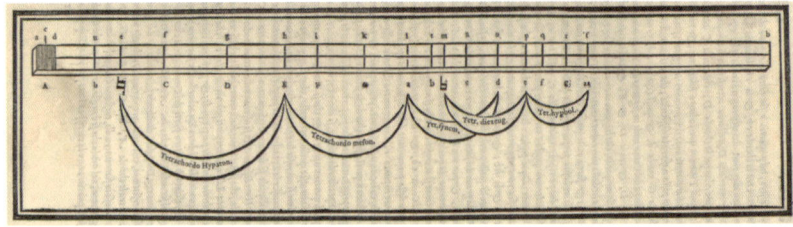

:: 조세프 차를리노의 음계(1562)

이탈리아의 작곡가 겸 음악 이론가였던 조세프 차를리노(Gioseffo Zarlino, 1517~1590)는 장 3도와 단 3도의 중요성을 강조하였으며, 장조와 단조의 3화음을 논하여 장 필리프 라모를 이어 음악 이론의 바탕을 마련한 인물이다. 논문에서 그는 다이아토닉(Diatonic), 크로마틱(Chromatic) 및 엔하모닉(Enharmonic) 계열을 신토닉 맥락 내에서 결합하는 음향 체계를 제공하고자 했다. 그의 음계에는 5:4, 6:5로 형성된 반음이 포함되어 있다.[27]

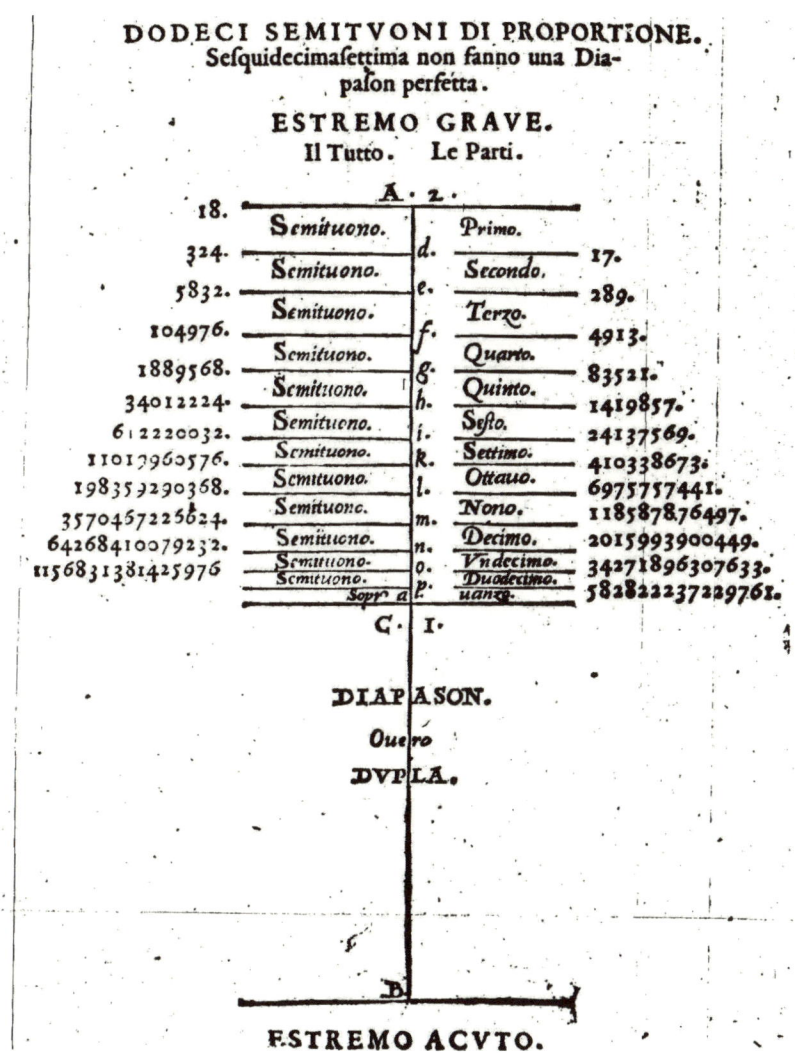

DODECI SEMITVONI DI PROPORTIONE.
Sefquidecimafettima non fanno una Dia-
pafon perfetta.

ESTREMO GRAVE.
Il Tutto.   Le Parti.

A . 2 .

Il Tutto			Le Parti	
18.	Semituono.		Primo.	
324.	Semituono.	d.	Secondo.	17.
5832.	Semituono.	e.	Terzo.	289.
104976.	Semituono.	f.	Quarto.	4913.
1889568.	Semituono.	g.	Quinto.	83521.
34012224.	Semituono.	h.	Quinto.	1419857.
612220032.	Semituono.	i.	Sesto.	24137569.
11012960576.	Semituono.	k.	Settimo.	410338673.
198359290368.	Semituono.	l.	Ottauo.	6975757441.
3570457225624.	Semituono.	m.	Nono.	118587876497.
64268410079232.	Semituono.	n.	Decimo.	2015993900449.
1156831381425976	Semituono.	o.	Vndecimo.	34271896307633.
	Semituono.	p.	Duodecimo.	582822237229761.
	Sopr' a		uanza.	

C . I .

DIAPASON.

Ouero

DVPLA.

C

B

ESTREMO ACVTO.

:: 조세프 차를리노의 음계(1562)

비율이 18:17인 열두 개의 반음으로 구성된 차를리노의 음계는 옥타브보다 작게 표현된다. 이 조율은 빈첸조 갈릴레이에 의해 제안된 것이다.

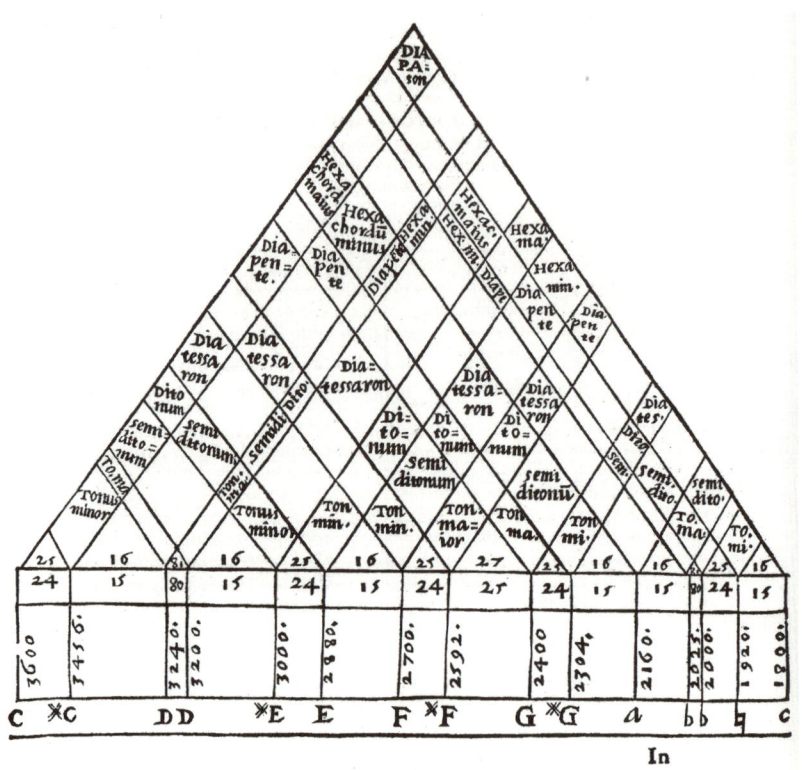

:: 프란시스코 데 살리나스의 음계(1577)

프란시스코 데 살리나스(Francisco de Salinas, 1513~1590)는 스페인의 음악 이론가이자 오르간 연주자로, 수학적인 용어로 평균음을 묘사한 최초의 인물 중 하나로 알려져 있다. 1577년 논문에서 그는 평균음 조율에 대해 논했다.[28] 그림은 옥타브 당 14개의 음계 클래스로 이루어진 크로마틱 음계를 보여 준다. 여기에는 25:24의 비율을 지닌 다섯 개의 크로마틱 반음과 16:15의 비율을 지닌 여섯 개의 다이어토닉 반음이 있다. 그러나 f#~g의 비율은 27:25로 형성되어 있다. 이 음계는 24개의 음계 클래스로 이루어진 Salina의 음계의 하위 집합이라고 할 수 있다. 음계의 큰 간격은 삼각형 안에서 분석된다.

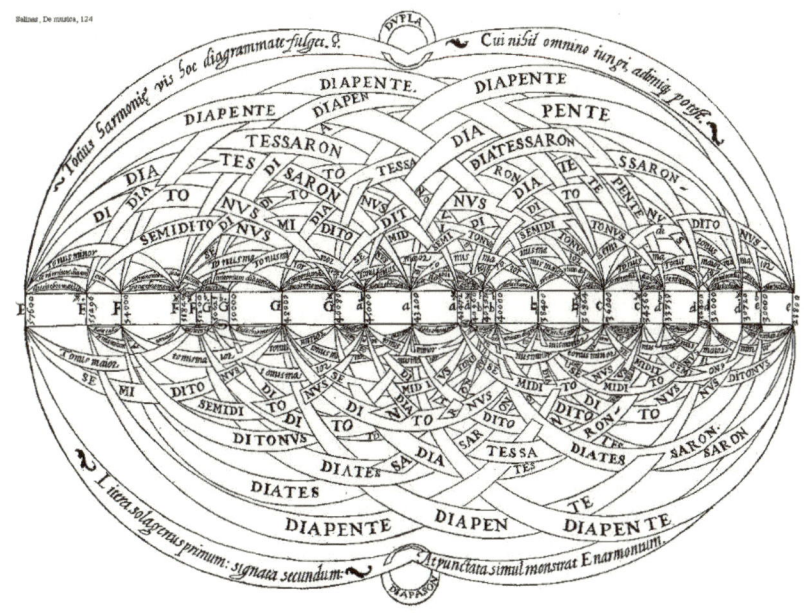

Salinas, De musica, 124

:: **프란시스코 데 살리나스의 음계(1577)**

살리나스의 또 다른 삽화는 옥타브당 24개의 음계 클래스로 이루어진 반음계를 보여 준다. 전체 음계는 피타고라스의 완전 5도(3:2)와 신토닉 장 3도(5:4)로 구성되어 있다. F#/Gb과 A#/Bb 지점에서는 네 개의 다른 음으로 표현된다. 53등분으로 조율된 그림에서 이웃하는 음 간격의 거리는 1에서 3단위까지 서로 다르게 묘사된다.

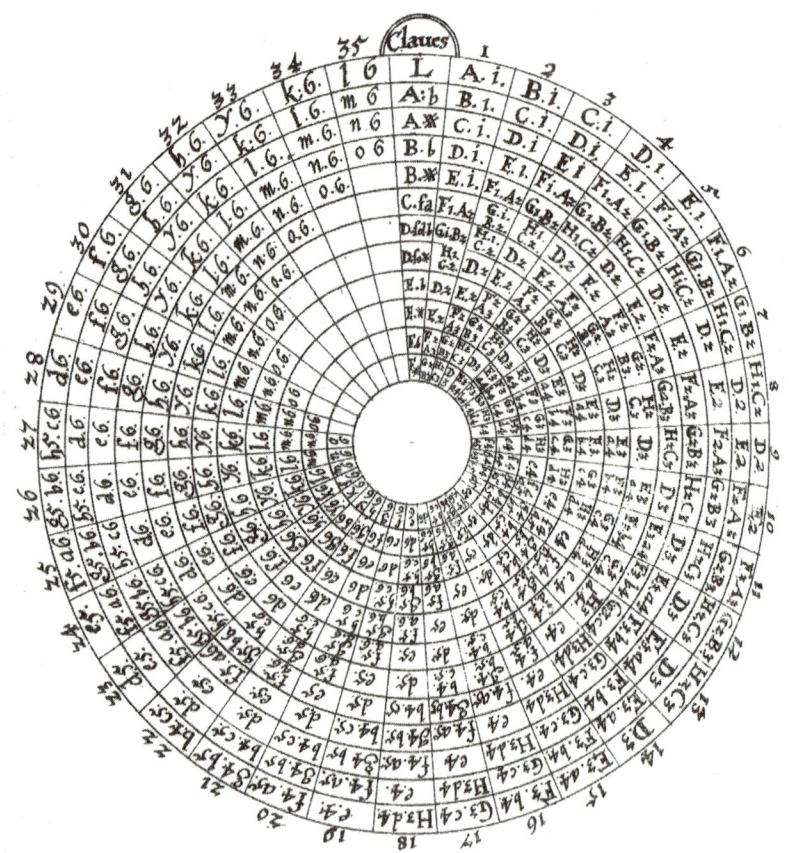

:: **로버트 플러드의 시스템(1618)**

영국 르네상스기의 철학자, 의사, 신비 사상가였던 로버트 플러드(Robert Fludd, 1574~1637)는 류트(Lute)에서 변조를 하기 위해 사용되는 기계 도구를 제안했다. 이는 원형으로 표현되었으며, 세 옥타브를 포함하고 있다. 이 시스템은 로그 스케일로 구성되어 있으므로 같은 거리는 같은 음간격을 나타낸다. 빈첸조 갈릴레이(1581)도 프톨레마이오스의 모달 시스템을 설명하기 위해 이러한 원형 모양 안에서 3옥타브를 표현한 바 있다.[29]

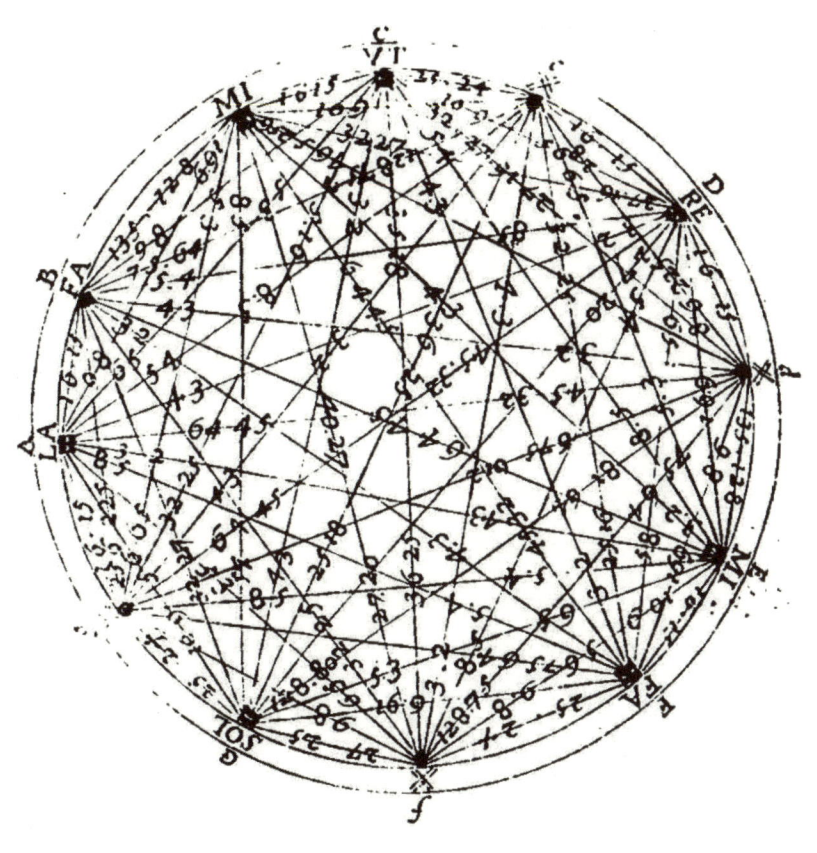

:: **마랭 메르센의 음계(1636)**

마랭 메르센이 제시한 신토닉 크로마틱 음계는 원 위에 배치된 열두 개의 음으로 이루어져 있다.
이 음계에는 네 개의 서로 다른 반음이 포함되어 있는데, 크로마틱 반음으로는 25:24 및 135:128
비율이, 다이어토닉 반음으로는 16:15 및 27:25 비율이 사용되었다. 원 위의 음표 배열은 음정의
로그(Logarithmic)적 이해를 반영하고 있다. 이 다이어그램은 음계에 대한 분석으로, 반음을 제외
한 각 음표 쌍에 대해 연결된 선상의 두 가지 가능한 비율이 모두 표시된다.

:: **아이작 뉴턴의 음계**(1665)

영국의 물리학자, 천문학자, 수학자, 근대 이론 과학의 선구자인 아이작 뉴턴(Isaac Newton, 1642~1727)은 신토닉 크로마틱 음계와 12음 평균율 음계 체계를 비교했다. 표에서 첫 번째 열은 신토닉 비율을 보여 주고 마지막 열은 G로 시작하는 음계의 이름이 기재되어 있다.[30]

:: **아이작 뉴턴의 음계(1665)**
뉴턴은 신토닉 크로마틱 음계를 옥타브의 다양한 분할로 동일하게 조정된 음계로 근사한 값을 구했다. 이는 관련된 단위 간격의 배수로 가장 잘 표현된다.

:: **윌리엄 홀더의 음계(1694/1731)**

17세기 영국의 성직자이자 음악 이론가였던 윌리엄 홀더(William Holder FRS, 1616~1698)의 논문은 음계에서의 비율을 보여 준다. 위의 그림에서 I는 C-D 주변의 크로마틱 음계인 C-C#-D-Eb-E-F-F#-G-G#-A-Bb-B-C와 함께 반음 C-D로 구성된 신토닉 다이어토닉 음계이다. 크로마틱 반음은 모두 25:24의 같은 비율을 갖고 있으므로 이 음계에는 세 개의 반음 비율 27:25와 네 개의 반음 비율 16:15가 있다.[31]

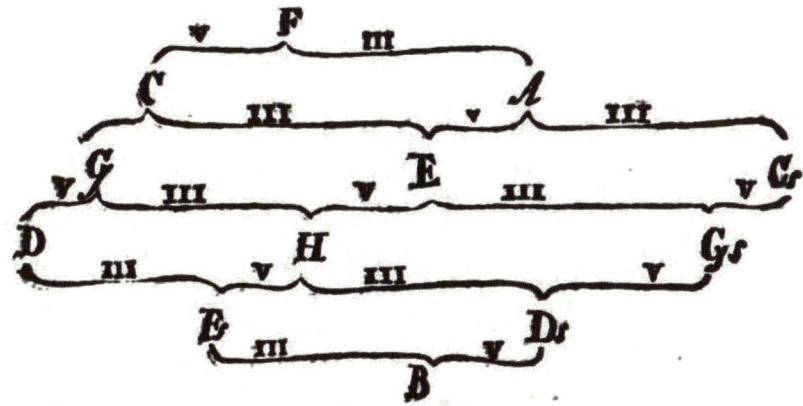

:: 레온하르트 오일러의 음계(1739)

레온하르트 오일러(Leonhard Euler, 1707~1783)는 스위스 출신의 수학자, 물리학자, 천문학자로,
공학자로, 음악이론에서도 여러 업적을 남겼다.[32] 그는 12음계의 크로마틱 음계를 격자무늬로 나
타냈다. 맨 위에는 F가 있고, 왼쪽은 아래로 갈수록 5도(V) 아래의 음으로 이동한다. 오른쪽 방향으
로는 수평 방향이 단 3도 아래로 이동한다. 여기에는 크로마틱 반음 비율 25:24와 138:25, 다이어
토닉 반음 비율 16:15와 27:25이 포함된다.

서문

1 John Robinson Pierce, *The Science of Musical sound*. Scientific American Library, New York and San Francisco, 1983, p. 2.

2 음향학이라는 단어는 1693년 독일의 수학자이자 천문학자였던 사무엘 헬레네(Samuel Reyher, 1635~1714)의 논문, "De Natura et jure Auditus Soni(1693)"에서 최초로 등장했다. 음향학은 수학 법칙을 사용한 물리학적 현상을 이해하고자 하면서, 독립적 학문으로 자리 잡았고, 이후 음악과 음향학과의 연관성은 계속 관심의 대상이 되며 생리학, 심리학, 전기 공학 등과 함께 연구된다.

I. 수학적 음악과 과학

1 Rudolf Rasch, *Music and Science from Leonardo to Galileo*, Brepols Publishers, Belgium, 2022, pp. I ~XXXVII.

2 피타고라스는 자신이 직접 글을 기록하지는 않았다. 사모스(Samos)섬 태생의 피타고라스의 이론 대부분은 피타고라스학파(Pythagorean School)나 다른 학자의 기록을 통해 우리에게 전해진다. 그의 사상이 다른 이의 기록을 통해 우리

에게 전해지는 이유는 피타고라스학파가 가진 성격으로부터 기인하는 것이다. 피타고라스에 의한 발견은 학파만의 비밀이었으며 공동으로 소유한 지식으로 여겨 특정 인물에 의해 발표되었어야 했다. 최초의 기록은 기원전 4세기 초부터 등장하여 기원후 5세기까지 나타났다. 플라톤과 아리스토텔레스는 피타고라스에 대해 기록하고 있으나, 플라톤은 피타고라스에 대한 단 한 번의 언급을, 아리스토텔레스는 단 두 번 언급할 뿐이다.

3   피타고라스를 시작으로 플라톤($Π\dot{\lambda}\dot{\alpha}των$, Plato, BC 428/427 or BC 424/424~BC 348/347), 아리스토텔레스(Ἀριστοτέλης, Aristotle, BC 384~322), 아리스토크세누스(Ἀριστόξενος ὁ $Ταραντῖνο$Aristoxenus of Tarentum, c. 375, fl. 335 BC), 유클리드($E\dot{υ}κλείδης$, Euclid, BC 330?~BC 275?) 등이 그의 뒤를 이어 유사한 방식으로 음악에 대한 수학적 논의를 하게 된다.

4   페니키아는 현재 레바논과 시리아 해안에 면한 지방으로, 고대에는 지리상으로 시리아의 일부였다.

5   고대 아시리아 제국을 구성한 사람들로 티그리스와 유프라테스강 유역에 거주하며 셈어족의 신-아람어(Neo-Aramaic)를 사용한 민족으로 세분화할 수 있는 민족 중 하나이다.

6   Jamie James, *The Music of the Spheres: Music, Science, and the Natural Order of the Universe*, Abacus, London, 1995, pp.25~26.

7   'Arche'는 그리스어로 '처음', '시초'라는 의미로, 철학 용어로는 '원리(原理)'로 번역된다. 아폴로니아의 디오게네스는 이 단어를 사물을 아는 '원리'로 사용한 바 있으며, 데모크리토스는 '원인'이라는 의미로 사용했다. 아리스토텔레스는 철학을 두고 'Arche(원리, 원인)의 학문'이라 표현했다.

8   Eli Maor, *Music by the Numbers: From Pythagoras to Schoenberg*, Princeton University Press, New Jersey, 2018, pp. 13~21.

9   4과를 지칭하는 Quadrivium은 라틴어로 '4개의 길'이라는 뜻으로 자유 인문의 완성을 의미했다.

10 Rudolf Rasch, 위의 책, p. Ⅰ.

11 Nicomachus, trans. & commentary by Flora R. Levin, *The Manual of Harmonics*, Phanes Press, 1994, pp. 83~85.

12 대장간에서 뜨거운 금속을 올려놓고 망치로 두드릴 때 쓰는 쇠로 된 대를 말한다.

13 Siglind Bruhn, *The Musical Order of the Universe: Kepler, Hesse, and Hindemith, Interfaces Series*, Hillsdale, Pendragon Press, New York, 2005.

14 Plato, *Timaeus*, Great Books of the Western World Vol.7, Encyclopaedia, Britannica, INC, 1952.

15 Éric Decreux, *Mathématiques, Sciences et Musique*: Une Introduction Historique, Ellipses, Paris, 2008, p. 121.

Ⅱ. 천체의 음악

1 Iwan Rhys Morus, *The Oxford Illustrated History of Science*, Oxford University Press, 2017, p. 10.

2 Plato, *The Republic*, Oxford University Press, 2008. 플라톤은 음악과 천문학을 수적 비율과 관련된 지식을 요하는 공통점이 있는 '쌍둥이(Twinned) 학문'으로 바라보았다.

3 Jamie James, 위의 책, p. 41.

4 Aristotle, *Metaphysics*, Cambridge, BC 300, MA: Harvard University Press, 1933.

5 Jamie James, 위의 책, p. 30.

6 이러한 개념은 후대의 보이티우스에 의해 '우주의 음악(Musica mundana)', '인간의 음악(Musica humana)', '악기의 음악(Musica instrumentis)'으로 재

등장한다. Jamie James, 위의 책, p. 31.

7 Jamie James, 위의 책, p. 40.

8 당시 고대 그리스 사람들은 지구가 고정된 행성들의 중앙에 위치하며 그 주위의 행성들이 원 운동을 한다고 생각했다. 현재 우리가 천동설(天動說, Geocentric Theory)이라고 부르는 것과 같이, 우주의 중심에는 지구가 있고, 지구, 달, 태양, 금성, 수성, 화성, 목성, 토성의 순서로 배열되었다. 이들은 모든 행성은 구 혹은 원에 고정이 되어 있는 형상으로 동심원(同心圓, Concentric Circle)을 그리며 운동한다고 생각했다.

9 Jamie James, *La musique des sphères: Musique, science et ordre naturel de l'Univers, Translated* by Frédéric Révérend and Paul Cristatus, Edition du Rocher, Paris, pp.140~158.

10 Jamie James, 위의 책, p. 37.

11 Rudolf Steiner, *Die Welt Der Musik, Futurum Verlag*, Futurum 2012, pp. 14~31.

12 Eli Maor, 앞의 책, pp. 16~19.

13 Anicius Manlius Severinus Boethius, *De Institutione Musica*, 500~507, p. 187.

14 Galileo Galilei and Timpanaro Sebastiano, *Opere: Il saggiatore. Dialoghi nelle nuove scienze.* Rizzoli, 1936.

15 Robert Fludd, *Utriusque Cosmi Historia*, 1617 and 1621.

16 Johannes Kepler, *Mysterium Cosmographicum*, 1596.

17 Johannes Kepler, *Harmonices Mundi*, 1619.

18 Johannes Kepler, *The Harmony of the World*, trans. by E. J. Aiton, A. M. Duncan & J. V. Field, American Philosophical Society, 1997.

III. 소리란 무엇인가?

1 John Pierce, *Le Son Musical, Musique, Acoustique et Informatique*, L'Univers de Sciences, Paris, p. 40.

2 Éric Decreux, 앞의 책, pp. 16~17.

3 그러나 타악기 중에는 팀파니나 마림바, 실로폰, 비브라폰 등과 같은 음고를 지니는 유율 타악기(有律打樂器)도 있다.

4 John William Strutt Rayleigh, *The Theory of Sound, London*: Macmillan, 1877, 1894, or Bibliothèque Nationale de France.

5 드 라 뚜르는 파리의 에꼴 폴리테크니크(École Polytechnique)를 졸업하고 사이렌을 사용하여 소리의 진동수를 알아내는 방법도 발견했다.

6 Charles Cagniard de la Tour, "Sur la Sirène, nouvelle machine d'acoustique destinée à mésures les vibrations de l'air qui contient la son" *Annales de chimie et de physique*, vol. 12, 1819, pp. 167~171.

7 John Pierce, 앞의 책, pp. 18~20.

8 Bob Katz, *Mastering Audio*: The Art and the Science, Focal Press, Burlinton, 2015.

9 James Jeans, *Science & Music*, Cambridge University Press, 1937, pp. 17~20.

10 Edward S. Morse, *The Popular Science Monthly*, D. Appleton and Company, New York, 1878, p. 45.

11 Emile Leipp, *Acoustique et Musique: Données Physiques et Technologiques, Problèmes de l'audition des Sons Musicaux, Collection Technologies*, Presses des Mines, Paris, 1984, pp. 19~28.

12 John Pierce, 앞의 책, p. 40.

13 Jules Antoine Lissajous, *Sur quelques constructions géométriques* *applicables aux miroirs et aux lentilles*, in Comptes Rendus des Séances de l'Académie des Sciences, Tome 79, juillet-décembre 1874, pages 1049~1053, Paris.

14   John Pierce, 앞의 책, p. 45.

15   Edward S. Morse, 앞의 책, p. 52.

16   Désiré-Magloire Bourneville and Paul Régnard, *Iconographie photographique de la Salpêtrière*: service du Dr Charcot, Delahaye, Paris, 1878.

Ⅳ. 소리는 무엇으로 구성되는가?

1   학자들에 따라 소리의 요소에 소리가 지속되는 길이를 의미하는 음의 길이 (Duration)를 포함하기도 한다. 본 책에서는 소리의 구성 요소를 3가지로 설명하기로 한다.

2   David Benson, *Music: A Mathematical Offering*, Cambridge University Press, London, 2006, pp. 5~6.

3   John Pierce, 앞의 책, pp. 40~41.

4   Emile Leipp, 앞의 책, pp. 32~34.

5   Mark Newman, *The Science of Music*, University of Michigan, 2023, pp. 8~9.

6   음향학에서 음고는 네 가지로 나뉠 수 있다. 첫째, 음성의 기본 주파수(f), 둘째, 주관적인 음고(mel), 셋째, 음악에서의 음고, 넷째, 표준 음고이다.

7   Harvey E. White and Donald H. White, *Physics and Music: the Science of Musical Sound*. Dover Books, 2014, pp. 9~10.

8   Galileo Galilei, *Dialogues Concerning Two New Sciences*, 1636,

Translated by Henry Crew and Alfonso de Salvio, Northwestern University, New York, 1914.

9   Marin Mersenne, *Harmonie Universelle*, Paris, 1636~1637.

10 John Pierce, 앞의 책, p. 22.

11 Jamie James, 앞의 책, pp. 64~65.

12 Marc Honegger, *Science de la Musique: Technique, Formes, Instruments*. Bordas, L'imprimerie Hérissey-Évreux, 1976, p. 1016.

13 Hermann von Helmholtz, *Die Lehre von den Tonempfindungen als physiologische Grundlage für die Theorie der Musik*, Braunschweig, Friedrich Vieweg, 1863, p. 121.

V. 소리는 어떻게 전파되는가?

1   Harvey E. White and Donald H. White, 앞의 책, pp. 28~29.

2   Harvey E. White and Donald H. White, 앞의 책, pp. 30~32.

3   Mark Newman, 앞의 책, pp. 2~4.

4   Isaac Newton, Principia: "The Mathematical Principles of Natural Philosophy". E-Kitap Projesi & Cheapest Books, 2023.

5   Mark Newman, 앞의 책, pp. 1~2.

6   Harvey E. White and Donald H. White, 앞의 책, pp. 38.

7   Elroy McKendree Avery, *Elementary Physics. Sheldon*, New York, 1878, p. 249.

8   John Pierce, 앞의 책, p. 25.

VI. 소리는 면, 판, 공간에서 어떻게 전파되는가?

1 John Pierce, 앞의 책, p. 25.

2 Emile Leipp, 앞의 책, pp. 190~195.

3 Harvey E. White and Donald H. White, 앞의 책, pp. 270~279.

4 Harvey E. White and Donald H. White, 앞의 책, p. 271.

5 Ernst Florens Friedrich Chladni, *Die Akustik*, Leipzig 1802, French translation: *Traite d'acoustique*, Paris 1809.

6 Leo L. Beranek, "Music, Acoustics, and Architecture." *Bulletin of the American Academy of Arts and Sciences 45.8* (1992): 25~46.

7 Harvey E. White and Donald H. White, 앞의 책, p. 372.

8 Harvey E. White and Donald H. White, 앞의 책, p. 372.

9 Robert S., Shankland, "Acoustics of Greek theatres." *Physics today 26.10* (1973): 30~35.

10 John Pierce, 앞의 책, p. 142.

11 Harvey E. White and Donald H. White, 앞의 책, pp. 374~375.

12 John Pierce, 앞의 책, pp. 140~141.

13 John Pierce, 앞의 책, p.141.

14 John Pierce, 앞의 책, pp. 142.

15 Leo L. Beranek, "Music, Acoustics, and Architecture." Bulletin of the American Academy of Arts and Sciences, vol. 45, no. 8, 1992, pp. 25~46.

16 John Pierce, 앞의 책, pp. 143~144.

17 John Pierce, 앞의 책, pp. 144~145.

18 John Pierce, 앞의 책, p.145.

19 Harvey E. White and Donald H. White, 앞의 책, p. 378.

20   Harvey E. White and Donald H. White, 앞의 책, p. 379.

21   Gottlob, Schroeder, Manfred Robert, D. and Siebrasse, K. F.
      "Comparative study of European concert halls: correlation of
      subjective preference with geometric and acoustic parameters." *The
      Journal of the Acoustical Society of America 56.4* (1974): 1195~1201.

22   Hammer K., Snow W., "Binaural Transmission System at Academy
      of Music in Philadelphia. Memorandum MM~3950, *Bell Laboratories*,
      1932. and Charlin A., "Techniques phonographiques – la
      compatibilitè." *Toute l'Electronique* (1965): 468~471.

VII. 소리는 어떻게 분석되는가?

1   John Pierce, 앞의 책, p. 43.

2   Jean-Baptiste Joseph Fourier, *Oeuvres de Fourier*, Paris, 1890.

3   David Benson, 앞의 책, p. 65.

4   기음을 포함하지 않을 때는 이를 오버톤(Overtone)이라고 칭한다.

5   John Pierce, 앞의 책, p. 44.

6   Mark Newman, 앞의 책, pp. 106~107.

7   John Pierce, 앞의 책, p. 88.

8   John Pierce, 앞의 책, p. 45.

9   John Pierce, 앞의 책, p. 45.

10   John Pierce, 앞의 책, p. 46.

11   John Pierce, 앞의 책, p. 49.

12   Brian Swager, *A history of the carillon: its origins, development, and
      evolution as a musical instrument (DMus)*. Indiana University, 1993,

pp. 16~20.

13 Percival Price, *Bells and Man*, Oxford University Press, 1983, p. 219.

14 John Pierce, 앞의 책 pp. 50~54.

VIII. 우리는 소리를 어떻게 귀로 듣게 되는가?

1 John Pierce, 앞의 책, p.96.

2 Harvey E. White and Donald H. White, 앞의 책, p. 98.

3 Max Brodel, "Medical illustration." *Journal of the American Medical Association 117.9* (1941): 668~672.

4 Harvey Fletcher, Speech and hearing in communication, Van Nostrand, New York, 1953, p. 107.

5 Amédée Guillemin, *Le son: otions d'acoustique physique et musicale*, Hachette, Paris, 1875.

6 Dwight Wayne Batteau, "The role of the pinna in human localization." *Proceedings of the Royal Society of London, Series B. Biological Sciences* 168.1011 (1967): 158~180.

7 Henry Gray, et al., *Anatomy, descriptive and surgical*, Bounty Books, New York, 1901.

8 John Pierce, 앞의 책, p.96.

9 Gerog von Békésy and Peake William T., "Experiments in hearing." (1990): 2905~2905.

10 Harvey E. White and Donald H. White, 앞의 책, p.98.

11 Harvey E. White and Donald H. White, 앞의 책, p. 99.

12 Harvey E. White and Donald H. White, 앞의 책 p. 100.

13   Hermann Von Helmholtz, *Die Lehre von den Tonempfindungen*, Braunschweig, Friedrich Vieweg 1863.

14   John Pierce, 앞의 책, p. 99.

15   John Pierce, 앞의 책, p. 100.

16   John Pierce, 앞의 책, pp. 100~101.

17   Rand B., Evans, "Georg von Békésy: Visualization of hearing." American Psychologist, 58(9), 742~746, 2003.

IX. 우리는 소리를 어느 범위에서 어떻게 듣게 되는가?

1   Mark Newman, 앞의 책, p. 122.

2   Mark Newman, 앞의 책, pp. 122~124.

3   Richard R. Fay, and Wilber Laura Ann, "Hearing in vertebrates: a psychophysics databook.", *Hill-Fay Associates*, (1989): 2044~2044.

4   Fletcher, Harvey, and Wilden A. Munson. "Loudness, its definition, measurement and calculation." *Bell System Technical Journal 12.4* (1933): 377~430.

5   Eric Decreux, 앞의 책, pp. 25~26.

6   Emile Leipp, 앞의 책, pp. 117~119.

7   John Pierce, 앞의 책, pp. 120~121.

8   Edward Colin Cherry, "Some Experiments on the Recognition of Speech, with One and with Two Ears", *The Journal of the Acoustical Society of America*. 25 (5): 975~79, 1953.

9   그렇지만 작곡가가 곡을 만들 때, 화음을 사용하는 목적은 다양하게 해석될 수 있다. 예를 들어, 오케스트라의 화음으로 다양한 느낌의 소음을 만들어 낼 수 있

으며, 건반악기로 무작위(無作爲, Random)한 화음을 만들어 특정 감정을 일으켜 낼 수도 있다. 프랑스의 바로크 음악가였던 장 프랑수아 당드리외(Jean-François Dandrieu, c. 1682~1738)가 작곡한 작품, 〈전쟁의 성격〉(Les Caractères de la guerre, 1724)에서 하프시코드 연주자에게 '키보드의 낮은 음을 손 전체를 사용하여 치시오'라고 지시하며, 무작위적인 화음으로 대포를 발사하는 묘사를 하기도 했다. 이처럼 화음은 때로는 단순히 여러 음을 동시에 연주하여, 특정 이미지를 연상시키는 역할을 하기도 한다.

10 Hermann von Helmholtz, 앞의 책, p.318.

11 Eric Decreux, 앞의 책, pp. 239~242.

12 Hermann von Helmholtz, *On the Sensations of Tone as a Physiological Basis for the Theory of Music*, Second English Edition, Longmans, Green, London, 1885, pp. 192~193.

13 Reinier Plomp and Willem Johannes Maria Levelt. "Tonal consonance and critical bandwidth." *The journal of the Acoustical Society of America* 38.4 (1965): 548~560.

14 John Pierce, 앞의 책 pp. 74~77.

15 Paul Hindemith, *The Craft of Musical Composition*, vol. I, translated by Arthur Mendel. New York: Associated Music Publishers, 1942, p.85.

X. 소리가 음악이 되는 음계는 어떻게 만들어졌는가?

1 Eli Maor, 앞의 책, p. 70.

2 Jekuthiel Ginsburg, "Scripta Mathematica", Science 86.2218 (1937): 13~13.

3 Euclid, Katatome kanonos, translated by Andrew Barker, Greek

Musical Writings, Vol. 2: Harmonic and Acoustic Theory, Cambridge, Massachusetts: Cambridge University Press, 2004, pp. 190~208.

4   피타고라스는 분수로 표현할 수 없는 수가 존재한다는 것을 알고는 당황스러웠다. 그는 자신이 다룰 수 없는 무리수가 존재한다는 사실을 도저히 받아들일 수 없었다. 따라서 분수로 표현되지 않는 수가 존재한다는 것을 비밀에 부치고자 했다. 피타고라스학파의 한 사람이었던 히파수스가 이 비밀을 사람들에게 전하자, 히파수스는 무거운 추에 묶인 채 바다에 던져졌다는 일화도 있다.

5   David Benson, 앞의 책, pp. 167~168.

6   Leon Crickmore, "A Re-Valuation of the Ancient Science of Harmonics" Psychology of Music, 31 (4): 391 – 403, 2003.

7   Andrew Barker, "Greek Musicologists in the Roman Empire". Apeiron. 27 (4): 53~74, 1994.

8   Jacqueline Feke, "Mathematizing the soul: The development of Ptolemy's psychological theory from On the Kritêrion and Hêgemonikon to the Harmonics." Studies in History and Philosophy of Science Part A 43.4 (2012): 58~594.

9   David Benson, 앞의 책, pp. 162~168.

10   Bartolomeus Ramis de Pareja, Musica Practica, Bologna, 1482.

11   Lodovico Fogliano, Musica Theorica, Venice, 1529.

12   Martin Agricola, Rudimenta Musices, Wittemberg, 1539.

13   Salomon de Caus, Les raisons des forces mouvantes avec diverses machines, Paris, 1615.

14   Friedrich Wilhelm Marpurg, Versuch über die musikalische Temperatur, Breslau, 1776.

15   Alexander Malcom, A Treatise on Musick, Edinburgh, 1721.

16   Leonhard Euler, Tentamen novoe theorioe musicoe, St. Peterburg,

1739.

17   André Barrigue Montvallon, Nouveau système de musique sur les intervalles des tons et sur les proportions des accords, Aix, 1742.

18   Jean Baptiste Romieu, Mémoire théorique & pratique sur les systèmes tempérés de musique, Mémoires de l'académie royale des sciences, 1758.

19   Johann Phillip Kirnberger, Construction der gleichschwebenden Temperatur, Berin, 1764.

20   Jean Jacques Rousseau, Dictionnaire de musique, Paris, 1768.

21   David Benson, 앞의 책, 2006, p. 168.

22   Pietro Aron, Toscanello in Musica, Venetia, 1562.

23   Pietro Aron, Toscanello, Opera dell' Eccellentissimo, Musico M., Venetia, 1565, p. 39.

24   John William Strutt Rayleigh, 위의 책, p. 12.

25   Ross W. Duffin, How Equal Temperament Ruined Harmony(and why you should care), W.W. Norton & Company, New York, 2007.

26   Heritius Erasmus, Musica Speculativa, München, Universitätsbibliothek, 4° Cod. Ms. 752, fol. 7r (copy c. 1520~1530), 1498.

27   Gioseffo Zarlino, Le istitutioni harmoniche, Venetia 1562. (first edition 1558)

28   Francisco Salinas, De musica libri septem. Mathias Gastius, Salamanca, 1577, Reprint M.S.

29   Robert Fludd, Utriusque Cosmi Historia, Vol I, Tract II, 1624. (first edition 1618)

30   Isaac Newton, College Notebook (MS Add.4000). Cambridge University Library, 1664~1655.

31 William Holder, A treatise of the natural grounds, and principles, of harmony, London 1731. (first edition 1694)

32 Leonhard Euler, Tentamen novae theoriae musicae, St. Petersburg 1739.

| 문헌 |

◈　A. Charlin, "Techniques phonographiques-la compatibilitè." Toute l'Electronique (1965): 468~471.

◈　Aron, Pietro, Toscanello, Opera dell' Eccellentissimo, Musico M., Venetia, 1565.

◈　Barker, Andrew. "Greek musicologists in the Roman empire." Apeiron 27.4 (1994): 53~74.

◈　Barrigue, Montvallon, André. Nouveau système de musique sur les intervalles des tons et sur les proportions des accords, Aix, 1742.

◈　Batteau, Dwight W., Dwight W. "The role of the pinna in human localization." Proceedings of the Royal Society of London, Series B. Biological Sciences 168.1011 (1967): 158~180.

◈　Baysal, Ozan. "Division of the Monochord and the science of harmonics in the Hellenistic era 'Kanon'un Bölünümü'yazmas ı ve Helenistik dönemde müzikbilim." Journal of Human Sciences 12.1 (2015): 1350~1380.

◈　Békésy, Gerog, and William T., Peake. "Experiments in hearing." (1990): 2905~2905.

◈　Benade, Arthur H. Fundamentals of Musical Acoustics, Oxford University, New York, 1976.

◈ Benson, David. Music: A Mathematical Offering, Cambridge University Press, 2006.

◈ Beranek, Leo L., "Music, Acoustics, and Architecture." Bulletin of the American Academy of Arts and Sciences 45.8 (1992): 25~46.

◈ Boethius, Anicius Manlius Severinus. De institutione musica, 500~507.

◈ Boethius, Anicius Manlius Severinus. trans. Bower, Calvin M. Fundamentals of Music, New Haven & London: Yale University Press, 1989.

◈ Brodel, Max. "Medical illustration." Journal of the American Medical Association 117.9 (1941): 668~672.

◈ Bourneville, D. M. and Regnard, P., Iconographie photographique de la Salpêtrière: service du Dr Charcot, Delahaye, Paris, 1878.

◈ Bruhn, Siglind. The Musical Order of the Universe: Kepler, Hesse, and Hindemith. Pendragon Press, New York, 2005.

◈ Chladni, Ernst Florens Friedrich. Die Akustik, Leipzig 1802. French translation: Traite d'acoustique, Paris 1809.

◈ Cherry, Edward Colin. "Some Experiments on the Recognition of Speech, with One and with Two Ears", The Journal of the Acoustical Society of America. 25 (5): 975 – 79, 1953.

◈ Crickmore, Leon. "A Re-Valuation of the Ancient Science of Harmonics" Psychology of Music. 31 (4): 391 – 403, 2003.

◈ De Caus, Salomon. Les raisons des forces mouvantes avec diverses machines, Paris, 1615.

◈ De la Tour, Charles Cagniard. "Sur la Sirène, nouvelle machine d'acoustique destinée à mésures les vibrations de l'air qui contient la son" Annales de chimie et de physique, vol. 12, 1819.

◈ De Pareja, Bartolomeus Ramis. Musica practica, Bologna, 1482.

◈ Dean, Jeffrey. "The Rudiments of Music (Rudimenta musices, 1539)." Music & Letters 75.3 (1994): 434~436.

◈ Decreux, Éric. Mathématiques, Sciences et Musique: Une Introduction Historique, Ellipses, Paris, 2008.

◈ Duffin, Ross W. How Equal Temperament Ruined Harmony (and why you should care), W.W. Norton & Company, New York, 2007.

◈ Elroy McKendree, Avery. Elementary Physics. Sheldon, New York, 1878.

◈ Erasmus, Heritius. Musica Speculativa, München, Universitätsbibliothek, 4° Cod. Ms. 752, fol. 7r (copy c. 1520~1530), 1498.

◈ Euclid. Katatome kanonos, translated by Andrew Barker, Greek Musical Writings, Vol. 2: Harmonic and Acoustic Theory, Cambridge, Massachusetts: Cambridge University Press, 2004.

◈ Euler, Leonhard. Tentamen novoe theorioe musicoe, St. Peterburg, 1739.

◈ Evans, Rand B., "Georg von Békésy: Visualization of hearing." American Psychologist, 58(9), 742 – 746, 2003.

◈ Fay, Richard R., and Laura Ann Wilber. "Hearing in vertebrates: a psychophysics databook." Hill-Fay Associates, (1989): 2044~2044.

◈ Feke, Jacqueline. "Mathematizing the soul: The development of Ptolemy's psychological theory from On the Kritêrion and Hêgemonikon to the Harmonics." Studies in History and Philosophy of Science Part A 43.4 (2012): 585~594.

◆ Fletcher, Harvey. Speech and hearing in communication, New York, Van Nostrand, 1953.

◆ Fludd, Robert. Utriusque Cosmi Historia, 1617 and 1621.

◆ Fogliano, Lodovico. Musica Theorica, Venice, 1529.

◆ Fourier, Jean-Baptiste Joseph. Oeuvres de Fourier, Paris, 1890.

◆ Galilei, Galileo and Sebastiano, Timpanaro. Opere: Il saggiatore. Dialoghi nelle nuove scienze. Rizzoli, 1936.

◆ Gene H., Anderson. "PYTHAGORAS MUSICUS." 音樂論壇 2.- (1985): 75~106.

◆ Ginsburg, Jekuthiel. "Scripta Mathematica." Science 86.2218 (1937): 13~13.

◆ Gorman, Peter H., Pythagoras, London; Routledge & Kegan Paul Ltd., 1979.

◆ Gray, Henry, et al., Anatomy, descriptive and surgical, Bounty Books, New York, 1901.

◆ Guillemin, Amédée. Le son: notions d'acoustique physique et musicale, Hachette, Paris, 1875.

◆ Harvey, Fletcher and Munson, Wilden A., "Loudness, its definition, measurement and calculation." Bell System Technical Journal 12.4 (1933): 377~430.

◆ Helmholtz, Hermann von. Die Lehre von den Tonempfindungen als physiologische Grundlage für die Theorie der Musik, Braunschweig, Friedrich Vieweg, 1863.

◆ Helmholtz, Hermann von. On the Sensations of Tone as a Physiological Basis for the Theory of Music, Second English Edition, Longmans, Green, London, 1885.

◈ Hindemith, Paul. The Craft of Musical Composition, vol. I, translated by Arthur Mendel. New York: Associated Music Publishers, 1942.

◈ Holder, William. A treatise of the natural grounds, and principles, of harmony, London 1731. (first edition 1694)

◈ Honegger, Marc. Science de la Musique: Technique, Formes, Instruments. Bordas, L'imprimerie Hérissey-Évreux, 1976.

◈ James, Jamie. Science & Music. Cambridge University Press, 1937.

◈ James, Jamie. La musique des sphères: Musique, science et ordre naturel de l'Univers.

◈ James, Jamie. Translated by Frédéric Révérend and Paul Cristatus, Edition du Rocher, Paris.

◈ James, Jamie. The Music of the Spheres: Music, Science, and the Natural order of the Universe, Abacus, London, 1995.

◈ K. Hammer, W. "Snow: Binaural Transmission System at Academy of Music in Philadelphia." Memorandum MM- 3950, Bell Laboratories, Nov. 1932

◈ Kepler, Johannes. Mysterium Cosmographicum, 1596.

◈ Kepler, Johannes. Harmonices Mundi, Augsburg, 1619.

◈ Kiefer, Chris. "Sample-level sound synthesis with recurrent neural networks and conceptors." Peer J Computer Science 5, 2019.

◈ Kirnberger, Johann Phillip. Construction der gleichschwebenden Temperatur, Berin, 1764.

◈ Leipp, Emile. Acoustique et Musique: Données Physiques et Technologiques, Problèmes de l'audition des Sons Musicaux, Collection Technologies, Presses des Mines, Paris, 1984.

◈ Lissajous, Jules Antoine. Sur quelques constructions géométriques applicables aux miroirs et aux lentilles, in Comptes Rendus des Séances de l'Académie des Sciences, Tome 79, juillet-décembre 1874, pages 1049~1053, Paris.

- Malcolm, Alexander. A Treatise of Musick, Speculative, Practical and Historical, 1721.

- Maor, Eli. Music by the Numbers: From Pythagoras to Schoenberg, Princeton University Press, New Jersey, 2018.

- Marpurg, Friedrich Wilhelm. Versuch über die musikalische Temperatur, Vol. 72. Korn, 1776.

- Martin, Agricola. Rudimenta Musices, Wittemberg, 1539.

- McIntyre, Michael Edgeworth. Science, Music, and Mathematics: The Deepest Connections. World Scientific, University of Cambridge, UK, 2021.

- Mersenne, Marin. Harmonie Universelle, Paris, 1636~1637.

- Montvallon, André Barrigue. Nouveau système de musique sur les intervalles des tons et sur les proportions des accords, Aix, 1742.

- Morse, Edward S. The Popular Science Monthly, D. Appleton and Company, New York,1878.

- Morus, Iwan Rhys. The Oxford Illustrated History of Science, Oxford University Press, 2017.

- Newman, Mark. The Science of Music, University of Michigan, 2023.

- Newton, Isaac. The Principia: Mathematical Principles of Natural Philosophy, Univ of California Press, 1999.

- Newton, Isaac. College Notebook (MS Add.4000). Cambridge University Library, 1664~1655.

- Nicomachus of Gerasa. The Manual of Harmonics, Phanes Press,

1994.

◈   Ohashi, Tsutomu. et al. "High-frequency sound above the audible range affects brain electric activity and sound perception." Audio Engineering Society, 1991.

◈   Salinas, Francisco. De musica libri septem. Mathias Gastius, Salamanca, 1577.

◈   Pierce, John R. Le Son Musical: Musique, Acoustique et Informatique, Pour la Sience diffusion belin, Paris, 1984.

◈   Pierce, John R. The Science of Musical sound. Sientific American Library, New York and San Francisco, 1983.

◈   Price, Percival. Bells and Man, Oxford University Press, 1983.

◈   Plato. Timaeus, Great Books of the Western World Vol.7, Encyclopaedia, Britannica, INC, 1952.

◈   Plato. The Republic, Oxford University Press, 2008.

◈   Plomp, Reinier and Willem Johannes Maria Levelt. "Tonal consonance and critical bandwidth." The journal of the Acoustical Society of America 38.4 (1965): 548~560.

◈   Privat-Deschanel, Augustin. Elementary treatise on natural philosophy, D. Appleton, 1878.

◈   Rasch, Rudolf. Music and science from Leonardo to Galileo, Brepols Publishers, Belgium, 2022.

◈   Rayleigh, John William Strutt. The Theory of Sound, London : Macmillan, 1877, 1894, or Bibliothèque Nationale de France.

◈   Romieu, Jean Baptiste. Mémoire Théorique & Pratique sur les Systèmes Tempérés de Musique, Mémoires de l'Académie Royale des Sciences, Paris, 1758.

◈ Rousseau, Jean Jacques. Dictionnaire de musique, Paris, 1768.

◈ Rudolf, Stahl. William Harris. Commentary on the Dream of Scipio, Columbia University Press, New York, 1990.

◈ Shankland, Robert S., "Acoustics of Greek theatres." Physics today 26.10 (1973): 30~35.

◈ Schroeder, Manfred Robert, D. Gottlob, and K. F. Siebrasse. "Comparative study of European concert halls: correlation of subjective preference with geometric and acoustic parameters." The Journal of the Acoustical Society of America 56.4 (1974): 1195~1201.

◈ Steiner, Rudolf. Die Welt Der Musik, Futurum Verlag, Futurum 2012.

◈ Swager, Brian. A history of the carillon: its origins, development, and evolution as a musical instrument (DMus). Indiana University, 1993.

◈ Terpstra, Siemen. "An introduction to the monochord." Alexandria: The Journal of the Western Cosmological Traditions 2 (1993): 137~66.

◈ Wardhaugh, Benjamin. Music, Experiment and Mathematics in England, 1653~1705, Routledge, London and New York, 2017.

◈ Weiss, Piero, and Taruskin, Richard. Music in the Western World: A History in Documents, Schirmer Books, 1984. 3.

◈ White, Harvey E., and Donald H. White. Physics and Music: the Science of Musical Sound, Dover Books, 2014.

◈ Zarlino, Gioseffo. Le istitutioni harmoniche, Venetia 1562. (first edition 1558)

| 색인 |

ㄱ

개방현(開放弦, Open String) 199, 205

거칠기(Roughness) 119, 268, 269, 270, 272

고막(鼓膜, Eardrum, Tympanic Membrane) 228, 229, 231

고막장근(鼓膜張筋, Tensor Tympani) 233, 234

고실(鼓室, Tympanic Cavity) 229

고실계(鼓室階, Scala Tympani, Tympanic Scale) 236

고전물리학(古典物理學, Classical Physics) 127

고조파(高調波, Overtones) 204, 216, 220

골성미로(骨性迷路, Osseous Labyrinth) 234

공명(共鳴, Resonance) 038, 060, 205, 206, 207, 209, 213, 214, 215, 216, 227

공명기(共鳴器, Resonator) 119, 120, 182, 205, 206, 207, 208, 209, 212, 213

공명현(共鳴絃, Sympathetic String) 212

과학혁명(科學革命, Scientific Revolution) 014, 034, 047

광대역 소음(Broad Band Noise) 222

광대역 필터(廣帶域, Broader Band Filter) 220

광파(光波, Light Wave) 142

구면파(球面波, Circular Waves) 150, 151, 152

귓바퀴(Pinna or Auricle) 227, 228

기압계(氣壓計, Barometer) 225

기음(基音, Fundamental) 198, 199, 201, 205, 219, 221

기저막(基底膜, Membrana Basilaris) 235, 236, 237, 238, 239, 240, 242, 243, 244, 272

기하학(幾何學, Geometry) 016, 018, 019, 046, 048, 159, 283

ㄴ

내림프액(Endolymph) 236

내이(Inner Ear) 226, 231, 232, 233, 234, 235, 236, 237, 243

노드(Node) 155, 157

늑대음(Wolf Tone) 297

ㄷ

달팽이관(Cochlea) 230, 231, 233, 234, 235, 236, 239, 240, 241, 243, 244, 272

대역폭(Bandwidth) 218

댐퍼(Damper) 208

데시벨(Decibel, dB) 110, 112

등골(鐙骨, Stirrup, Stapes) 231, 232, 233

등청감 곡선(Equal Loudness Contour) 253, 254, 255

디시스(Diesis) 286, 287

디아드(Dynd) 031

ㄹ

라우드니스(Loudness) 110, 253

로그 스케일(Logarithmic Scale) 285, 314

림마(Limma) 286, 287

림프(Lymph) 235

ㅁ

마이크로폰(Microphone) 083, 217

마스커(Masker) 258, 259

마스키(Maskee) 258, 259

마스킹 효과(Masking Effect) 258, 259

막(Membrane) 154, 155, 157, 159

막미로의 반고리관(Semicircular Duct) 234

막미로(膜迷路, Membranous Labyrinth) 234

매질(媒質, Transmission Medium) 057, 125, 126, 135, 138, 139, 140, 141, 142, 144, 145, 146, 147

맥놀이(Beats) 144, 268, 269, 270, 272, 274

모나드(Monad) 031

모노코드(Monochord) 026, 027, 028, 046, 048, 106, 107, 292

무향실(無響室, Anechoic Chamber) 160, 193

물결파 투영 장치(水面波投影裝置, Ripple Tank) 149, 150, 151, 152

물결파(Water Waves) 149

물리적 과정(Physical Process) 057

물리학(物理學, Physics) 009, 060, 127, 130, 223, 256, 275

ㅂ

반고리관(Semicircualr Canals) 234

반음(半音, Semitone or Half Tone) 050, 101, 277, 281, 285, 286, 294, 297, 298, 300, 302, 305, 308, 310, 311, 312, 315, 318, 319

배음(倍音, Harmonics) 080, 107, 115, 117, 119, 120, 198, 199, 200, 203, 204, 205, 206, 207, 208, 209, 20, 215, 217, 218, 219, 221, 267, 273, 286, 294

배음렬(Harmonic Series) 201, 202

백색소음(白色騷音, White Noise) 075, 076, 222

벨 연구소(Bell Lab) 075, 160, 161, 194, 256, 259

변위(變位, Displacement) 083

복합음(複合音, Complex Sound, Complex Tone) 080, 081, 120, 205, 210, 272

부분음(部分音, Partial) 115, 117, 198, 199, 201, 203, 208, 212, 214, 216, 218, 219, 220, 221, 267, 268, 269

부피탄성률(彈性率, Bulk Modulus) 147

분자(分子, Molecule) 135, 139, 146

불협화음(不協和音, Dissonance) 020, 021, 236, 262, 263, 264, 266, 267, 268, 269, 270, 271, 272, 273, 274, 275, 278, 294

비주기적(非週期的, Aperiodic) 059, 061, 063, 074, 077, 094

ㅅ

사운드보드(Soundboard) 214

사이렌(Siren) 063, 064, 066, 203

사이클(Cycle, 주기) 099

산소(酸素, Oxygen) 135

산술학(算術學, Arithmetic) 018, 019

선 스펙트럼(Line Spectrum) 218, 224

선율(旋律, Melody) 005, 015, 262, 264

선택적 지각(Selective Perception) 260

성대(聲帶, Vocal Cord) 057, 146, 147, 213, 220

성문(聲門, Glottis) 057

센트(Cent) 281, 285, 300, 301

소리굽쇠(Tuning-Forks) 067, 068, 069, 070, 071, 073, 074, 078, 079, 080, 087, 096, 097, 098, 103, 119, 125, 126, 140, 206, 210

소밀(疏密) 057

속력(速力, Speed) 042, 147, 242

수면파(水面波, Water Waves) 149, 151

수-신비주의(Number-Mysticism) 029

수파(水波) 149

순음(純音, Pure Tone) 067, 070, 071, 072, 080, 081, 089, 119, 196, 210, 270

순정률(純正律, Just Intonation) 268, 269, 277, 285,286, 288, 289, 291, 294, 295, 296, 298, 299, 300, 301, 305

스펙트럼(Spectrum) 113, 114, 115, 117, 119, 196, 198, 217, 218, 219, 221, 222

신플라톤주의(Neoplatonism) 047

신피타고라스주의(Neopythagoreanism) 047

ㅇ

아포토메(Apotome) 286

압톰(Aptome) 286

양이 효과(兩耳效果, Binaural Effect) 261

역치의 변화(Thereshold Shift) 259

오도권(Circle of Fifths) 279, 280

오버톤(Overtone) 115, 199, 205, 286

오실로스코프(Oscilloscope) 087, 088, 089, 090, 217, 218

옥타브(Octave) 022, 025, 026, 027, 028, 103, 182, 264, 273, 277, 278, 279, 285, 289, 292, 297, 298, 301, 302, 304, 305, 308, 311, 312, 313, 314, 317

온음(一音, Whole Tone) 022, 286, 294, 297

온음계(一音階, Diatonic Scale) 279, 302

와류현상(渦流現像, Turbulence) 142

와우관(蝸牛管, Scala Media) 235

왕복운동(往復運動, Reciprocating Motion/Alternating Motion) 123, 125

외림프액(外lymph液, Perilymph) 235, 236

외이(External Ear) 226, 227, 228, 230

외이공(外耳孔, External Acoustic Pore) 228

외이도(外耳道, Ear Canal, External Acoustic Meatus, Meatus) 228, 229, 230

우주의 조화(The Harmony of the Cosmos) 029, 037

원자(原子, Atom) 256

위상(位相, Phase) 074, 113, 115, 116, 144, 149, 197, 222, 261

유모세포(Hair Cell) 237, 238

유스타키오관(Eustachian Tube) 229

유체역학(流體力學, Fluid Mechanics) 142

음간격(Interval) 308, 314

음률(音律, Temperament) 277, 278 297, 300

음속(音速, Speed of Sound) 146, 147

음악이론(音樂理論, Music Theory) 016, 025, 289, 292, 295, 296, 319

음조(Tones) 041, 204, 262

음파 탐지기(音波探知機, Sound Navigation and Ranging) 136, 137

음폭(크기, 音幅, Loudness) 075, 082, 095

이관(耳管) 229

이명동음(異名同音, Enharmonic) 279, 281, 296

이소골(聽小骨, Auditory Ossicles) 229, 231, 232, 233

임계대역폭(Critical Bandwidth) 270, 271, 272, 274

ㅈ

자기 관련 효과(Self-Referential Effect) 260

잔향시간(殘響, Reverberation Time) 168, 171, 172, 173, 176, 178, 179, 184, 189, 193

장력(張力, Tension) 025, 107, 108, 109, 154

전기필터(Electric Filter) 217

전자기파(電磁氣波, Electromagnetic Waves) 099, 136, 142, 160

전정계(前庭階, Scala Vestibuli) 236

전정기관(前庭器官, Vestibule) 234, 235

전조(轉調, Modulation) 294, 296, 297, 298, 299, 300

절대 음감(絶對音感, Absolute Pitch) 274

정현파(正弦波, Sine Wave, Sinusoid, Sinusoidal Wave) 070, 071, 074, 080, 083, 084, 089, 196, 197, 198, 201, 217, 222, 240, 242, 249

정현파형(正弦波形) 196

조밀파(粗密波) 126

조율체계(調律體系, Tuning System) 288

종파(縱波, Longitudinal Wave) 125, 126, 127, 128, 141, 149

주기성(周期性, Periodicity) 071, 074, 092, 093, 094, 207, 221, 237, 241, 242, 251

중간계(Scala Media) 236

중이(Middle Ear) 227, 228, 229, 230, 233, 235, 236

진자(振子, Pendulum) 122, 124

질소(窒素, Nitrogen) 135

ㅊ

천구 음악(Musica Mundane) 050

천체의 음악(The Music of the Spheres) 029, 033, 036, 037, 039, 041, 043, 044,

047, 048, 050, 052, 293

초기 반사(Early Reflections Sound) 173

추골(椎骨, Hammer, Malleus) 231, 232, 233

침골(針骨, Anvil, Incus) 231

ㅋ

칵테일파티 효과(Cocktail Party Effect) 259, 260

코르티기(Organ of Corti) 236

코스모스(Kosmos) 041

클라드니 패턴(Chladni Pattern) 158

클래퍼(Clappers) 061, 062

ㅌ

타악기(打樂器, Percussion Instrument) 059, 061, 063, 094, 152, 154, 156

테트라코드(Tetrachords) 289, 292

ㅍ

파스칼(Pascal, Pa) 110

파장(波長, Wavelength) 083, 137, 144, 150

평균율 클라비어 전곡(The Well-Tempered Clavier) 305

평면파(平面波, Plane Wave) 150, 151, 152

폰(Phons) 255

푸리에 스펙트럼 분석(Fourier Spectrum Analysis) 19, 198

플레처 먼슨 곡선(Fletcher-Munson Curve) 254, 255

피타고라스의 음률(Pythagorean Tuning) 277, 278, 283, 288, 295, 300

피타고라스의 콤마(Pythagorian Comma) 281, 282, 283

피타고라스학파(Pythagorean School) 025, 032, 037, 038, 039, 040, 041, 044

피크(Peaks) 117, 218, 221, 222

ㅎ

하모니(Harmony) 026,031, 036, 037, 044, 046, 051

하스 효과(Haas Effect) 261, 262

합성음(合成音, Composite Tone) 115, 117, 196, 198

합성파(合成波, Composite Wave) 198

헤르츠(Hz) 096, 099, 100

헬름홀츠 공명기(Helmholtz Resonator) 206, 207

협대역 소음(Narrow Band Noise) 222

협대역 필터(狹帶域, Narrow Band Filter) 220

화성(和聲, Harmony) 047, 050, 106, 107, 262, 265, 289, 304

화염 분석기(Manometric Flame Apparatus) 090, 091, 103, 223

화음 진행(Harmonic Progression) 262

화이트 노이즈(White Noise) 076

횡파(橫波, Transverse Wave) 125, 141, 142, 143, 149

사운드 오브 뮤직

음악과 소리에서 수학과 과학적 사고의 역사

글 박은지

발행일 2024년 7월 30일 초판 1쇄

발행처 디페랑스

발행인 노승현

책임편집 민이언

출판등록 제2011-08호(2011년 1월 20일)

주소 서울특별시 마포구 양화로81 H스퀘어 320호

전화 02-868-4979 **팩스** 02-868-4978

이메일 davanbook@naver.com

홈페이지 davanbook.modoo.at

ⓒ 2024, 박은지

ISBN 979-11-85264-96-7 03670

* 「디페랑스」는 「다반」의 인문, 예술 출판 브랜드입니다.

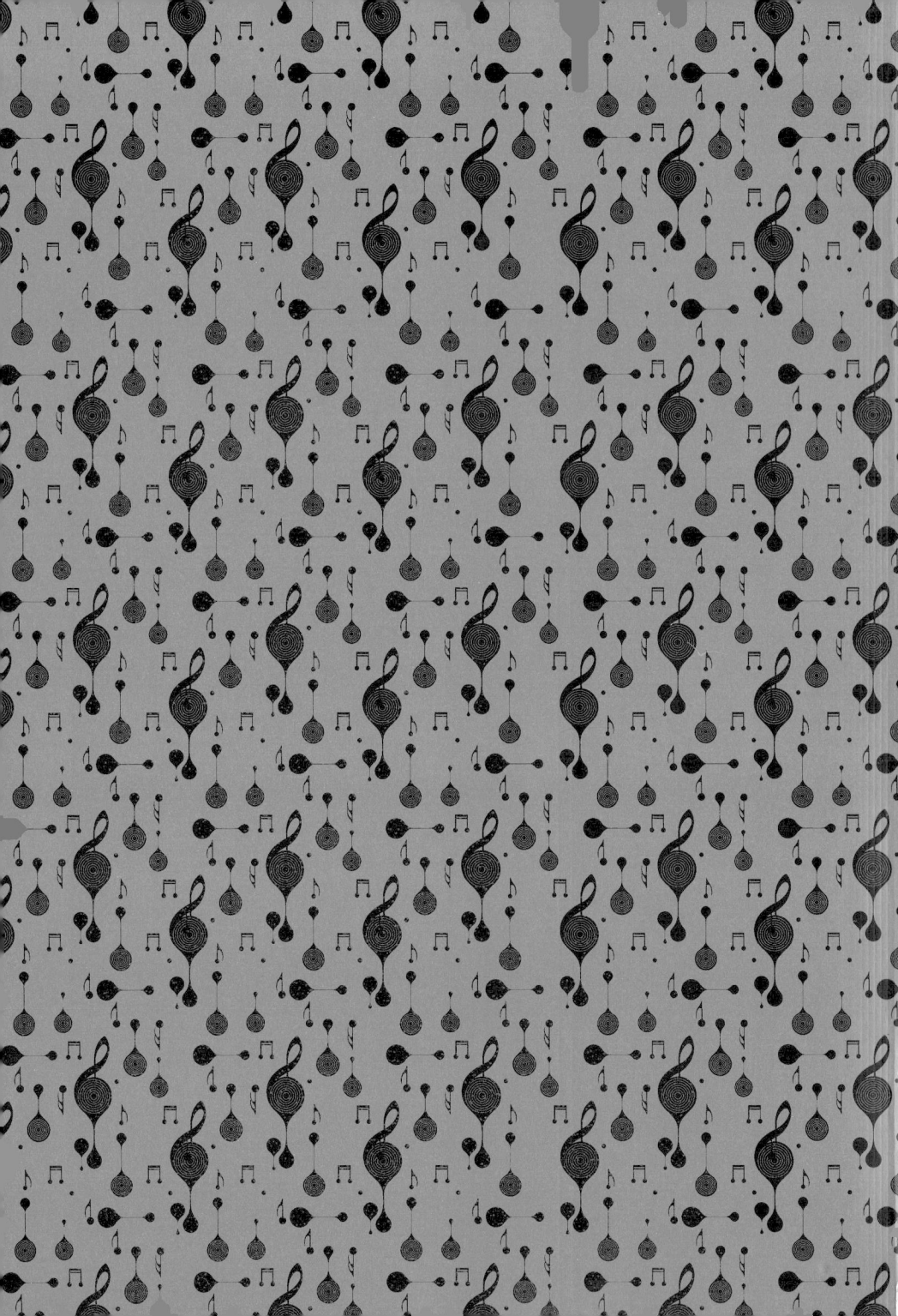